工业经济
科学发展研究

彭致圭◎著

GONGYE JINGJI
KEXUE FAZHAN YANJIU

人民出版社

彭致圭，男，1939年12月24日生，甘肃省甘谷县人，教授级高级工程师。1963年于甘肃工业大学（现兰州理工大学）机械系机制专业毕业后一直在山西省工作，历任榆次经纬纺织机械厂生产副厂长、厂长，山西省经委副主任，省机械电子厅厅长，晋中地委副书记、行署专员，省经委主任，山西省副省长，省人大常委会副主任。现任中国工业经济联合会主席团主席、山西省工业经济联合会会长。长期从事工业经济管理工作，对"国有企业改革和发展"、"企业的质量与分配"、"环境与经济"、"园区经济"、"新型工业化道路"、"发展煤基醇醚燃料"等有广泛深入的研究，曾发表大量文章，许多观点引起企业界、经济界及理论界的重视，成为国家有关部门和地方各级政府的决策依据。先后被聘任为山西大学、甘肃工业大学（现兰州理工大学）、太原理工大学经济学教授。

序 言 一

　　彭致圭同志将他多年来结合实际工作撰写的一些有关工业经济发展的文章汇编到一起出版,嘱我写几句话。我和致圭同志相识多年,都长期在山西工作,有着从工业企业到政府部门工作的共同经历,读了他这些联系山西实际的文章,我感到很亲切,很有同感。我对致圭同志勤于实干、长于思考的特点是很了解的,如今他把自己的研究成果汇集起来,奉献给正在为应对世界金融危机冲击、促进我国工业经济健康发展而殚精竭虑的广大读者,是一件十分有意义的事情,所以我高兴地答应为之写序。

　　我和彭致圭同志相识较早,20 世纪 70 年代末我从大同矿务局到省里主管工业生产,那时他在榆次经纬纺织机械厂当厂长。当时正是我国改革开放大潮兴起之时,企业改革是经济体制改革的重中之重,自然是我关注的重点。致圭同志长期在企业工作,对企业管理体制中存在的管得过死、缺乏活力的状况有着切身感受。他大胆改革,在全省率先提出了以转化经营机制为核心的企业改革方案,引起了广泛的关注,当然也引起了我的注意。从此我经常了解经纬纺机厂改革的进展情况,和致圭同志也就熟悉起来。1985 年,他到省经委担任领导职务,分管生产、质量和安全。此后我们之间的接触和交往就更多了。

　　20 世纪 80 年代中期,我国经济体制改革如火如荼,国有企业改革处于攻坚阶段。省委省政府着手制定以增强企业活力为中心的经济体制改革方案(俗称三十五条),彭致圭同志为此倾注了大量的心血。离开省经委后,他担任省机电厅厅长、晋中行署专员,后来又回到省经委当主任,在此期间他一如既往地竭尽全力推进企业改革和发展。他当省经贸委主任时主持制定的促进山西工业企业改革和发展的若干措施,引起了国家经贸委领导的重视,作为经验被转发到各省市区参考。正是由于彭致圭同志出色的工作,后来他担任山西省副省长,负责全省工业经济工作。

彭致圭同志从当厂长到担任山西省主管工业的副省长这二十多年,经历了我国从计划经济体制向社会主义市场经济体制的历史性转变。改革开放的伟大实践,在工业经济领域出现了许多新情况、新变化、新问题,督促着每个领导同志去思考、去探索、去实践。致圭同志的一个可贵之处,就是紧跟时代发展的步伐,不畏艰难,不断地去研究、去探索实践中所遇到的重大问题,从理论上求得认知,再到实践中去验证,进一步丰富自己的认识。比如,他针对山西经济发展中人们的认识比较封闭保守、对改革开放新事物反应较慢的问题,提出了优化经济发展环境的问题,把环境提高到"经济生命体赖以生长发育的气候土壤,是经济生命体的摇篮"的高度,对全省重视经济发展环境起到了重要作用。他对于乡镇企业大发展中由于布局分散、发展粗放带来的低质量、低效率、高消耗、高污染的问题高度重视,提出山西工业经济发展要战略转轨,坚定不移地走集约发展的道路,致力于发展"园区经济",要走集群发展、精益发展、延伸发展、特色发展、循环发展之路,最终实现超越发展的战略目标。这是一条新型工业化道路。他分析了国有企业由于在技术研发方面存在的"弱、散、乱、短、缺"等问题,指出由于技术落后造成发展动力不足,强调在经济全球化的进程中对企业技术落后要有紧迫感和危机感,要把增强企业自主创新能力、提高国有企业技术水平当作国有企业的"二次创业",各级政府要从导向、扶持、协调、服务、保护等方面创造条件帮助企业提高技术创新能力,这个意见是很有见地的。他提出要从战略高度优化民营经济的发展环境,指出加速发展民营经济是实现社会主义市场经济体制目标的战略抉择,是减轻国有大中型企业改革成本的重要战略对策,是促进城乡结合、维护社会稳定的重要举措。在他的倡导下,山西省委、省政府联合发文支持民营企业的发展,这在全国还是第一家,得到了国家工商局的肯定。他针对国际石油价格暴涨、我国石油资源严重短缺的现实,提出要利用山西煤炭资源丰富的优势,发展煤基醇醚燃料替代汽柴油。他多次参加"国际醇醚燃料会议",了解世界醇醚燃料的发展趋势,在山西大力发展醇醚燃料和醇醚汽车,为我国煤基醇醚燃料的推广应用做出了重要贡献。他对企业履行社会责任十分重视,担任中国工经联主席团主席后,积极倡导工业企业履行社会责任。他任会长的山西省工经联更是大力推进此项工作,省工经联联合全省大工业行业协会联合发布了《山西省工业企业履行社会责任指南》,使全省工业企业履行社会责任工作步入启动阶段。

从彭致圭同志的这部文集中可以看出,他对工业经济领域研究探索的面比较宽,工业经济发展战略、企业发展的外部环境、企业内部改革与管理、企业的资产经营与资本经营、企业技术创新、企业家队伍的培养、企业产品质量、产品市场开拓、企业内部分配、下岗职工的再就业、企业的社会责任等等,都涉及到了。这些问题可以说都是企业改革与发展的重大问题。

值得一提的是,上面提到的一些事关工业发展的重要问题,如大力发展煤基醇醚燃料、推进企业履行社会责任工作,都是致圭同志从现职领导岗位上退下来到行业协会工作之后的事,这是难能可贵的。我调回北京工作的十年中,和致圭同志共同参与了好几项促进山西经济发展的重大项目,又一次见证了他忘我的工作精神。为了推动和促进山西经济的发展,他从省人大常委会副主任岗位上退下来后,还在夜以继日地工作,从项目的谈判到项目的前期准备,他都全身心投入,不顾自己疲劳,受到了山西工业战线广大干部和群众的称赞,我也为他这种忘我精神所感动。致圭同志为山西经济发展操劳了四十多年,本书收集的部分文稿,是他多年辛勤汗水的结晶。他的这种工作精神值得我们大家学习。

　　我认为，作为一个新时期的领导干部，负责某一方面的工作，面对各种矛盾交织的复杂局面，必须有清醒的头脑，努力学习新的知识，提高自己的理论素养，结合工作实际勤于思考，善于用正确的理论指导实践，唯有这样，才能在工作中有所创新、有所突破。彭致圭同志正是这样一位领导干部。

　　我相信，本书的出版，对于那些正在从事企业改革和发展、从事工业经济工作的同志，一定会从中得到启发和帮助，对于了解和研究我国三十年来工业企业改革发展的进程，也会有所助益。我写下以上一些话，也是向读者表示介绍、推荐之意。

二〇〇九年五月十五日

（王茂林同志原任中共山西省委书记，现任中国生产力学会会长）

序 言 二

案头摆着彭致圭同志的文稿,是他多年来在工作之余撰写的关于经济特别是工业经济方面的文章,准备汇辑出版。这是他的又一部新作问世。

我与致圭同志相识多年。他1963年在甘肃工业大学毕业后,一直在山西从事工业经济工作。先是在大型国有企业榆次经纬纺织机械厂,从技术员做起,直到担任厂长。之后,他走上经济管理工作的领导岗位,先后担任过山西省经委副主任、省机械电子厅厅长、晋中行署专员、省经贸委主任、山西省分管工业的副省长等职,现任中国工业经济联合会主席团主席、山西省工业经济联合会会长。

致圭同志是个实干家,同时他坚持理论联系实际,始终注意理论与实际相结合,以不断提高自己认识问题、处理问题的能力和水平,这是他工作中的一个显著特点。他曾同我谈到,不在实践中进行理论思考,实际工作也难以做好,这也是他在工作中的一个深切体会。致圭同志在长期从事经济管理工作的过程中,积累了丰富的实践经验,这是他履行职责、努力做好工作的一个重要保证。实践是一个大学校。实践出真知,理性认识来源于感性认识,理论思想来源于实践活动。离开了社会实践活动,所谓真知、理性认识、理论思想就会成为无源之水。实践经验的积累极为重要,实践经验是进行理论思考、理论研究的基石。实践经验愈丰富,理论思考、理论研究也会愈深刻。而理论思考、理论研究又使得实践经验得以升华,如同理性认识反过来又能提升感性认识、理论反过来又能指导实践一样。对于这种相互间的辩证关系,致圭同志自然是谙熟于心、深知其妙的。正因为这样,他对经济改革与发展中的重要实践问题进行理论思考、理论研究,不仅保持着浓厚的兴趣,而且持之以恒,从未间断。他在经济方面的理论思考、理论研究建树颇多,对不少问题别具灼见。这对于一个从事实际经济管理工作的领导干部来说,确实是难能可贵的。所以,人们称他为学者型领导干部。这次他结集出版的经济文章,就是他多年来对经济实践问题进行理论思考和研究的成果。

我国改革开放已经三十年了。三十年来,在党的建设中国特色社会主义理论体系的指导下,我国的经济社会发展取得了举世瞩目的成就。这是在中国共产党领导下,全国各族人民团结奋斗的结果。改革开放的伟大实践,使我国的社会生产力获得了进一步的解放,使我国的社会主义事业取得了飞跃式的进步。这个伟大实践,也为全国人民和一切有识之士施展聪明才智提供了广阔的舞台。读了致圭同志的这些文稿,从中可以清楚地看出,在改革开放和社会主义现代化建设的发展进程中,他顺应时代要求,立足本职工作,悉心研究国民经济特别是工业经济发展中出现的新情况、新问题,不断提出自己新的认识和见解,不仅在经济界、理论界引起了关注和反响,而且有些见解为有关方面、有关部门的决策提供了依据。

他在上世纪80年代撰写的《质量与分配》一文中,针对当时职工报酬与产品质量不挂钩造成一些职工不关心不重视产品质量的现象,率先提出了"质量否决"的理论观点,并提出在"按劳分配"中应加入"分质分配"的要素,用经济利益的激励手段来调动职工重视产品质量的积极性。这一理论观点受到中央领导同志和有关部门的重视,对加强和改进工业产品质量的管理工作起到了积极作用。上世纪90年代初,在推进国有企业改革过程中,他分析了国有企业的历史和现实情况,认为对国有企业比较普遍存在的"体制不顺、制度不新、机制不活、管理不善、技术不精、装备不良、产品不优、资金不足、包袱不轻、环境不佳"等问题,应该采取综合性措施,"改制、改组、改造、改善、增资、轻装"要一起抓,实行综合治理,全面推进,整体创新,以利在企业中建立起利益机制、激励机制、竞争机制、经营机制、发展机制和约束机制,从根本上为搞好搞活国有企业创造新的条件和提供制度保证。为此,他通过发表文章对自己的这些观点进行了系统的论述。他担任省工业经济联合会会长以后,围绕经济发展中的热点和难点问题,先后举办了"经济发展环境"、"发展园区经济"、"新型工业化道路"、"国有企业改革"、"煤化工和循环经济"、"推进企业技术创新"、"企业履行社会责任"等一系列论坛,对当前经济发展中的一些重大问题从理论上进行探讨。致圭同志的《环境与经济》一文,详细论述了硬环境系统和软环境系统,为经济发展环境的建设与创新提出了自己的看法;在《"园区经济"探析》一文中,他将"经济特区"、"经济技术开发区"、"高新技术产业开发区"、"工业园区"概括为"园区经济",论述了园区经济的构建,提出了园区七大服务体系平台建设的具体思路;《新型工业化要坚持走集约发展的道路》一文,阐述了"集约发展"的新理念,并归纳出"集中发展"、"集群发展"等八种目标模式;《工业企业要积极履行社会责任,为构建社会主义和谐社会作贡献》一文,论述了企业履行社会责任的重要意义,提出工业企业要处理好六个方面的关系。总之,致圭同志的这些文章发表后,在读者、经济界和有关部门中,引起了良好的反响。

具备大局意识和战略眼光是一个领导者必备的素质。致圭同志在研究经济问题和从事经济管理工作中充分展示出这一素质的优势和特点。从他发表的经济文章中可以看到,他无论在哪一个经济管理工作的领导岗位上,都能站在战略和全局的高度对经济问题进行理论思考。例如,他多次强调要实施产品战略、科技战略、外向战略和民营战略。他认为没有产品优势就没有经济优势,要引进、研制、开发优势产品,全力发展高新技术产品、拳头产品、名优产品和出口创汇产品,以产品优势赢得经济优势;他认为要取得产品优势,必须在大中型企业建立强有力的研发系统,大幅度地增加技术研发投入,加速新工艺、新材料、新设备的研制、开发和推广应用；他认为只有实行大开放战略，对国外一切有益的东西、一切可资借鉴的东西大胆实行"拿来主义"，才能在引进产品、技术、资金、人才和先进管理方面取得突破性进展；他认为民营经济是我国社会主义市场经济的重要组成部分，是国民经济的重要增长极，需要实施"四优工程"，即制定优惠政策、建设优秀项目、提供优质服务、创造优良环境，以促进民营经济健康持续发展；他提出山西矿山企业多，矿难频发、环境污染严重，要大力发展新型矿业经济，把关注职工安全和保护生态环境放在十分重要的位置。这些观点，都有着全局性的意义。进入 21 世纪以来，随着全球石油短缺、价格暴涨，能源问题已成为关乎国家经济安全和国防安全的战略问题。致圭同志又和国内相关专家进行科学论证，从我国富煤缺油少气的实际出发，提出了《关于以煤基醇醚燃料替代石油的建议》，受到党和国家领导人的重视，被国家有关部门采纳并已纳入国家发展规划。他认为煤化工的春天已经到来，在山西省大力推进煤化工产业的发展和醇醚燃料汽车的研究推广工作，提出要在山西形成醇醚燃料和醇醚燃料汽车两大新兴产业。这些都体现了致圭同志的全局观念、大局意识和长图远虑的战略识见。

致圭同志兴趣广泛，我知道他还爱好摄影，前不久出版了摄影集《美的记忆》。这一次他把平日写的一些励志格言和诗作编入文集，我想读者在阅读他的经济文章后，再读这些格言和诗篇，对他的志趣、情操也会有所窥见。

致圭同志以极大的理论勇气，对极为复杂的现代工业经济理论进行了大胆的探索与研究，这是很不容易的，我在阅读了他的论著时深受鼓舞与激励。

总之，读了致圭同志的著述，感慨良多，故写了以上这些话，是为序。

二〇〇九年三月十二日

（滕文生同志系中共中央政策研究室原主任）

目　录

宏观经济

技术经济管理

企业改革与发展

宏观经济

高瞻远瞩，精心运筹，谋取战略发展[*]

战略和规划是发展的眼睛，是国家和企业谋取战略发展获得成功的一个重要因素，也是实施江泽民总书记提出的"计划经济和市场调节相结合"的指导思想的重要保证。纵观我国 40 多年经济建设取得的成就，也充分证明了这一点。国民经济三次调整的先后过程也充分证实，社会主义国家的经济发展，必须要有一个完整、长远的发展战略和具体实施的长远发展规划。

江泽民总书记最近在科技奖励大会上指出："科技工作为经济建设服务要立足现在着眼未来……要为实现我们经济发展的第二步、第三步战略目标积蓄力量，创造条件。"这段论述，深刻地阐明了科技与发展战略的辩证关系，以及科技在发展战略中的重要地位和作用。我们应该认真学习，深刻理解，从上到下高度重视发展战略和发展规划。

---

* 原载《发展战略与科技管理》1990 年第 1 期。

一、关于发展战略

发展战略包括国家、部门、地区的经济战略和企业的经营战略,两者相互联系又相互区别,前者属宏观、中观战略,解决大系统的问题,后者属微观战略,解决小系统的问题。两种战略密不可分,彼此渗透相互结合。

发展战略是走向未来的思想指南,它熔思想、观念、发展趋势、机会、目标、谋略和行动于一炉,使资源优化配置、产品产业结构调整、市场有效供给,彼此适应,构成运动着的有机体,成为经济发展的引擎。发展战略如何,关系整个国民经济及企业经济效益的兴衰成败。以往我们制定的发展战略过于原则、笼统、一般化、抽象化、公式化,没有反映矛盾的特殊性,缺少特色,往往一个部门(地区)的发展战略搬到另一个部门(地区)照样适用,实质上是抽去了"对具体事物进行具体分析"这一活的灵魂,缺乏针对性,也缺乏可行性,往往导致产品产业结构"趋同",因而战略的导向作用不强。现在,我们应该为它输入新的、科学的内容,除了遵循普遍的经济规律以外,特别是还要在全局中确定自身的恰当的方位,认真研究矛盾的特殊性,从而制定出符合实际情况的、有立体感的、生动具体的、有血有肉的发展战略来。要做到这一点,应该将其纵向展开,顺次确定战略目标、战略原则、战略重点、战略突破口、战略措施和战略步骤。

战略目标是一项战略所要完成的经济技术指标以及相应的社会目标。它不应该是一项单一的指标,而是科学的指标体系,其中各项指标应相互衔接、配套,有机结合。它是整体战略的核心部分,是纲,起统率作用。战略的其他环节都是围绕战略目标纵向展开的。它既反映物质财富的增加,又反映生产力水平的提高;既有产品的量的增加,又有其质的飞跃。

战略原则是实现发展战略应遵循的基本原则,是一种行为准则。其作用在于帮助我们正确处理当前与长远、技术与经济、目标与投入、生产能力与资源优化配置、产品与市场、宏观与微观之间的关系。

战略重点是实现发展战略所要解决的主要矛盾和关键环节。它影响决定着战略的全局，关系着战略的成败。战略重点得以实现必然带来良好的经济效益、社会效益，经营状况将根本改观。比如对一个地区来说，一项或几项拳头产品开发成功，就会使许多企业兴旺发达起来，甚至促使一个或若干个企业集团的出现，并带动若干相关产业的发展，使这个地区的经济在短时间内出现转机。

战略突破口是战略重点的前沿，或者是夺取战略重点的必要外围，是容易打开局面的点。比如山西省把发展工业及降低能耗、物耗等作为战略重点之一，那我们就必须选择电站建设作为战略突破口。一般来讲，应围绕战略重点的实施来选择战略突破口。

战略措施是发展战略所应采取的行政、经济、技术、法规等方面的具体措施，用以保证战略的实现。这种措施主要是围绕战略目标来制定，应该做到相互配套，行之有效。以往的发展战略之所以每每放空炮，就是因为缺少得力措施。

战略步骤就是战略的实施步骤。事物的发展过程是有阶段性的，每一个阶段集中解决一类或几类矛盾，过一个阶段上一个台阶，如此而稳步前进。类似于部队作战，我们将战略发展过程划分为几个阶段，组织几个经济战役，精心部署，有效指挥，做到每战必胜，一步一步地夺取战略的成功。

二、关于发展规划

发展规划是依据发展战略而制定的中长期行动计划，是战略的具体化。它是制定年度计划的重要依据。以往按照计划经济的传统做法，国家、部门、地区都在制定"五年计划"，即五年发展规划，大中企业也都相应地制定自己的发展规划。但由于发展战略不明确，加上僵化的体制等原因，我们编制的各种层次的发展规划主观随意，严重地脱离实际，往往规划是一回事，实际干起来又是一回事，并且政府部门的规划与企业的规划相去甚远。另一方面，部门、地区、企业的规划自成体系，不能很好地相互协调和衔接配套,造成发展的无序、紊乱,迫使我们不断地整顿调整。我们应从根本上来解决问题。以下结合我省机电行业"八五规划"的编制谈谈发展规划应处理好的几个关系。

1. 切实搞好国际国内两大市场的调查分析预测,掌握好产品的发展方向

在规划中,产品目标处在核心地位,起着主导作用,从某种意义上讲,可以说整个规划是围绕产品转的,所以在规划制定中我们应该十分重视产品方向问题。产品方向正确与否最终要受市场的检验,社会需要,适销对路,产品方向就是正确的;反之,就是不正确的。所谓经营就是产品与市场的结合,有产品无市场叫瞎搞,有市场无产品,叫坐失良机。因此,在制定发展规划时,对省内、省外、国际、国内市场的调查、研究、分析、预测方面的工作要认真搞好。现有的市场容量有多大? 现有的生产能力有多少? 竞争对手的实力潜力怎样? 潜在的需求有多大? 等等,应该尽可能搞清楚。坚持市场导向,以此来确定产品方向。消费决定生产,生产引导消费。规划部门在审查发展规划时要首先看市场情况搞清了没有。

2. 处理好发展与调整的关系

总的说来,规划是要指导发展的,但发展从来都不是齐头并进,而是有消有长,有生有灭,有进有退,有快有慢,这是事物的本来面目。从机电行业的现实情况来讲,少数产品十分紧俏,供不应求的状况比较严重;部分产品适销对路;相当一部分产品滞销积压,造成生产力的巨大浪费。从企业状况来看,为数不少的企业产品方向不对,长期亏损,成为经济发展中的包袱。因此,在规划中,我们不仅要靠新的投入、新的项目去求发展,而且要靠调整去求发展。一是要促使生产力合理流动,促进企业的改组、联合、归并、兼并,实现规模经济能力和群体优势,下决心让一些无前途长期亏损的企业破产或转产,让一些有发展前途的企业得到充实。二是要积极地调整产品结构和产业结构。紧俏的、适销对路的产品,潜在需求很大的产品要摆在优先位置,多投入、多扶植,四大产品(拳头产品、名优产品、高新技术产品、出口创汇产品)要倾注全力开发、投入、发展,并促使

其尽快形成规模。平销产品、市场潜在需求量不大的产品要少投入或不投入;滞销积压产品坚持不投入,并运用政策促使归并、兼并。对农机、能源、交通运输、原材料方面的机电产品的投资要倾斜,要优先投入、多投入。三是要十分重视技术结构调整,产品水平、工艺水平都要有一个明确的目标,要大力引进、推广应用新产品、新工艺、新技术、新材料、新设备。

总之,正确处理调整与发展的关系,是治理整顿中提出的新课题,制定规划一定要抓住机遇,利用有利时机,调整产品结构、产业结构、企业组织结构,走出一条山西省机电工业发展的新路子。

3. 切实搞好技术经济分析和可行性研究

规划的项目应该技术上先进、经济上合算,这才是可行的。技术上起点应尽可能地高一些,否则有可能一搞出来就是落后的,但我们又不能脱离实际去追求最先进的技术,我们要的是符合国情、省情的实用技术。经济上一定要算清大账,投入产出、资金效益(资金利税率和资金利润率)、投资回收期、投资回报率、经济效益、社会效益等方面的大账一定要算清。规划部门要搞一个指标体系,促使大家搞好技术经济分析和可行性研究。

4. 切实搞好产品、技术、工艺、设备的引进和消化吸收

我省机电产品的水平不高,经济效益不佳的一个重要原因是引进工作步伐太慢。引进问题是一个战略性的问题,要实现超越,上品种、上质量、上水平、上成套必须搞好引进。搞好了一项产品、一种技术、一种工艺、一些先进设备的引进就可能使一些企业异军突起,后来居上。因此,规划中引进和消化吸收方面一定要有一个长足的进展。

5. 搞好系统设计工作

项目加项目的简单叠加不能叫规划,所谓规划是要进行科学的系统的设计。战略规划工作是一项十分复杂的系统工程,需要国际、国内两大市场结合,宏观微观结合,定性定量结合,远近结合,也需要认真地进行综合平衡,特别需要进行结构设计,对技术结构、产品结构、产业结构、投资结构、企业结构等进行全面系统的分析,搞好衔接配套,有一个完整的总体设计,实现总量平衡和结构平衡。

加速发展区域经济，
推动整个经济快速健康发展[*]

我国幅员辽阔，人口众多，地区间的生产力水平差别较大，在自然资源、人文资源分布以及经济技术发展水平上存在着极大的区域差异。在计划经济条件下，我国事实上形成了产业经济和区域经济为主的发展模式。产业经济实质上是部门经济，即以专业经济管理部门所辖的产业发展为特征，以部属企业（国营企业）、省属企业（省营企业）、地（市）属企业（地营企业）、县（市）属企业为主要载体，构成了所谓的产业经济。区域经济具体表现为乡域经济（在绝大多数经济结构单一、经济落后的乡镇还不能说已经形成了所谓乡域经济，但少数经济发达的乡镇确已经形成了名副其实的乡域经济）、县域经济、区域经济（地市所属经济）、地方经济（省市所属经济）以及跨地区的都市圈经济。在计划经济条件下，产业经济居于主导地位，投入大，发展较快，而区域经济发展相对较弱较慢，并表现出各区域经济间发展的不协调。改革开放以来，则出现了相反的情况，产业经济相对弱化，而区域经济长足发展。当前应认真研究区域的

---

* 原载《经济与管理研究》1996 年第 2 期。

分工与合作,统筹规划区域经济,引导区域经济协调发展,形成多层次的、各具特色的区域经济,带动和促进国民经济持续、快速、健康发展和社会的全面进步。

一、加速发展区域经济——时代的呼唤

改革开放以来,我国区域经济中的一、二、三产业全面快速发展,呈现出良好的发展势头。家庭联产承包责任制开辟了中国农业发展的先河,8亿农民在基本解决了温饱之后,正在全面向小康的目标迈进。工业经济以国有经济为依托,以民营经济(这里将乡镇企业、城镇集体企业、三资企业、私营企业和个体经济等统称为民营经济)为主线,呈蓬勃发展之势。城乡第三产业快速发展,有力地促进了区域经济的全面繁荣。但是,目前区域经济尚处于发展的初级阶段,还存在着"散、低、差"的弊端。"散",即区域经济中的产业规模过小,各经济区域孤立分散,地区间缺乏紧密和广泛的经济联系与合作,没有形成规模经济优势和聚合经济优势。"低",即区域经济的专业化程度低,基础薄弱,产品初级低档,竞争力不强。在急剧变化的市场经济面前,投资者缺乏战略眼光和预见能力,搞低水平的重复,一哄而上,一哄而下,造成人力、物力、财力的巨大浪费。"差",即区域经济中的企业素质、产业素质差,因此经济增长的质量和效益不高。区域经济中的国有经济也存在着管理体制不顺、企业制度不新、经营机制不活、资金投入不足、技术改造不快、企业包袱不轻、发展后劲不足等问题。需要进一步搞活搞好。

党的十一届三中全会以来,我国逐步确立并实施区域经济发展政策,在区域发展上大体上经历了经济特区——沿海开放城市——沿海经济发展战略——沿海、沿边、沿江、沿路"四沿"发展战略,从过去的资金倾斜为主逐步发展为政策倾斜为主,试图把我国区域发展重点放在开放条件和经济技术基础较好的东部沿海地区,并在投资及改革开放上给予较多的优惠,实施地区的倾斜式发展。这种区域优先发展所取得的成绩是显

著的,是有目共睹的。然而在实践中也碰到了不少新问题,主要是区域间的经济差距全面拉大,区域经济发展与产业发展不协调,经济趋同化倾向严重,地区间分割、自求平衡、自成体系、自我完善以及地方保护主义等问题比较突出,区域间的经济摩擦和碰撞日益加剧。随着产品结构、产业结构和经济结构的演进,以及技术进步和交通运输的进一步发展,在区域经济的比较优势中,资本与技术要素的作用日显重要,自然资源作用日渐削弱。因此,我国区域经济的重心正经历着从资源经济型到资本技术型的转换,从而提出了区域经济发展的新任务,同时也提出了区域经济质和量的协调发展问题。如果区域经济发展中存在的问题不能得到有效及时的解决,就不能适应广大人民群众日益增长的物质文化生活的需要和整个国民经济发展的要求。特别是目前中西部地区经济的发展,相对于东南沿海地区来说,呈一种严重滞后和欠发达的态势,这不仅造成地区间人民群众收入水平的悬殊,而且已成为经济社会全面发展进步的羁绊。因此,促进区域经济协调发展,对转换区域经济增长方式,提高区域经济增长的质量和效益,形成区域经济的优势和特色,实现各区域间的优势互补,缩小各地区之间差距,提高国民经济发展的整体水平,实现共同富裕,维护社会稳定,推进社会主义精神文明建设具有十分重要的意义。可以说,认真研究和解决区域经济的发展问题,是时代的呼唤。

二、区域经济特色化——加速发展的基本思路

确立科学的区域经济发展思路,是加快区域经济发展的前提。区域经济的发展过程是一个寻找新的经济增长点的过程,是一个提高经济增长的质量和效益的过程,归根结底是一个特色经济的形成和发展过程。我们看到,区域经济迅速发展的地区,莫不是在本地自然资源、地理环境、人文条件的基础上,充分发挥自己的优势,逐渐形成有特色的经济增长模式。从总体看,各地区都有自己的比较优势,这是形成区域经济特色的基本条件。立足于扬长避短,发挥优势,确立区域经济的发展思路,一般应

坚持以下四条原则:

一是充分发挥区域优势,形成各具特色的区域经济发展模式。区域优势具体分为区位优势、人才优势、人文优势、资源优势、产业优势、科技优势、资金优势、信息优势等等。区域经济的发展首先要着眼于发挥这些优势。随着经济体制改革的不断深入,地方可以根据国家的生产力布局和产业政策,在维护自身利益的基础上,自行选择不同的经济发展模式。无论是东南沿海地区,还是中西部地区,都要看到自己的优势,充分发挥自己的优势,依据自身优势选择带头产业,培育优势产业。对国家的中长期发展目标而言,我们不可能企求各地区平衡地发展,但应尽可能地引导帮助各地区协调发展。在看到沿海地区繁荣景观的同时,必须清醒地看到目前的中西部地区本身是一个潜在的大市场,存在着各自的优势和发展潜力,并且经过几十年的发展,已经有了一定的经济基础,有些产业已初具规模,进一步调整优化产品、产业结构和经济结构,大力发展优势、骨干产业,就可以实现区域经济的快速健康发展。

二是要坚持协调发展,重点突破。发展区域经济要坚持"固农、兴工、务商",协调发展、重点突破、整体推进的方针,既要坚持一、二、三产业协调发展,又要坚持以工业为主导。在全国第三产业迅猛发展的形势下,决不能忽视工业在国民经济发展中的主导作用。人类社会的进步在很大程度上取决于工业的进步。每一次世界产业革命实际上都是工业革命。第一次产业革命时期的新兴产业群包括纺织工业、采矿工业、冶金工业、造船工业、机械工业等。第二次产业革命时期的新兴产业群包括电力工业、铁路运输业、重型机械工业、汽车工业、电讯工业等。现代开始的第三次产业革命时期的新兴产业群包括电子工业、信息工业、新材料工业、新能源工业、航天工业、海洋工业、生物工程等。没有工业的发展就不会有社会的进步与文明。区域经济的发展不能忽视工业的主导作用,并要以发展工业带动促进农业和第三产业的发展,促进一、二、三产业协调发展,实现资源的优化配置,提高产业素质和结构效益。

三是两手抓,两翼起飞。一手抓国有经济,一手抓民营经济,形成

"一体两翼"的飞鸟型区域经济发展模式,实现以公有制为主体、多种经济成分并存并荣。改革开放以来,国有企业特别是国有大中型企业在新旧体制转换中承担着主要的改革成本,在改革开放和促进其他经济成分发展方面发挥着关键作用。但是,如果没有民营经济来支持和稳定整个经济的发展,国有企业改革也难以取得预期效果。因此在区域经济发展中,需要在渐进、积累推进国有企业改革的同时,大力发展民营经济,培育新的税源,培植新的经济增长点,反哺国有企业,减轻国有大中型企业的社会负担,这样可以从总体上加快经济发展。国有经济与民营经济优势互补,既可以引导和支持其他经济成分快速健康发展,提高国民经济的总体实力,又可以促使国有企业实现机制转换,增强生机活力,加速发展。

四是要制定一个好的发展战略和发展规划。战略和规划是发展的眼睛,现代经济高度重视发展战略和发展规划。世界上没有一个国家、一个地区的经济是盲目发展起来的。纵观近百年的世界经济史可以发现,许多国家历来都很重视区域经济发展,都自觉或不自觉地执行一种以发展区域经济为主线的开发规划和开发战略,都是在对各个地区(尤其是经济不发达地区)进行开发之后才全面繁荣起来的。日本在开发了东京—横滨地区之后,执行"工业分散诱导政策",发展高原型区域,加速了落后地带的开发。法国制定措施把工商业资本引向西部农业区和南部新工业区以及科西嘉地区,取得了明显效果。意大利以强制性法令和优惠性政策促使公私企业大量投资于南部,形成了一些新工业基地。德国设立专门机构,制定法律和纲领,指导国土整治和经济开发,极大地促进了地区经济发展的均衡化。如此等等。上述发达国家发展经济的实践表明,区域经济开发是同社会化大生产相联系的,它的成功是以生产力的运动规律(首先是布局规律)为基础的。同时,不难看出,地区开发战略中,按照"趋优分布规律"的要求拟定布局重点,并适时实行布局的战略性转移,对于经济的全面繁荣具有举足轻重的作用。因此,国家要有一个指导长远布局的经济开发战略,各区域也要因地制宜,制定最为有效的区域开发战略。要不然，头痛医头，脚痛医脚，权宜应付，鼠目寸光，区域经济难以得到最有效的开发和发展。

三、"四大战略"——发展区域经济的战略选择

根据我国目前生产力发展水平和各区域经济的发展状况，要重点实施四个方面的战略：

一是产品战略。产品是人类物质文明的标志，人类各式各样的经济活动，都是围绕着产品和服务进行的，高度重视产品和服务，是现代物质文明的重要特色。产品落后，一切落后，没有产品优势，就不可能有经济优势。市场竞争，说到底表现为产品竞争，只有形成产品优势，才有可能真正获得经济优势。因此，要以产品结构的优化促进产业结构的优化。在产品开发上必须坚持"质量第一"原则，调整产品的品质结构，尽可能提高优质产品的比重；以节能为目标，调整产品的能耗结构，尽可能减少高能耗产品的比重；以提高经济效益为目标，调整产品的加工度结构，尽可能增加深加工和高科技产品的份额。要高度重视新产品的引进和研制、开发，形成产品的比较优势，倾注全力，持之以恒地发展"四大产品"，即拳头产品、名优产品、高新技术产品和出口创汇产品。把发展"四大产品"作为发展区域经济的"牛鼻子"，围绕"四大产品"开展各项技术经济活动。只有这样，才能比较快地形成产品优势和经济优势。在实施"产品战略"的同时，要全面实施"三优工程"，即发展优势产业、优势企业和优势产品，从而带动整个区域经济的快速健康发展。

二是科技战略。科学技术作为第一生产力，在实践中已经越来越显示出它的巨大作用。区域经济的发展，必须建立在依靠科技进步和提高劳动者素质的轨道上。我国经济发展不平衡的特点，实际上已形成了一种技术梯度——有的地区是"先进技术"，有的地区是"中间技术"，有的地区还是"落后技术"。但引进技术，并不一定完全按照梯度顺次进行，要从实际出发，采取梯度转移与超越并举，并以超越为主导的发展战略。

努力创造条件,直接引进国际国内先进技术,同时,组织企业、大专院校和科研院所的科技力量,大力进行产品开发与技术开发。这就需要制定切实可行的科技发展规划、技术开发和技术引进政策。建立"产、学、研"三位一体的科技新体制,培育发展新型科技企业,促进科技成果的产业化、商品化。企业也要建立强有力的科技开发系统,大幅度地增加技术开发投入,加速新产品、新技术、新工艺、新材料、新设备的推广应用。并下决心解决脑体倒挂问题,分配向第一生产力倾斜,形成强有力的激励机制,吸引科技人才到本地区来。

三是外向战略。区域经济不可能一枝独秀,孤立发展起来,它必须吸收现代社会的各种经济营养,必须进行广泛的技术经济合作与交流,才能发展壮大起来。开放才能发展,开放的程度决定发展的程度。在区域经济发展中,要全方位开放,四门大开,诚招天下客商;要坚决地实行拿来主义,引进资金、技术、人才和管理,实行进出结合、外经外贸结合、工贸结合,充分利用当地经济地理和人文优势,吸引外商和经济发达地区的投资与合作;要充分利用本区域的各种优势,大力发展各种形式的横向经济联合,不断形成新的生产力等等。让区域经济在大开放中大发展。

四是民营经济战略。民营经济机制好、包袱轻、经营灵活、资金来源广泛,是发展最快、最具活力的经济成分。发展民营经济是一条富村、富民、富省、富国之路。沿海发达地区的超高速发展,主要得益于民营经济的发展。随着市场经济的发展,相当一部分中小国有企业将通过产权转让、租赁、拍卖、合作、股份等形式,走向国有民营或民有民营。随着现代企业制度的发展,民营经济的企业组织形式将向股份制和股份合作制的方向发展,实现民营企业制度创新。随着科技、管理等知识阶层加入民营企业,以及中外合资企业的涌现,高科技、集团化、国际化的民营企业正在崛起。随着民营经济的蓬勃发展,民营企业将成为国家财政收入的重要来源,成为社会就业的主要渠道。因此,必须采取各种措施,加速本区域民营经济的发展,进而推动整个区域经济的发展。

四、加速区域经济发展的对策

一是要配备好区域的领导班子，建立任期目标责任制。区域经济发展的好坏，关键在于领导班子，特别是主要领导干部。在发展社会主义市场经济条件下，领导班子和领导干部应具备驾驭市场经济的宏观决策能力、解决各种复杂矛盾的协调能力、廉洁自律抵御腐败的能力、唤起群众投身改革建设实践的号召力和预见未来、把握方向的超前思维能力，这是区域经济发展的组织保证。因此，必须建立一个改革开放、开拓进取、务实高效、勤政为民的领导班子。同时，要建立各种领导班子的任期目标责任制，确立区域经济发展的指标体系（如经济总量、经济效益、财政收入、人均收入、社会发展等），严格考核，严明奖惩，对干部的提升重用主要以政绩为标准，如此对领导层形成发展区域经济的激励和竞争机制。

二是要研究制定区域的产业政策和技术经济政策。加速发展区域经济，必须制定有效的产业政策和技术经济政策，培育发展区域的优势产业，优化产业结构。在世界发生新技术革命的条件下，必须高瞻远瞩地制定产业政策。在区域经济发展中，必须首先大力发展以信息技术为中心的新兴产业，发展机电一体化产品，发展新型材料工业和生物工程等，加快交通和通讯网建设，加速发展第三产业，改善投资环境和条件。同时要加速改造传统产业。尽管新兴产业不断壮大，但传统产业不可能也不应该完全被取代，它仍然是社会生产不可缺少的组成部分。在制定产业政策时，关键是要处理好传统产业和新兴产业的关系，用新技术加紧改造传统产业，使传统产业中许多部门超越某些发展阶段，建立在新的物质技术基础之上。目前，我国技术结构的突出特征是各层次技术之间、各部门之间、各经济地带之间，存在着异常悬殊的差距。既有航天、激光等尖端技术，又有刀耕火种的原始技术；既有技术经济发达的沿海地带，又有技术、经济极为落后的内地和边疆，形成极不协调的技术体系和生产力发展阶段。这就决定了我们制定区域技术经济政策的基本指导思想应是采取有效措施,使较低的技术层次逐步升级,同较高的技术层次协调发展,并且使各技术层次之间相互协作,逐步提高传统产业的机械化、自动化程度,逐步淘汰原始落后高耗能高污染的技术;在进一步提高工业生产技术的同时,要更加有效地提高农业生产技术水平。技术的选择一般应坚持先进实用的原则,不能盲目追求"一流"、最先进,在某些关键部门、重要领域,可以有选择地采用尖端技术,在绝大多数部门和领域,要从实际出发,采用先进实用的技术,不断更新改造,不断提高生产技术水平。

三是要搞好资金筹措。区域经济能否加速发展,在很大程度上取决于资金的投入,没有大的资金投入,区域经济就难以发展。要坚持发展规划一本账,资金来源多渠道,争取国家的(专项贷款),借足银行的,用好地方的,集聚民间的,引进外部的(乡外、县外、国外),千方百计扩大发展区域经济的资金来源,积极引导和扶持发展农村合作股份制经济,吸引农民入股,集聚民间财力用于发展区域经济。政府应按照扶优扶强的原则,制定有效的政策措施,把足够的资金投向优势产业和优势企业。企业和经济组织要消除单纯依赖国家扶持和银行贷款的思想,自身要成为投资主体,并要提高资金利用率和投入产出水平,注意纠正盲目追求产值、速度、乱铺新摊子,搞低水平重复的倾向,走投入少、产出多、质量好、消耗低、效益高的发展道路。要引导各类企业正确处理积累和消费的关系,纠正过度消费,超前消费,千方百计增加积累扩大再生产。

四是为区域经济发展创造良好的投资环境和社会环境。发展区域经济是一项宏大的社会系统工程,既需要内在的经济动力,也需要良好的外部环境和条件。要深化投融资体制改革,创造良好的投资环境,要理顺价格体系,健全法制,规范市场行为,创造公平竞争的市场环境。强化竞争性项目投融资的市场调节,拓宽基础性项目的投融资渠道,完善公益性项目的投融资制度。同时要建立项目的企业法人责任制,强化项目的风险约束机制。要发展咨询公司、会计师事务所、律师事务所、公证机构等各类社会中介机构,为各种经济活动提供良好的服务,建立良好的经济秩序。各级政府、各级领导和广大群众都应以一种巨大的历史责任感来关心支持区域经济的发展，形成加速发展区域经济的强大社会力量，保证区域经济的持续、快速、健康发展。

从战略高度优化民营经济的发展环境[*]

一

民营经济是国民经济的重要组成部分,是我国目前最具活力的经济成分之一,是发展社会主义生产力的重要方面军。民营经济的大力发展是我国经济体制改革的重大成果。党的十一届三中全会以来,特别是党的十四届三中全会作出《关于建立社会主义市场经济体制若干问题的决定》后,各级党委、政府采取了一系列扶植民营经济发展的政策,推动了民营经济的快速发展,民营经济已成为我国经济体制转换的重要内容,成为市场取向改革的先导力量,成为我国经济新的增长极。但是,民营经济的发展仍面临着一定的困难,主要是认识不到位,环境不宽松,措施不得力。因此,必须充分认识民营经济在整个国民经济和社会发展中的战略地位,采取有效措施,全面优化民营经济的发展环境。

　＊　原载《中国改革》1996 年第 4 期。

（一）加速发展民营经济，是实现社会主义市场经济体制目标的重大战略抉择

建立社会主义市场经济体制，有赖于完全的市场竞争主体的形成，使企业具有真正的独立意识，实现完全的自主经营。民营经济始终坚持市场导向，以成本最小、利润最大为经营原则，机制活，包袱轻，以其盎然生机和较高效益，显示出高度的自主经营、自负盈亏、自求发展、自我约束的市场经济主体优势，显示出壮大国民经济的巨大作用。这种从高度生产自主权中体现出来的市场主体地位及其带来的良好经济效益，为国有企业转轨提供了有益的借鉴，推动国有企业一起朝着市场化方向迈进，从而产生了一大批经济上真正独立的商品生产者和经营者，标志着多元化的产权主体和竞争主体的形成。因此，民营经济的发展过程就是市场力量壮大的过程，也是催化市场主体和竞争主体形成的过程。随着社会主义市场经济的发展和改革开放的逐步深入，民营经济对市场主体的催化作用，以及促进市场竞争的作用日益明显，不仅形成多个企业之间的竞争，而且形成不同经济形式之间、不同组织形式之间、不同经济成分之间的竞争，形成了丰富多彩的竞争格局。在竞争中。一方面是优胜劣汰，另一方面是取长补短，共同发展。民营经济激励国有经济提高经济效益的过程，实际是各个企业竞争的过程。通过竞争，从微观上一个一个企业提高经济效益，进而达到宏观上的全社会经济效益的提高，实现建立社会主义市场经济体制的目标。

（二）加速发展民营经济，是减轻国有大中型企业改革成本的重要战略对策

改革开放以来，国有企业特别是国有大中型企业仍然是我国综合经济实力的主要体现、财政收入的主要来源和稳定社会的主要力量。国有企业较多地承担着财政税收，承担着不合理的价格负担，承担着较多的社会负担和人员负担，在新旧体制转换中承担着主要的改革成本，在改革开放和支持其他经济成分发展方面发挥着关键作用。在这种情况下，如果没有其他经济成分来稳定和支持整个经济的发展，国有企业急于向市场经济转轨，很可能陷入进退维谷的沼泽地而不能自拔，难以取得预期效果。因此，必须走我国沿海地区改革和发展路子，在渐进、积累式推进国有企业改革的同时，从社会主义初级阶段的国情出发，冲破传统计划经济体制的束缚，大力发展民营经济，培植新的税源，培植新的经济增长点。民营经济作为重要的经济增长极，机制新、活力足、成本低，不用国家太大的投入，就可以较快地成长出一批新的具备一定规模的企业和财税上缴大户，反哺国有企业，减轻国有大中型企业担负的改革成本，这样就可以从全局上加快经济发展，从总体上构建多种经济成分并存和竞争的市场主体和体系。国有大中型企业与民营经济参股联营，优势互补，既可以引导和支持其他经济成分高速健康发展，提高国民经济总体实力，又可以使国有大中型企业尽快实现机制转换，扩大发展空间，增强主导功能。

（三）加速发展民营经济，是促进城乡结合、维护社会稳定的重要战略措施

在计划经济体制下，我国社会中的经济、政治、文化教育组织结构呈现出一种僵化状态，尤其是社会组织体系中的行业体系、社会体系显得更为突出，工业与农业之间、城市社区与农村社区之间，人为地竖起一堵高墙。民营经济的大力发展，优化了经济结构，推动了所有制结构、产业结构、城乡结构和社会结构等一系列的结构调整重组，加速了我国社会经济现代化的进程，也引起了上层建筑中政治结构、文化教育结构的变化。伴随着民营经济的不断发展，人们的商品观念、市场意识不断强化，农民必然会冲破户口管理、粮食供应的藩篱，纷纷进城挂牌办厂、经商，使一切与计划经济相联系的劳动、人事、户口等管理制度受到冲击。城市社区与农村社区的高墙会逐步拆除，板结的社会结构在不断松解之中。特别是民营经济的发展，为社会提供了不断增加的就业机会，不仅开辟了城乡剩余劳动力再就业和人口迁移的新门路，而且起到了社会稳定器的作用。当前,农村经济体制的改革,使农民产生了强烈的就业需求,而国有企业技术构成的不断提高,劳动力的优化组合也分离出一部分剩余的劳动力。大力发展民营经济,就可以为我国城乡大量的待业青年和剩余劳动力提供广阔的就业空间,缓解国家就业安置的困难,将阻碍改革、干扰社会的因素转化为支持改革、为社会创造财富的积极因素,有效地维护社会稳定。

二

党的十一届三中全会以后,全社会对民营经济地位和作用的认识有了很大提高,特别是党的十四大作出的在我国建立社会主义市场经济体制的决定,对民营经济的发展起到了巨大的推动作用,国有转民有和国营转民营的工作迈出了较大步伐,各种民营经济成分有较大的发展,民营经济成为国民经济的新的增长极。但是,目前仍然存在着民营经济发展环境不宽松的问题,妨碍着民营经济的正常发展。因此,必须把发展民营经济作为建设社会主义市场经济的长期举措,全方位优化民营经济的发展和运行环境。

(一)正确认识新时期民营经济的科学内涵,为加速发展民营经济创造良好的社会心理环境

当前,制约民营经济发展的主要因素仍然是认识高度不够,思想解放不够,没有把民营经济放在突出的地位,没有真正认识到其重要作用。党的十一届三中全会以来,根据邓小平同志建设有中国特色的社会主义理论和党的基本路线,确立了以公有制为主体、多种经济成分共同发展的方针,但重国有轻民有、重国营轻民营的现象仍然存在。从根本上来讲,这是对民营经济缺乏正确的认识所致。我们现今发展起来的民营经济,并不是旧制度的复辟,更不是资本主义经济制度的同名词,而是对旧制度的扬弃,抛弃了其消极部分,保留了其积极部分,并由此产生出新质,即生产要素和生产条件的新组合,在外部经济条件上,它与国有经济紧密相连,受社会主义制度优越性的阳光普照,受社会主义国家的宏观调控,是国民经济发展的重要增长极;在内部劳资关系上,其企业职工同国营企业职工一样,处于主人翁地位,同受社会主义政策、法律的保护,包括国有民营的经济成分,与国有经济相互渗透,这是社会主义时期民营经济区别于资本主义民营经济的基本特征。由这一基本特征所决定,民营经济的发展不仅深具潜力,而且富有活力,是社会主义市场经济中的一支重要的经济力量,最终为社会主义积累资金、创造财富。因此,我国的民营经济是存在于社会主义社会中的民营经济。现在的民营经济不是多了,而是少了;不是快了,而是慢了;不是大了,而是小了;不是放得太宽太活,而放得不够。因此,一定要以邓小平的"三个有利于"为标准,进一步解放思想,大张旗鼓地为民营经济大造舆论,理直气壮地为民营经济提供优惠政策,扎扎实实地为民营经济提供服务,为民营经济的发展创造良好的社会心理环境。

(二)制定有利于促进民营经济发展的政策,为加速发展民营经济创造良好的经济政策环境

民营经济的发展,涉及到整个国民经济的结构和走向。经济政策是影响民营经济发展的核心内容。经济政策上的任何变化,都会引起民营经济在产业结构、组织结构、资源条件等方面的变化,导致民营经济的起伏波动。目前,要重点解决民营经济政策不规范、政策体系不完善、政策导向不连续、政策精神不稳定的问题;解决政策多元化,不统一、不协调,不同经济性质间、不同地区间、不同部门间、不同行政层次间存在的政策差异的问题;解决政策行政化,政策体系中的行政管制性政策多于经济调控性政策的问题;解决政策弹性化,执行政策中的随意性和伸缩性的问题。形成一整套能给予民营经济和国有经济平等竞争的政策,消除市场封锁,消除歧视,特别要消除地方保护主义,以形成统一的市场体系。因此,必须从政策设计、操作、执行方面进行调整,以保证政策的有效性和政策体系的规范化。从产业政策讲,民营经济不能局限于"拾遗补缺"的角色,除少量的必须应由国家垄断的产业部门和行业外,其他产业部门和行业都应允许民营经济进入。从区域政策上讲,一定要重点鼓励、支持、扶植欠发达地区特别是贫困地区民营经济的成长。从市场准入政策讲,不仅要允许民营经济进入一般的商品市场,也要允许进入要素市场;不仅要允许进入国内统一市场,也要允许进入世界市场。要根据谁投资、谁受益的原则,继续鼓励社会投资发展各类市场,扩大辐射,并与全国及国际大市场连接,尤其要注意培养各类生产要素市场。从行政、行业管理政策讲,最重要的是要实现无主管部门,不套行政级别,以防重蹈各级政府与国有企业的父子关系的覆辙。这是改善民营经济政策环境的最重要、最基本、最现实的要求。

（三）健全推动企业家和科技人才向民营企业流动的机制,为加速发展民营经济创造良好的智能集聚环境

科技人员是发展大生产的先锋,企业家是组织现代化大生产的核心。民营经济在市场经济中的竞争力取决于民营企业家的素质和科技人才的水平。由于传统计划经济形成的思维定势和民营经济的运行和发展环境不够宽松等因素的影响,造成了国营企业的管理人才多、民营企业的管理人才少,国营企业科技人才闲置、民营企业科技人才短缺的扭曲状态。在社会主义市场体制不健全、民营企业作为新的经济增长点正在发展壮大的情况下,国营企业在资金、技术、人才、管理及政策方面具有明显的优势,是民营企业无法相比的。民营经济对企业家和人才还没有相当的吸引力,造成了民营经济领域企业家和科技人员的匮乏。长此以往,将形成恶性循环。在这一特定的历史时期,单纯依靠市场导向,很难将企业家和科技人才引入民营经济领域。必须按照市场经济运行规律,经济的、行政的、教育的手段多管齐下,使大批企业家和科技人员进入民营经济领域,促进民营经济的快速发展,使民营企业与国有经济比翼齐飞,进而吸引更多的企业家和科技人才进入民营经济领域,形成良性循环,使一批有胆识、懂经营、会管理的企业家和科技人员成为民营经济的中坚力量,为振兴民营经济建功立业。近年来,各级鼓励企业家和科技人员去民营企业工作的政策没少定,但政策效果不明显,其根本原因是单纯运用经济诱导,忽视了特定时期各种手段的综合运用。因此,只有建立健全推动企业家和人才向民营企业流动的综合配套机制,为民营经济创造良好的智能集聚环境,才能有效地加快民营经济的发展,促进国民经济的全面振兴。

(四)加强民营经济的立法建制工作,为民营经济的发展创造良好的法制保障环境

在发展社会主义市场经济过程中,必须把加快民营经济的立法建制工作放在十分突出的地位。改革开放以来,各级各部门对发展民营经济有了新认识,并制定了有关的法规条例和措施,使民营经济得以迅速成长。但目前民营经济的立法建制工作与建立社会主义市场经济的要求很不适应,必须进一步加强。目前,由于计划经济观念的束缚,还有少数同志在政治上歧视民营经济,在经济政策和经济管理上不能把民营经济和国营经济一视同仁,使得民营经济在产权保护、资金、人才和具体的生产经营中遇到种种障碍。这些问题不解决,民营经济的权益就得不到尊重和保护。因此,必须从法律上保障民营经济与国营经济的公平竞争。要进一步完善法律法规,明文规定保护民营经济的合法权益及其违法责任,通过立法保护民营经济的发展,通过立法加强对民营经济的管理。要按照社会主义市场经济体制的要求,建立民营企业的法人财产权制度,维护民营企业的合法权益,严禁平调、侵占民营企业资产。要加强对民营企业生产经营活动、产品质量、税费征收等方面的监督和管理,形成一套法律和制度上的宏观管理办法,使之规范化、制度化。对侵害民营企业合法权益、干扰其正常生产经营活动,以及吃、拿、卡、要等勒索行为,要以法律手段惩处,使民营经济在法律和制度的保障下健康发展。

调整优化经济结构，
提高经济增长的质量和效益[*]

　　长期以来,我国的经济结构一直是以粗放型扩张为特征的。国家曾经在较长时间内推行一种以重工业为导向的发展战略,一定程度上造成了结构趋同、整体趋重的状况;计划经济体制下形成的铺摊子、上产值、求速度的粗放机制的作用,以及短缺经济的刺激、地方利益的驱动和宏观调控诸多方面原因的影响等,又造成了投资分散、重复建设、"大而全"、"小而全"的状况。从而总体上形成了产业初级、产品低级、结构失衡、效益低下、发展粗放的局面,严重制约着经济增长质量和效益的提高,使得现实经济中出现的问题几乎都可以从结构上找到原因。从作为国家能源重化工基地山西省的情况看,虽然以能源和原材料工业为主导的重型结构,符合全国区域分工和生产力布局,也为支持全国的经济建设作出了巨大贡献,但经济结构性矛盾和问题也日益突出:第一产业基础弱,第二产业效益差,第三产业起步晚,整个经济中粗放的资源工业占 70%,国有经济占 70%,重工业占 70%,支柱产业单一,反映出产业的粗放和产业结构上

---

　　* 原载《人民论坛》1997 年第 7 期。

的矛盾;大路产品多、名优产品少,粗加工产品多、深加工产品少,高能耗高物耗产品多、高新技术高附加值产品少,"黑粗大"产品一统天下,反映出产品的粗放和产品结构上的矛盾;企业生产集中度低、专业化程度差、效益低下,又反映出企业生产经营的粗放和企业组织结构上的矛盾;此外,投融资结构、技术结构和劳动力结构等都不同程度地存在着与发展社会主义市场经济、实行两个根本性转变、提高经济增长质量和效益不相适应的问题。这样的经济结构使山西在全国经济发展中处于比较困难的位置。经济结构问题已成为制约经济发展的主要障碍。

江泽民总书记在中央经济工作会议上指出:"要在继续搞好总量控制的同时,切实把工作重点转到调整和优化经济结构上来。""无论是保持经济总量基本平衡、巩固和发展这几年宏观调控的成果,还是缓解企业生产经营困难、深化和加快国有企业改革,也无论是推进两个根本性转变,还是适应我国经济发展新阶段产业结构升级的要求,都需要大力调整和优化经济结构。我们要充分认识这项工作的重要性和紧迫性,增强主动性和自觉性,切实抓紧抓好。"把经济结构调整作为今年以及今后一个时期内经济工作的重点而摆上重要议事日程。

一、调整经济结构要处理好五种
关系,注意做到"五个结合"

从根本上讲,调整经济结构是一个经济问题,但它的成败直接关系到政治的稳定和社会的安定;调整经济结构又是一个转变经济增长方式的问题,但它也与经济体制的转变有关。它是一项牵涉面广、带动性强,具有牵一发而动全身特点的特殊重要的工作。调整和优化经济结构必须处理好五个方面的关系,力求做到"五个结合":

一是把总量控制与结构调整更好地结合起来。进行总量控制,是保持经济总量平衡、促进经济稳定增长的必要调控手段,也是优化经济结构的重要前提和基础。目前,社会总供求大体平衡,经济"软着陆"也基本实现, 经济领域内存在的突出问题主要表现为结构性矛盾。但也不能排除出现供大于求、求大于供双重压力的可能, 通货膨胀的压力依然存在。这些潜在的因素也是经济结构调整潜在的障碍, 一旦出现就会直接影响经济结构的调整。因此, 必须注意处理好控制总量与调整结构的关系。一方面在把工作重点转到调整和优化经济结构上来的同时, 要继续搞好总量控制, 为进行结构性调整创造良好的条件; 另一方面, 在进行总量控制的过程中, 要着眼于经济结构的调整, 把调整和优化经济结构作为保持经济总量平衡、巩固总量控制成果、提高经济增长质量和效益的积极而有效的手段。通过二者的有机结合达到相互促进的目的。

二是把发挥市场机制作用与加强宏观调控更好地结合起来。毋庸置疑, 在社会主义市场经济条件下, 调整和优化经济结构主要是通过发挥市场机制的作用来进行。但市场机制作用的发挥必须以完备统一的市场为前提。在目前我国市场体系还不够健全、市场机制相对薄弱的情况下, 单靠市场机制的作用是远远不够的。同时由于市场功能、市场调节本身的缺陷和局限性, 即使在市场经济比较发达的地区, 也不可能完全靠市场的自发调节作用来达到资源的优化配置和结构的合理调整。因此, 调整和优化经济结构必须把发挥市场机制作用与加强宏观调控结合起来, 发挥市场调节和宏观调控的双重作用, 保证经济结构朝着既符合市场经济规律、又符合宏观生产力布局的方向进行调整。

三是把资产存量调整与增量投入更好地结合起来。经济结构的调整必然要求资产存量的调整和重组, 但没有一定的增量投入是难以实现存量的流动和重组的。当然, 单纯依靠增量投入来进行经济结构的调整既不经济, 也不现实。这就要求我们在调整和优化经济结构的过程中, 要把增量投入作为存量调整的"启动器", 以增量的投入和调整带动存量的流动和重组; 要把资产存量的调整重组作为更好发挥增量效益的"扩大器", 来共同促进经济结构的调整和优化。

四是把经济结构调整与国有企业的改革与发展更好地结合起来。国有企业控制着国民经济的命脉, 对整个经济发展包括经济结构的调整起着主导作用;同时,经济结构不合理特别是产品结构不合理是目前国有企业面临困境的直接原因,从这个角度来看,调整和优化经济结构又是国有企业改革和发展中必须采取的一项具有重大现实意义的措施。因此,调整和优化经济结构必须以国有企业为重点,国有企业的改革和发展也必须以经济结构的调整为重点,通过结构调整提高国有企业的市场竞争能力,进而带动和促进整个经济结构的调整和优化。

五是把经济结构的调整与区域经济发展更好地结合起来。改革开放以来,区域经济的发展速度不断加快,但从整体上看,存在着结构趋同、发展粗放的问题,盲目投资,低水平重复建设,"大而全"、"小而全"现象相当突出,布局不合理,互补性差,过度竞争,严重影响了整个国民经济的协调发展。这个问题不解决,不仅区域经济的质量和效益难以提高,而且整个经济结构的调整工作也难以开展,将使国家的现代化建设受到严重影响。因此,加大经济结构调整力度,对于区域经济的发展具有特殊的意义,同时区域经济结构调整的进展情况,直接影响着整个经济结构的调整。所以在经济结构调整中,要正确处理中央和地方、全局和局部的关系,把区域经济的发展与经济结构的调整有机地结合起来,讲特色、讲质量、讲效益,形成区域经济优势互补的新格局,从而依靠经济结构的调整促进区域经济的发展,在区域经济的发展中更好地调整和优化经济结构。

二、要实施全方位的经济结构调整战略

社会主义市场经济结构是指在社会主义市场经济体制中,构成国民经济整体的各种经济成分和各种产业形式及其相互关系。它不仅包括国民经济体系中的产业、行业分布,企业组织在数量、规模、地域方面的布局,产品在品种、质量、产量、档次方面的构成,而且还包括所有制构成、资金、技术和劳动力的分布构成等。因此,调整经济结构是一项宏大的系统工程,必须从调整和优化产品、企业、产业结构着眼,从发展优势产业、培育优势产品、扶持优势企业的"三优工程"入手,把产品生产的微观结构

调整、企业组织的结构调整和产业、区域、所有制构成的结构调整统一考虑，有计划、有步骤、全方位地进行。

1. 进一步搞好国有经济，大力发展民营经济，调整和优化所有制结构

就全国而言，改革开放以来，由于坚持了以公有制经济为主体、多种经济成分共同发展的方针，在努力从整体上搞好搞活国有经济的同时，大力发展各种非国有经济，使多种经济成分都不同程度地得到了较快发展，成为国民经济新的增长极。但无论是从非国有经济在国民经济中的比重看，还是从其自身的发展水平看，以及用适应社会主义市场经济、实行两个根本性转变和生产力发展的要求来衡量，仍呈现出发展不足、水平不高的状况。从我省的情况看，非国有经济的速度、规模和水平又远远落后于全国，特别是与发达地区相比差距更大。非国有经济发展水平相对滞后，结构效益低下，不仅直接影响到国民经济整体素质和效益的提高，而且也难以发挥其在一些产业、产品及企业分布等方面对国有经济的补充作用，同时也难以为国有企业分担财政负担和社会负担，实现功能互补、压力分担。因而所有制结构方面的问题，是影响经济结构的合理性和国民经济协调发展的一个重要因素。这就要求我们在增资减债、改善环境、调整结构、优化存量、加强管理、提高效益、努力搞好国有经济的同时，必须进一步发展包括资产集体所有、合作所有、私人所有、外资所有及混合所有等形式的民营经济。要提高认识，解放思想，高度重视，积极扶持，放开形式，放开政策，搞好服务，创造条件，切实推动乡镇企业上水平、促进城镇集体经济上档次、扶持个体私营经济上规模、鼓励涉外经济上台阶，同时还要积极探索和发展民营经济的其他形式，形成多种经济成分的企业在竞争中互相提高、在联合中共同发展、在发展中优势互补以及生产要素在流动中实现合理配置和优化组合的格局。从而通过所有制结构的调整和优化来促进整个经济结构的调整和优化。

2. 实施名牌战略，发展优势产品，调整和优化产品结构

应该说，产品结构不合理是整个经济结构失衡的集中体现，同时也是

当前部分国有企业陷于困境的直接原因。由于产品初级低档,部分企业开工不足,许多产品相对过剩,销售不畅,造成滞销积压,库存居高不下,资金占用增大,产品产销率低,企业利润率低,经济效益差。在产品库存增加的同时,居民急需的一些商品却严重不足,以至于有的消费品不得不依赖进口。其原因就在于近年来在由"短缺经济"走向供需平衡和供大于求、国内消费需求结构和国际市场变化很快的情况下,企业产品结构未作相应调整或者说调整的步子不快。调整和优化产品结构,是调整经济结构的微观基础和前提条件,产品结构不调整,其他结构的调整就无从谈起。调整和优化产品结构,一要发挥企业的主体作用,变观念、转机制、看市场、找优势、抓特色、树名牌,着力培育一批有市场潜力、有区域特色、科技含量和附加值较高、对战略带头产业和支柱产业有带动作用的优势产品,不断加大产品结构调整力度;二要发挥政府及综合经济部门、行业管理部门的职能作用,真正把工作重点转移到培育市场、提供信息、加强引导、搞好服务上来,为建立统一完善的市场体系、帮助企业了解市场和适应市场、引导和调控企业形成合理的产品结构、保证产品结构符合整个经济结构和生产力布局的要求而更好地发挥作用。

3. 加强基础产业,发展优势产业,调整和优化产业结构

产业结构的调整和优化要牢牢把握住几个关键点:一是振兴支柱产业,以带动整个产业结构的升级,实现产业结构的高度化。要重点选择那些市场需求大、增长速度快、科技含量高、经济效益好、带动作用强的优势产业作为战略带头产业予以重点扶植,以带动其他产业的发展。二是继续强化农业、交通和能源等基础产业,加强基础设施建设,以缓解瓶颈产业对国民经济的制约。实现产业结构的合理化。三是培育新的经济增长点,这是调整和优化产业结构的重要方面和必然选择,以此实现支柱产业的多元化。对于多年来一直以煤炭作为支柱产业的我省来说,在以煤炭为基础,坚持"深度加工、加快转化、综合利用、多种经营"的方针调整能源产业结构的同时,要着力培育和发展冶金、机电、轻工、化工、建筑建材五个新支柱产业,延缓工业重化趋势,形成多元化的支柱产业格局;同时

要加强第一产业，优化第二产业，大力发展第三产业，使产业结构得到优化、升级，更好地促进经济建设跃上一个新台阶。

4. 扶优、扶大、扶强，发展优势企业，调整和优化企业组织结构

企业是国民经济的细胞，是生产经营乃至整个经济活动的主体，经济结构整体上的矛盾必然影响到企业的正常运行，同样，企业组织结构上的问题也必然影响到整个经济结构的优化。企业组织结构是经济结构的微观基础，经济结构的调整必然要求企业组织结构的调整。目前反映在企业组织结构上的突出问题就是企业规模小，生产专业化程度低，"大而全"、"小而全"普遍存在，直接阻碍了企业的技术进步，造成产品质量差、档次低、成本高、竞争力不强。这不符合社会化大生产和专业化分工协作的原则，不符合发展社会主义市场经济的要求，不符合客观经济规律和经济体制改革方向，不符合整个经济结构调整的总要求。因此，调整企业组织结构，解决企业组织结构方面存在的突出问题成为经济结构调整的一项十分紧迫的任务。调整和优化企业组织结构，就必须坚持优胜劣汰的原则，扶优、扶大、扶强，对有市场潜力、有特色产品的优势企业，生产集中度高、专业化程度高的大企业和市场竞争力强的企业给予积极扶持，促进资产存量向这些企业流动而实现资源的优化配置。要进一步加大改革力度，通过关、停、并、转、包、兼、股、卖、破等多种形式和"退二进三"、"分二进三"等多种途径，促进生产要素跨地区、跨行业、跨所有制流动，进行资产重组。从而以产权为纽带，以优势企业为主体，通过控股参股方式组建一批大企业和企业集团，提高企业集中度、生产专业化程度和产业关联度，成为经济建设的主力军和排头兵。当然，调整企业组织结构并非企业规模越大越好，关键是要通过优胜劣汰、产权重组，实现经济效益的最大化和市场竞争力的最大化，使规模效益和结构效益得到同步提高，从而达到企业组织结构的优化，以更好地适应经济结构调整对企业组织结构的要求。

5. 推进开发创新改造，发展高新技术，调整和优化技术结构

由提高产业素质、促进产业升级这一调整结构的目标任务和科技在

结构调整中的主导作用以及企业技术水平的实际所决定,调整经济结构必须着眼于利用高新技术改造传统产业和武装新兴产业,促进技术进步,对技术结构进行大幅度的调整,以尽快改变企业技术水平低、产品科技含量低、技术结构不良的状况。调整和优化技术结构要坚持好两个结合:一个是开发创新与改造结合。促进技术进步重在开发创新。目前,我国的科技总体水平并不低,但企业的开发创新和消化吸收能力却相当薄弱,使得许多优秀的科技成果难以被企业及时应用而转化为现实的生产力,形成技术进步的瓶颈。同时,多年来企业技术改造的步子也迈得不够大,基础差,起点低,投入少,致使企业技术进步的物质基础也很薄弱。从而给外来技术的消化、先进技术的应用、高新技术的嫁接造成了障碍。因此,技术开发创新与技术改造的紧密结合,对于调整和优化技术结构具有特殊的意义,必须从思想上予以重视,从政策上予以扶持,从投入上予以倾斜,从舆论上予以倡导,形成良好的氛围,提供有力的保障。另一个是适用技术的推广应用和高新技术的产业化结合。适用技术的大面积推广应用是调整技术结构的基础,高新技术的产业化是技术结构调整的龙头。高新技术产业化对于整个技术水平的提高和技术结构的优化具有极强的带动作用,必须花大力气抓紧抓好,真正建设一批名副其实的高新技术开发区,形成一批高新技术产业群,带动培育一批现代企业群和名优产品群,对整个经济结构的调整和优化起到直接的推动作用。

6. 拓宽筹资渠道,发展资本市场,调整和优化投融资结构

投融资结构不合理是经济结构失衡的根本原因。这主要体现在:投资在产业间分布不当造成了产业结构的不平衡。以我省为例,从"六五"开始,投资持续向二产特别是重工业倾斜,而一产、三产和二产中的轻工业投资明显不足。"八五"前四年,全省国有单位工业投资中,重工业投资比例高达95.19%,其中煤炭、电力两大能源产业投资占到60.6%,轻工业投资只占4.81%。1978年至1993年我省平均资本系数达5.33。投资结构的不合理加剧了产业结构的不合理,造成了投资效益差、经营粗放的局面;基建投资、技改投资比例不当又造成了企业资产结构、组织结构

和产品结构的不合理,投资外延化,资产硬件化,技术含量低,产品附加值小;融资渠道狭窄,信贷投资比重太大,使得企业资本结构、负债结构不合理,负债过多,效益低下,对整个经济结构的优化产生了消极影响。实践证明,发展资本市场、拓展筹资渠道和保持投资适度增长、优化投资结构、提高投资效益是市场经济条件下保证经济稳定增长、结构趋于合理的重要环节。调整和优化投融资结构,首先要发展资本市场,建立多元化的融资结构。除了争取国家的、借来银行的、用好地方的外,还要集聚民间的、融通外部的。主要渠道是:积极创造条件鼓励大型企业、企业集团从国际、国内资本市场上直接融资;通过发展股份合作制和职工合股基金会,筹集社会闲散资金;通过补偿贸易、合资合作、转让产权、争取国外政府和亚行、世行贷款及 BOT 方式等多渠道引进外资;通过拍卖、兼并等形式盘活资金;打破所有制和条块界限,鼓励地方国有企业与军工企业、城镇集体企业、乡镇企业、个体私营企业的联合等。其二要继续坚持适度从紧的原则,严格控制投资规模。其三要按照两个根本性转变的要求,逐步实现投资外延化向内涵化的转变,不断提高技改投资在固定资产投资中的比重。其四要坚持"轻中选优、重中选优、效益优先"的原则,使固定资产投资向投入产出率高的优势产业、优势企业和优势产品倾斜。其五要建立健全投资风险约束机制,全面推行建设项目资本金制度、项目法人责任制、工程招标制、项目监理制和"投资效益一票否决制",逐步形成有利于控制投资规模膨胀、改善投资结构和提高投资效益的机制。从多方面来保证投融资结构的调整和优化。

7. 针对分流转移,抓好培训提高,调整和优化劳动力结构

经济结构的失衡必然伴随着劳动力结构的扭曲。长期以来,由于整个经济结构的粗放,造成了劳动力素质偏低、结构不合理的状况。这一方面使相当一部分下岗职工难以安置,另一方面又使一些新兴产业、高新技术产业所需的劳动力严重缺乏,给劳动力的转移和分流增加了难度,既加大了社会的就业压力,也难以满足调整经济结构对劳动力的需求。有关资料显示,1995 年与 1991 年相比,煤炭采选业减员 34 万人,黑色和有色

金属矿采选业减员 16 万人,其他矿采选业减员 58 万人,纺织业减员 83 万人,普通机械制造业减员 458 万人。随着经济结构调整力度的加大,这种行业性减员的幅度还会有所增加。同时还将有相当规模的农村劳动力向第二、第三产业转移。要解决这些矛盾和问题,在进一步建立健全劳动力市场、拓宽就业渠道的同时,必须着力于调整和优化劳动力结构,通过就业培训、岗位培训等途径千方百计提高劳动者素质,在提高特定岗位技能的同时,增加对基础知识、基本技术的了解,增强对一般行业工作的适应性,特别是对一些经济发展急需的技术人才要集中进行重点培养。这是解决问题的关键。在培训提高的过程中,要紧紧与职工再就业、经济结构调整中劳动力的分流转移结合起来,增强针对性和适用性。使劳动力结构在培训中得到提高,在提高中得到调整,在调整中得到优化,以更好地适应结构调整、两个根本性转变以及经济发展的要求。

解决"微观超分配"问题，
制止分配过度向个人倾斜 *

　　随着我国分配制度的改革,分配关系日益引起全社会的关注。能否把企业的收益在国家、企业和职工之间合理分配,直接关系到国家财政收入和职工生活水平能否稳步提高,关系到企业的积累能否不断增加,关系到企业能否积极地进行自我改造和自我发展。我们知道,企业收益的分配对象通常划分为国家所得、企业所得和个人所得。但是从经济管理、核算和分配的角度看,收入分配总额中的一些项目,如对企业的各种摊派、收费、罚款等实际上是社会从企业的收益中取得的,事实上成为国民收入初次分配的重要组成部分。因此企业的收益分配总额,除国家所得、企业所得和个人所得外,还存在着一种其他所得。从社会角度看,企业收益分配总额应划分为社会所得、企业所得和职工个人所得。其中社会所得又可以进一步划分为财政预算所得和非财政预算所得,这样可以确切地反映社会从企业拿走的份额,准确地反映企业自我发展、自我改造财力的大小,便于统一人们对企业收益分配的认识,有助于制定分配政策和其他经

---

　　* 原载《经济管理》1997 年第 6 期。

济政策。

改革开放以来，妥善解决国家、企业和职工个人之间合理的分配关系，控制工资总额过快增长一直是宏观调控收入分配的一项重要内容。但自1983年以后，由于企业自我约束机制相当薄弱，工资总额计划名存实亡，出现了全国性的工资收入越来越"控"不住，而且名目繁多的工资外收入更是无法控制，形成了空前的"微观超分配"。

表现之一：职工工资收入的增长远远高于劳动生产率和经济效益的增长。在相当长的一段时期内，我国职工工资外收入增长远远超过国民经济的发展。尤其是1984年以来，城镇居民收入和职工工资水平有了较大的增长，工资总额和平均工资增长并没有超过经济增长，但工资外收入却远远超过了国民经济的发展。据测算，1985～1993年职工工资外收入年均增长12.55%，超过同期GDP年均增长9.61%的水平；从银行对工资和个人其他支出看，1985～1993年，年均实际增长16.66%，更是远远超过同期GDP年均增长9.61%的水平。工资外收入增长远远大于工资增长的事实说明，工资总额没有超过经济增长已是一种假象，尤其是各种名目的津贴、奖金、其他工资性收入和福利占职工平均工资的比例越来越大。这种情形在80年代后期和90年代初期表现得最为明显。从1994年国有单位职工工资构成比较分析，全国职工平均工资为4797元，其中标准工资2242元，占52.99%，津贴、奖金及其他为2225元，占45.58%。据调查，绝大多数企业并没有将个人分配与企业效益挂钩，更有为数不少的企业置企业亏损于不顾，除按正常标准发放工资外，奖金依然照发。形成奖金名目繁多，同超额劳动脱钩；奖金人人有份，起不到激励先进作用的扭曲状态。

表现之二：经营者、承租者的收入增长过快过猛。许多企业的经营者，特别是有些"三资"企业的经营者，在企业经济效益增加不多的情况下，其收入不适当地大幅度增加。有的经营者的收入高达几十万元甚至几百万元，并且厂长经理的收入上去以后，副职、中层干部、技术管理干部的收入也被拉动上去。特别值得指出的是，这种现象在承包、租赁企业更为严重,有关政策对承租者和职工控制的程度不一样。承租者的收入在合同中一般都明确规定与其经营成果挂钩,多劳多得;而在职工的收入分配上,基本上沿用了基本工资遵循国家统一规定,奖金超过 4 个月工资总额的征收调节税的办法。结果承租者往往从个人利益出发,一旦奖金接近 4 个月工资总额的水平,就不再多发了。这样,一方面承租者的收入随企业盈利的增加而增加;另一方面职工的收入受工资总额和奖金税的控制不能随企业盈利相应地增长。此种分配形式必然要加大承租者和职工在收入分配上的差距,严重影响了广大职工的积极性。

表现之三:全社会收入差距日益拉大。由于分配制度和管理上的原因,分配不公带来的贫富差距在逐渐拉大。据 1994 年抽样调查,在城镇居民收入水平和支出水平有所提高的同时,收入差距进一步拉大,1993 ~ 1994 年一年间,10% 的最高收入户同 10% 的最低收入户的差距由 3.6 倍拉大到 3.9 倍;东部和中西部地区的人均收入比已由 1993 年的 1.37:1 拉大为 1994 年的 1.41:1。城乡差别 1984 年缩小到 1.71:1 后,1985 年又开始拉开,1993 年已基本回到改革之初的水平。这些差距还在进一步拉大,有可能成为社会不安定根源。

改革以来,以上这些问题一直存在,在许多企业还有愈演愈烈之势。"微观超分配",超前分配,寅吃卯粮,分光吃尽,直接影响着企业积累,造成企业内部的分配不公,进一步推动分配向个人倾斜,推动消费基金过快增长,进而诱发通货膨胀,同时减少财政收入等等,其危害是很大的。

以上问题的存在,原因是多方面的,但最主要的原因是分配关系背后的一系列经济关系未理顺,宏观调控的措施不到位。

首先,原有的分配体系已经失灵,新的间接调控体系不健全。对企业工资基金宏观控制的失效主要表现在调控体系的解体上,原有的国家对企业的工资体系是对计时工资总量的控制,国家仅需规定出企业职工人数、职工工资等级,便可根据职工人数确定工资总额,从而从宏观上控制住职工收入的水平。然而,目前职工的工资已由结构工资、浮动工资、计件工资、定额工资等形式取代单一的计时工资,企业的工资总额与经济效益挂钩,职工工资形式的多元化和收入来源的多渠道使国家原有的收入控制体系早已显得无能为力,面对微观分配中出现的多种工资形式和工资增长与经济效益挂钩的新办法,新的宏观调控体系不健全,尤其是在国家与地方的调控权限上含混不清,哪一级调控什么,事权不清。在定性分析上比较明确,但在定量分析上对标准、类型、级别、总额缺乏明确的界定,因此出现该控制的没有控制住,该放的没有放开。

其次,收入分配秩序紊乱。目前的收入分配中存在许多越轨行为,各种创收、赞助、乱摊派,以及名目繁多的补贴、津贴、福利层出不穷;一些地方任意减免税收,竞相攀比优惠政策;一些单位自订工资标准,自订分配方式;一些企业经营者单纯地靠增加工资、奖金、补贴和福利的办法去调动职工的积极性等等。这些都在很大程度上扩大了非正常收入来源渠道,搞乱了正常的分配秩序,导致了分配过度向个人倾斜,进而造成消费基金膨胀,成为通货膨胀的一大诱因。

最后,劳动制度与工资制度改革不配套。随着市场经济的发展,市场对生产的调节作用大大加强,生产发展、技术进步客观上需要随时调整劳动力结构,辞退多余或不适应的职工。但由于思想观念、用工制度、社会保障等原因,企业只能招收不能辞退,也难于分流,使本来就人浮于事的现象更加严重。据有关方面预测,目前全国在职的失业大军为2000万~3000万,仅此一项每年就要多发300亿~500亿元工资或生活费。

要从总体上解决我国目前存在的微观超分配的问题,必须深化改革,形成新型的、相互制约的分配关系。从宏观上来看,随着经济发展和物价上涨,职工的工资水平要不断提高;从微观来看,应坚持按劳分配,多劳多得,工资应反映出劳动生产率提高和经济效益增长。为此,可从以下几个方面解决"微观超分配"问题:

1. 建立企业内部铁的分配纪律,保证职工实际收入的增长低于企业劳动生产率和经济效益的增长

要建立严格的分配纪律,切实坚持"两个低于"的原则,必须首先规范工效挂钩的指标,不管选择哪些指标,对物质生产部门来说,最终都以

实现利税和劳动生产率为考核指标;对第三产业部门要以实现利税作为主要考核指标。要采取强有力措施,纠正以实现"两个低于"原则为名搞挂钩比例浮动的做法;要体现工资能升能降的原则,经济效益下降时,工资一定要下浮;要扩大挂钩工资的范围,逐步实行全员人工成本费用与经济效益挂钩。在科学确定指标的基础上,要建立铁的分配纪律,要有强有力的宏观调控。厂长(经理)的收入更要按企业经济效益状况作出规范,不能搞简单化、一刀切。各级财政部门对国有企业的工资、奖金、补贴、福利、劳保等定期进行严格考核。对违反分配纪律的企业经营者要严肃处理,实行行政与经济双重处罚。随着市场经济的发展,要逐步进行工资立法,用法律的形式确定工资关系的各项准则,使社会工资行为规范化。要通过立法解决最低工资问题、收入的高低悬殊问题、工资诉讼问题及工资政策的监督问题,以法律手段保证企业收益的合理分配。

2. 建立国家计税工资制,对城乡居民储蓄采取实名制并开征利息税

现在企业的各种人工费用都列入成本,如果对人工成本无限制性措施,企业所得税将受到严重冲击。为确保企业所得税税基不受侵蚀,必须要区分总成本和计税成本,规范企业税前成本列入项目和标准,把企业的工资收入列入计税工资的调控范围。对超过计税工资以上的工资发放视同企业所得,征收企业所得税。实行计税工资要根据各地的平均工资水平,合理确定计税工资参考标准。同时要准确掌握城乡居民的实际收入,对城乡居民实行"实名制"储蓄制度,居民存款必须出示本人身份证,银行要严格登记,并实现计算机联网,以准确掌握每个人银行存款总额的真实数字,开征利息税,确定利息税开征界限,中低收入者可以不征,高收入者可以分档计征。

3. 完善企业分配自我约束机制,推行无补贴工资制

要正确处理国家、企业和职工三者利益关系,必须完善企业收益分配的自我约束机制。无补贴工资制就是一种值得推广的微观分配形式。其基本指导思想是,充分体现"按劳分配"的原则,实行一岗一薪,岗变薪动,从根本上调动职工的积极性;遵循的原则是,该交给国家的一分不欠,

企业发展应留的一分不亏,职工应得的一分不少,在不断提高劳动生产率和经济效益的同时,使职工工资收入不断增长。这项制度本着"两低于"的原则,在企业内部取消名目繁多的各类补贴、津贴和福利,大幅度提高工资标准,根据每个职工的责任大小、工作繁简、技能高低和贡献大小确定工资标准,拉开分配档次。这样职工的工资标准虽然有较大的增长,但企业的工资总额并没有突破。"无补贴工资"包括三部分:一是原岗位技能工资;二是原各类补贴、津贴;三是部分福利。这种工资分配形式,并不是简单地将福利一概变成现金发给职工,而是由企业根据职工需要,设立住房、养老、医疗"三项基金",将福利基金除公共部分,拿出大头,按一定比例存入职工"三项基金"户下,归职工个人所有,但不提现,其余部分作为工资发给职工。企业的福利基金和各项保险保证金,都是企业税后利润的再分配。这样,通过福利社会化、住房商品化、补贴工资化、工资浮动化等企业内部分配关系的变革,有力地促进企业内部分配关系的逐步合理与完善,使企业从"企业办社会"、"单位办福利"的困境中解脱出来,轻装上阵,增强活力。同时打破职工福利分配上的平均主义,体现劳动者智力和体力的投入的区别,体现按劳分配、多劳多得的分配原则。

4. 强化经营者对资产所有者的责任,实行国有企业经营者年薪制

将国有企业经营者的收入分配渠道与本企业一般职工的收入分配渠道分离,是约束经营者行为的重大措施。经营者收入的多少要与国有资产保值增值及企业效益增长情况挂钩,以体现多劳多得。经营者的年薪由基本年薪和风险收入两部分构成。基本年薪主要根据企业经济效益水平和生产经营规模,并考虑地区和本企业职工平均收入水平加以确定;风险收入以基本年薪为基础,根据本企业生产经营责任的轻重、风险程度等因素确定。同时要把企业是否严格按国家有关规定合理调整职工工资作为确定经营者风险收入的依据之一。因经营管理不善没有完成年度各项任务和经济效益指标的,或因决策失误造成企业经营性亏损及违反国家关于企业工资管理有关规定的,对经营者的年薪收入(包括核定基薪)按一定比例进行扣减。

5. 建立健全民主管理和民主监督制度，增强企业内部的分配约束

要在各类股份制企业建立工资分配的民主管理和民主监督制度，企业工资水平和工资制度由经营者提出，经企业职代会广泛讨论、协商后，由董事会审议确定。政府对国有企业分配还保留一定的调控权。在政府宏观指导下，通过经营者或产权代表同职代会民主讨论，确定工资增长水平。政府有关部门要制定企业工资指导线指导企业、行业适度增加工资，以加速发展经济、稳定并抑制物价、实现充分就业等宏观经济目标。工资指导线应以年度企业劳动生产率增长、职工生活费用价格指数变化为主要依据，并综合考虑经济增长、人工成本水平、劳动力市场供求、对外贸易等其他相关经济因素对工资的影响程度后确定。各地可根据实际情况制定当地的工资指导线。政府主要通过有关法规以及运用税收杠杆、工资监察等手段来保证工资指导线的有效实施。在经济困难时期或特殊情况下，则采用说服、劝导或直接采取行政措施调控工资增长，直至颁布有关法令冻结工资。

我们应确立一个什么样的增长速度[*]

在计划经济体制向社会主义市场经济体制转轨时期、在经济增长方式由粗放型向集约型转型阶段,实事求是地确定经济增长的目标,保持合理的经济增长速度,是促进国民经济持续、快速、健康发展的重要保证。在这个过渡时期,各级政府对经济干预仍然很多,尤其是当前各级政府对经济的宏观调控力度很大。在这种情况下,确立一个经济增长目标是很有必要的,有了这样一个目标,就会调动方方面面的积极性,激励广大干部群众斗志,围绕目标,奋发努力,加速经济发展。

但是,衡量经济增长的质量不能光看速度,主要看经济能否持续、快速、协调、健康发展,看是否做到速度和效益的统一、微观活力和宏观调控的统一、总量增长和结构优化的统一。从当前及今后相当长一段时间来看,我省经济运行所处的大环境是需求约束强劲,集中表现为有效需求不足。80 年代后期乃至 90 年代初期,我国经济出现了过热的状况,需求明显过热。国家及时加强了宏观调控,采取适度从紧的财政、货币政策,经过几年的努力,社会总供给与社会总需求基本平衡,国民经济成功地实现

---

* 原载《山西日报》1999 年 1 月 7 日。

了"软着陆"。今后,像 80 年代、90 年代初期那种严重短缺,供不应求,国内市场空间很大,民营经济超常发展,整个经济超高速发展(GDP 增长 15%、25%、30%)的时代已经一去不复返了。近年来由于计划经济时期长期形成的整个经济结构不合理的状况,在抑制经济过热的同时,随之又出现了有效需求不足、市场疲软的局面;而经济结构的调整也并非一日之功,估计这种局面将会持续一个相当长的时期,今后全国经济及地方经济由于受有效需求不足和市场制约,不可能再有超高速的增长。我省多年形成的重型经济结构,导致经济增长受到特殊的经济结构的直接约束,受市场变化影响更加敏感,也更加明显。从近年来我省总需求来看,地区外需求比重约占总需求的三分之一以上,这是我省特殊产业结构的市场反映,即对外主要输出能源和原材料,而大部分日用工业品和工业设备靠外部输入,这种结构反映在供给和需求的相互关系上则是我省需求的增加,相当程度上推动了外部经济的发展,而自身经济的增长又在很大程度上依靠外部对能源的需求。在买方市场条件下,特别是我省能源、原材料等主导产业的产品出现需求不足甚至严重过剩的情况下,主导产业已经对我省的经济增长失去带动性,在经济增长中的龙头作用日渐衰弱,导致区域经济增长速度减缓。"九五"以来,我省煤、焦、电、铁外销量增速总体呈下降趋势,特别是去年以来煤电均为负增长,这些无疑会造成我省经济增速的回落,对我省经济增幅产生的震动作用更大,经济增长乏力。仅以煤炭而言,煤炭工业实现的增加值约占全省工业部门增加值的 37%,在煤炭市场严重疲软的情况下,对全省经济增长的影响是不言而喻的。近两三年来,我省经济增长速度持续回落,确定的经济增长速度难以实现,与我省"赶超战略"确定的 12%的目标已经产生了较大的差距,"赶超战略"已具有明显的落空可能。经济增长的速度问题已经成为全省干部群众关注的焦点问题,也是关系到我省未来经济发展的战略问题。我们必须看到,制约我省经济增长速度的主要是经济运行的质量和效益,而提高我省经济增长的质量和效益,进而加快我省经济增长速度的关键在于调整我省的经济结构,顺应知识经济的发展潮流,实现产业高级化,否则欲速则不达。

由此可见，我们究竟需要一个什么样的速度呢？需要一个实实在在没有水分的速度，一个既讲增长又保质量和效益的速度，一个通过努力能够达到的速度，一个能给企业和广大人民群众带来实惠的速度。速度太高不行，经过努力达不到的高指标，脱离经济规律，形同虚设，会涣散斗志，使人们泄气，会制造虚假，败坏风气。但速度太低也不行，首先因为我省粗放低级的产业结构、经济结构，决定了没有一定的速度就不会有一定的效益，就不能带来起码的税收和财政收入，"吃饭"就大成问题；其次速度太低就意味着开工不足，意味着经济不景气，意味着经济萧条，意味着大量的职工待岗、下岗、失业，意味着不稳定因素增大。因此，速度又是与吃饭、失业和稳定联系在一起的。同时，速度太低，思想上没有动力，工作上没有压力，不能充分地挖掘潜力，经济上也没有活力。因此，能够争取到的速度，我们一定要顽强拼搏，努力争取。这是唯物辩证的速度观，符合党的实事求是的思想路线，符合小平同志建设有中国特色的社会主义理论。

根据我省近年来的经济发展状况和发展规律，结合国际国内经济形势，按照最近召开的中央经济工作会议精神，经过认真的分析预测，我省1999年经济增长的目标应定为7%较为合适，这可以说是比较科学的，也是符合经济规律的。但我们仍然需要自加压力，挖掘潜力，把尊重经济规律与发挥主观能动性结合起来，坚持科学性与能动性的统一。特别要充分发挥主观能动性，要跳起来摘果子，通过十二分的努力争取达到8%的增长，叫做保7争8。这样我们就既从全局保了全国国内生产总值增长7%的目标，同时又能促进本省经济持续、快速、稳定、健康发展。

积极构建有中国特色的"均衡经济"[*]

新中国成立以来我国经济先后经历了几次大的波动,这种波动虽然不同程度地受到非经济因素的影响,但我们不能以此来否认其中存在着的经济周期性。事实上,长期以来,政府宏观调控部门及经济界人士也一直关注并谨慎对待这个问题,力求矫正失衡、避免波动、追求平衡,但由于种种原因,一直未能明确提出在我国构建"均衡经济"的目标。当然,在传统计划经济条件下单纯依靠行政调控手段来实现"均衡"是不可能的,而完全脱离国情、照搬西方模式寻求"均衡"也是不现实的。社会主义市场经济体制的建立和发展,为构建有中国特色的"均衡经济"提供了现实土壤和发展空间。本文就此谈一些看法。

一、关于"短缺经济"、"剩余经济"与"均衡经济"

正确判断和衡量社会总供需运行状态是研究总供需平衡进而采取相应对策、从宏观上确保国民经济持续增长的基本条件,而"短缺经济"、

---

[*] 原载《经济日报》1999 年 10 月 25 日。

"剩余经济"和"均衡经济"则是从供需总量和供需结构关系来考察总供需平衡状况的三种基本形态。

"短缺经济",是供需失衡的两种形态之一。从供需总量的角度看,是指社会总供给小于总需求,并且二者之间的差距超过了维持国民经济正常运行的限度,称为供给短缺或需求过旺;从供需结构的角度看,既有供给总量小于需求总量且各部门供给均小于需求的"同向短缺"现象,也有总供给小于总需求但有的部门供大于求、有的部门供小于求的"异向短缺"状态。长期困扰我国经济的主要就是这种在总需求过度膨胀、有效供给不足的总量失衡背景下的"异向短缺"结构失衡。"短缺经济"会引起供应紧张、卖方市场、物价上涨、抑制需求、票证供应、市场秩序混乱、经济过热、经济发展不稳定等。但是在"短缺经济"条件下,企业是容易搞的,一般来说企业的经济效益是比较好的,我国的个体私营经济、乡镇企业就是在"短缺经济"条件下迅速发展起来的。

"剩余经济",是供需失衡的另一种形态。从供需总量的角度看,是指社会总供给大于总需求,而且其程度直接影响到了国民经济的正常运行,即供给过剩或需求不足;从供需结构看,既存在供给总量大于需求总量且各部门供给均大于需求的"同向过剩"现象,也存在总供给大于总需求但有的部门供大于求、有的部门供小于求的"异向过剩"状态。目前我国经济已经出现了"异向过剩"的端倪,"剩余经济"会引起生产严重过剩、商品积压滞销、资金周转缓慢、过度竞争、价格下跌、开工不足、失业增加、企业效益下滑、社会资源闲置浪费等情况的发生,甚至会导致经济危机。在"剩余经济"条件下,企业是非常难搞的,一般来说企业的经济效益是比较差的。

"均衡经济",是指社会总供给与社会总需求基本上处于一种平衡状态,从而使宏观经济稳定运行的一种状态。当然,这种状态不是指供需双方在数量上的严格对等或绝对相等,而是指社会商品的两种运动中,由价值运动通过分配再分配形成的社会总需求,与由实物运动通过各种流通渠道形成的社会总供给能基本相等,既包括总量平衡和结构平衡两个方面,也许在不影响宏观经济协调稳定发展范围之内的供需差异。这是各国政府发展经济追求的理想目标。如美国经济自1991年3月以来保持了长达8年多的高就业、低通胀、持续增长的均衡发展,可以说是"均衡经济"这一理想之花结出了现实之果。

二、"经济失衡"成因分析及应对的成功经验

总供给短缺可以说是传统体制下社会主义经济运行的常态。有关人士认为,新中国成立以来我国曾出现过1949~1956、1956~1961、1961~1968、1968~1975、1975~1982、1982~1989、1989~1996共七个经济周期,其特征全部表现为"短缺经济",可以说这是长期困扰我国经济平稳发展的根本性问题。从经济学的角度分析,主要成因是:主观上社会主义国家的经济建设普遍存在着急于求成的指导思想和超越国力的发展目标,使得整个国民经济长期表现为高积累、高投入、高速度的过热状态;客观上社会主义国家一般是在生产力水平比较低的国家建立的,经济建设一开始就普遍面临着短缺,为了改变这种短缺并克服由资本主义国家经济封锁造成的困难,最终赶上和超过资本主义国家,就得最大限度地动员和集中社会经济资源投入经济建设。微观上企业没有真正成为独立的法人和市场的主体,负盈不负亏,千方百计争取国家投资,大搞重复建设,这种软弱的预算约束关系,不仅不能在微观层次抑制需求扩张,而且构成了需求膨胀的内在动力机制,从而对总供给短缺形成了很大的压力;宏观上国家控制总需求的主要关口财政存在着预算软约束的问题,银行存在着货币政策过于宽松的问题,在地方、企业的"投资饥渴症"面前难以实行强硬的双紧政策,即使采取也只能在短期内实现强制性收缩,未能消除短缺的根源。总量上既存在消费膨胀、投资膨胀引起的总需求过旺问题,又存在技术性收缩、体制性收缩等造成的总供给不足;结构上也存在供给结构老化、需求结构扭曲而供需结构调整无力等方面的原因。

总供给过剩曾被认为是资本主义经济的顽症。其直接原因在于社会

各经济主体的货币收入总额最终没有全部转化为商品和劳务的需求,实际总需求没有达到充分就业条件下的总供给水平。对于资本主义经济有效需求不足的原因,西方著名经济学家凯恩斯曾归纳为三种基本心理的作用:其一是边际消费倾向递减,即随着收入水平的提高,居民把更多的货币收入用于储蓄,使消费增长小于收入增长;其二是资本边际收益递减,即投资者预计投资利润率是递减的,因缺乏信心而减少投资;其三是人们心理上的流动偏好,即人们习惯于在手里保存一部分货币,以备日常开销、急用或投机,造成只有利息率相当高的时候才能吸引资金,而当利息率高于或接近于预期利润的时候,人们就不愿意投资,从而造成了消费需求和投资需求的不足。从目前我国经济运行情况看,在结束"短缺经济"之后初步呈现出结构性过剩并伴有总量过剩的"异向过剩"状况,对其成因目前可以说是众说纷纭,我认为至少有这么几个原因:从供给结构看,由于"短缺经济"的长期影响,多年来的低水平重复建设、经济过热后的供给惯性造成了供给结构的严重失衡,绝大多数工业行业生产能力过剩,产品结构和质量不佳,社会资源闲置浪费严重。从需求总量看,首先由于亚洲金融危机的影响,要确保人民币不贬值,必然影响扩大出口,再加上固有的出口产品结构初级、单一等原因,使得出口需求不足。其次是消费的巨大变化和消费需求的严重不足,在"短缺经济"时代,人们收入水平很低,却又大锅饭包揽一切,人们的需求结构单一,消费畸形(一种浪潮式的消费)。但是随着经济的发展、收入的增长、生活质量的提高以及体制改革的逐步推进,人们的消费需求多样化,消费结构多元化,人们的消费分散于基本生活、社会保险、子女教育、住房、投资(购买股票、债券)、娱乐等许多方面。特别是由于企业经济效益普遍不好,停产、半停产、发不了工资、职工待岗、下岗等,使广大职工普遍有一种危机感,因此不敢消费(储蓄,以备不测),广大农村收入增长不快,消费需求也显得不足。其三,随着投资风险机制的逐步建立,投资扩张冲动受到抑制,同时在结构调整时期,投资者存在谨慎心理,对投资预期风险难以预料,再加上投资体制改革滞后,难以广泛吸纳企业、集体、个人多方面的投资,从而形成投资需求不足的状况。

　　面对经济失衡的问题,我国政府经过长期的实践,积累了较为成熟的应对经验。在解决经济过热问题方面,从 1993 年下半年开始,到 1996 年实现经济"软着陆",就是一个成功的范例。面对 90 年代初在不少地方出现的开发区热、房地产热、乱拆借、乱集资,金融秩序混乱,投资需求和消费需求急骤扩张,以至经济总量失衡,货币发行过量,并由此引发通货膨胀等,以 1993 年 6 月出台的《中共中央、国务院关于当前经济情况和加强宏观调控的意见》(即中共中央 6 号文件)为标志,宏观调控全面展开。这次历时两年半的宏观调控,紧紧抓住抑制通货膨胀这个主要矛盾,从抑制需求和增加供给入手,正确运用计划和市场两种手段,综合采取价格、税收、信贷、利率、汇率等经济杠杆调节和经济立法约束规范以及控制货币供应和信贷规模、加强固定资产投资管理、物价监管等行政手段,终于实现了经济"软着陆"。在解决近年来出现的有效需求不足问题方面,面对亚洲金融危机对世界经济的影响,党中央、国务院采取了一系列扩大国内需求、拉动经济增长的措施。首先实行积极的财政政策,由财政向商业银行发行长期国债,主要用于加强基础设施建设,同时采取多种方法,拓宽投融资渠道,鼓励和引导集体、个人和社会各方面增加投资,千方百计扩大投资需求;其次采取增加城乡居民收入、开拓国内市场特别是农村市场等有力措施,引导和增加消费需求,形成投资和消费对经济增长的双重拉动;其三在努力扩大需求的同时,明确提出要把经济工作的着力点放在调整优化经济结构、提高经济增长的质量和效益上来,对需求和供给实施双重管理。目前这些措施已初见成效。这充分体现了党中央、国务院实行宏观调控、应对各种经济失衡问题的英明决策,显示了我们国家对国民经济实施宏观调控的能力,也从一个侧面反映出构建有中国特色的"均衡经济"的可能性和必要性。

三、构建有中国特色的"均衡经济"

"均衡"在西方传统经济学中是一个十分重要的概念,无论是在微观经济学还是在宏观经济学中,"均衡"观念实际上起着基石的作用,从 L. 瓦尔拉斯的"一般均衡理论"到马歇尔的"局部均衡理论",再到希克斯的"动态均衡理论",都从不同的侧面作了论述。由于国情不同,我们不能套用西方的经济发展模式,也不能照搬西方的经济理论,因而"均衡"的内涵及实现途径也应有所差别。我们所追求的"均衡",应是有中国特色的"均衡",是积极的、动态的、相对的、开放的"均衡",而不是消极的、静止的、绝对的、封闭的"均衡";是依靠市场机制和宏观调控双重手段的"均衡",而不是西方完全由"看不见的手"作用或沿用传统计划经济手段实施的"均衡";是一个既要快速发展经济、又要克服生产过剩,既要调整优化经济结构、又要实现众多人口充分就业,既要千方百计扩大国内需求、又面临城乡居民收入水平不高的现实,既要解决市场疲软、又要防止经济过热的发展中国家在增长中的"均衡"。当然,构建有中国特色的"均衡经济",是一项系统工程,是一个长远目标,需要我们付出长期而艰苦的努力才能实现。当前,我认为首先要从以下几个方面着眼:

第一,抓两层,即既要注意总量均衡,又要重视结构均衡,合理确定"均衡"目标。总供给和总需求有着很不相同的决定因素和形成过程,而且都会受到政治、经济、技术以及社会其他因素的影响,所以具有相对性和动态性,一旦条件发生变化,业已形成的平衡关系就很容易被打破。同时,就社会总供需平衡本身来讲,也包括总量平衡和结构平衡两层含义,只考虑总量平衡而无视结构平衡,就会导致比例失调,经济受阻;只考虑结构平衡而无视总量平衡,不是造成物价上涨、通货膨胀,就是形成生产过剩、经济萎缩。由此可见,结构平衡是总量平衡的充分条件,总量平衡是结构平衡的必要条件,二者是构成供需平衡的两个必要组成部分,缺一不可,从而增加了确立"均衡"目标的难度。西方国家主要是通过物价上涨率、失业率、利率、汇率等市场信号的变动来分析和判断总供求关系,进而确定"均衡"目标。我国多年来一直靠计算社会商品购买力和社会商品可供量指标反映总供需平衡状况。这些方法运用的条件虽不同,但就目前我国的情况来讲,都有一定的参考价值。我主张主要参照上一年度的实际消费水平、投资水平和出口水平(这是实实在在的),预测发展趋势,考虑增减系数确定来年的社会总需求,并依此确定来年的社会总供给。同时,对关系国计民生的重要产品、资金密集型产品、长线产品、大宗产品以及原材料产品等也要确定供需"均衡"目标,从而寻求供需总量和供量结构的双重"均衡"。

第二,抓两头,即既要抓好需求管理,又要抓好供给管理,着眼于社会总供需的长期平衡。在一定时期和一定的生产力水平上,社会总供给可以说基本上是既定的,由于价值运动与实物运动的分离,社会总需求却是一个可变的量,所以为了在短期内实现供需平衡,人们的注意力一般就放在需求管理上,着力于采取适当的财政政策和货币政策刺激或抑制消费。但平衡本身不是目的,宏观经济管理的最终目的在于经济的稳定增长。从长远看,要推动经济增长,就要把宏观经济管理的着力点放在供给与需求管理的结合上,通过需求管理与供给管理的融合和互补,寻求社会总供需的长期平衡。供给管理的核心内容是以需求为导向,通过生产技术改造和供给动力机制的重构,充分挖掘供给潜力,合理规划与调整产品、产业结构,使供给结构适应需求结构,减少资源闲置和供给滞存,从而实现资源的合理配置。从我国国情出发,重点是加强基础设施建设和基础产业,解除经济发展中的"瓶颈"制约;压缩一些工业行业过剩的生产能力;制止低水平的重复建设,大力培育发展战略带头产业和新兴产业,实现产业升级;积极调整优化产品结构,淘汰老旧过时、浪费资源、严重污染环境的产品,发展高附加值、高科技含量、有市场需求的拳头产品、名优产品、出口创汇产品,使"卖者能卖其所有,买者能买其所无";调整所有制结构和企业组织结构,让多种经济成分共同承担并主要依靠大型企业来承担供给结构调整的职能;引导企业以需求为导向,以销定产,按订单组织生产,防止生产过剩等。从当前我国经济运行的实际情况出发,需求管理的核心内容应是采取积极的财政政策以扩大国内需求,拉动经济增长,但要特别注意引导企业、个人及其他经济组织和社会团体的投资积极性,尤其是要大力发展非国有、非公有经济,调动全社会的力量扩大投资需求,否则单靠财政透支、发行国债来加大投资力度是远远不够的,并且长此下去国家财政和整个国民经济将难以承受,甚至会潜伏通货膨胀的危险。当前要特别注重引导和扩大消费需求,因为只有消费需求才是最终需求,才是市场旺销和经济活跃的最终动力,尤其要千方百计增加农民收入,大力开拓农村市场,同时要制定鼓励消费的政策,大力发展消费信贷,倡导多元化、多领域、多档次的消费,依靠投资与消费的双重拉动及供给结构的相应调整,增加有效供给,确保国民经济持续、稳定、健康发展,防止和避免出现新的经济波动,逐步进入"均衡经济"的发展轨道。

第三,抓两面,即既要努力提高国内经济增长的质量和效益,又要积极参与国际经济分工,致力于建立开放的"均衡经济"。现代经济是开放经济,全球经济一体化是历史发展的必然趋势。研究宏观经济,构建"均衡经济",客观上要求我们必须把国内经济及国内市场与世界经济及国际市场联系起来,以整个国民经济的利益为原则,遵循商品经济的一般规律,立足自然条件和社会经济技术条件,扬长避短,节约社会资源和劳动,积极参与国际经济专业化分工和区域性协作,大力发展对外经贸关系,通过商品、劳务及技术进出口和国际投资、国际信贷等资本、金融往来调节社会总供需,寻求国民经济的"均衡"发展。目前,主要是制定鼓励出口政策、调整出口产品结构、积极引进外资、打入国际金融资本市场和扩大商品、劳务、技术出口以及组建大型跨国经营企业,提高在国际市场中的竞争力等。要把对外经济和国内经济结合起来考虑,根据我国总的资源、资金、技术等客观条件,与国外相比较,大力发展具有相对优势的产品和产业。在积极申请加入世贸组织的同时,积极发展我国优势产业,切实处理好对外开放与保护民族工业的关系,趋利避害,从而实现国民经济在开放中的"均衡"发展。

第四,"两手"并用,创建均衡经济。所谓"两手"并用是说主要依靠市场这只看不见的手,同时依靠"宏观调控"这只看得见的手,即既要充分发挥市场调节作用,又要采取灵活而有效的计划调控手段,综合运用经济、法律、行政等多种方式搞好宏观调控。在传统计划经济体制下,国家不仅完全掌握宏观经济的决策权,而且还以行政方式直接控制着企业的人财物、产供销等微观经济活动。实践证明,这种完全排斥市场机制的作用而实施对社会总供需平衡的直接调控方式,不仅造成了微观经济的效率低下,客观上也导致了宏观经济比例失调。在市场经济条件下,社会总供需平衡的实现形式就是市场供求平衡,充分发挥市场机制的作用来实现供需平衡已成必然。但由于市场竞争的不充分性、市场信息的不完备性、市场调节的长期性和不确定性,特别是我国目前市场体系还很不健全等,完全依靠"看不见的手"自动调节来实现"均衡"经济是不可能的。所以我国实施的宏观调控,应以市场为基础,以价值规律为依据,以经济手段为主,法律手段为辅,配合必要的行政手段,通过间接调控与直接调控的有机结合,确保经济总量平衡,促进经济结构优化,实现经济稳定增长。经济手段主要包括制定适宜的财政政策、货币政策、产业政策、投资政策、收入分配政策等宏观经济政策,运用价格、税收、利率、汇率、信贷、工资等经济杠杆,并采取计划指标体系和综合平衡的办法科学编制经济计划,把宏观经济的战略目标、战略重点等宏观决策具体化、系列化和程序化;法律手段主要是通过经济立法和司法,对社会经济运行实施控制、指导、规范和监督等;行政手段就是政府凭借其政权力量和社会部分资产的国有性质,通过行政系统,运用行政命令、指令等对宏观经济运行实施调控,以弥补经济手段和法律手段的不足。从而依靠多种手段的综合运用,通过强有力的宏观调控,保证国民经济朝着"均衡"的目标前进。

第五,注意两防,即既要克服生产过剩,又要防止经济过热,适时适度把握应对措施。不同的经济现象有时也有着相同的根源,即使不同根源的现象之间也存在着必然或偶然的联系,所以我们必须用全面、联系、发展的眼光分析宏观经济运行中的失衡现象,既要防止问题恶化,也要注意矛盾转移。比如,目前我国经济虽然显露出"剩余经济"的端倪,但市场上真正饱和的只是大路产品、低档产品、粗加工产品和初级产品,一些旺销并有巨大市场潜力的产品却又不具备生产能力,大量的高科技产品仍依赖进口。所以说这种生产过剩只是一种暂时的结构性过剩,而不是一种稳态的剩余经济,一旦条件发生变化,投资失控,巨大的消费潜力全部释放出来,再加上国际需求波动性和风险性的存在,而又缺乏必要的应对措施,可能还会出现新的经济问题。因此,我们在解决生产过剩问题的过程中,必须采取适时适度的应对措施,防止出现经济过热,防止出现波动和反复。再往后,要牢牢汲取这次供需失衡的经验教训,未雨绸缪,防患未然,及早采取应对措施,防止出现新一轮的生产过剩。

环境与经济[*]

——营造良好的经济发展环境,促进区域经济、城市经济稳步、健康、快速发展

深圳,二十年前是一个年工业产值仅 9000 万元的小渔村,创立经济特区十多年,已变为具有相当经济规模的现代化工业大都市;浦东,十多年前还是上海市的一个"菜篮子",现在已变为一个新兴的现代化经济强区;昆山,从一个普通的农业县变为外向型经济占主导的工业经济强市,仅仅用了不到二十年的时间;美国亚利桑那州的凤凰城,曾经是坐落于山谷之中的一座沙漠小城,经二十余年开发、建设,而今已成为驰名中外拥有强大 IT 产业和旅游业的现代化城市……国际国内许许多多的地区和城市精心营造发展环境,招商引资,发展经济,在很短的时间内都发生了如此巨大的变化。天还是那一片天,地还是那一方土,但发展环境变了,经济变了,变富了,变美了,变得繁荣了。这一系列的变化都是由发展环境变化带来的,这不能不引起我们对发展环境问题的深刻思考。

---

* 原载《经济日报》2002 年 12 月 2 日。

一、经济发展环境概说

经济发展环境即通常所说的投资环境（以下简称环境），是指投资所处的自然、物质技术、经济、社会条件的总称。具体包括地理位置（区位）、气候、自然资源、基础设施、工资水平、科学技术、人才、原料供应、市场情况、信息渠道、纳税负担、资金融通、社会保险、法律保障、投资政策、政治局势、社会秩序等等。

1. 环境是经济生命体赖以生长发育的气候土壤，是经济生命体的摇篮。从科研、生产到流通，从实体经济、中介机构到服务性企业，各式各样、大大小小的经济生命体从环境母体中不断地吸取经济营养，才得以发育、成长、壮大，环境优则经济壮，环境劣则经济枯。

2. 环境是一种经济资源。环境与资金、技术、人才、自然资源等其他生产力要素一样，是发展经济不可或缺的，不可替代的，而且是基础性的更加重要的一种资源。环境的投入产出比是很大很大的，一元环境投入可得到几元、几十元，甚至几百元的经济回报，可以说是一本万利，苏州开发区到 2001 年年底累计投入基础设施建设资金 243 亿元，累计引进合同外资 282 亿美元（2343 亿元），投入产出比达 9.64。建设好一个小区环境后，广大投资者都来投资，这可以看成是环境的销售，投资者来得愈多投资规模愈大，说明环境的销售愈好，这就是环境的市场化。环境居然成了一种特殊的商品，从这里体现出了环境的价值。

3. 环境是一项复杂的"经济社会系统工程"。环境一般由硬环境和软环境两大部分构成，或者说由硬环境系统和软环境系统两大支系统构成，它们又分别由若干"要素环境"所组成。

A. 硬环境系统，是指人们能够直接感触到的，看得见摸得着的物质技术形态的环境因素的总称。通常构成硬环境系统的"要素环境"有：（1）气候环境，指环境区的气候条件，是否适合人居、生产或旅游等。（2）地理环境（区位环境），指环境区的地理位置、地理条件，是否沿江靠海，是否平坦,是否靠近大都市或经济发达地区等。(3)生态环境,指环境区的生态状况。(4)自然资源环境,指环境区及一定范围内的水资源、矿产资源、生物资源及其他自然资源的禀赋、分布状况,经济体所需自然资源是否质优、价廉、易得等。(5)国土资源环境,指环境区提供给经济体的生产、生活用地的情况,位置、地形、地貌、地况、面积、地价以及开发程度等。(6)设施环境,指环境区的基础设施状况,主要是铁路、公路、水运、航空等交通运输状况,通讯设施状况,水、电、气、暖、油的供应系统,排污系统,垃圾处理系统等。(7)产业环境,指环境区现实的产业状况,关系到新经济体的协作、配套、合作、竞争等。(8)人居环境,指环境区的人居条件,居住是否舒适,购物、饮食、娱乐、健身是否方便。

B. 软环境系统,是指具有较强精神性的环境因素,往往表现为看不见摸不着,但却能够被人们所感知的环境因素的总称。通常构成软环境系统的"要素环境"有:(1)制度环境,指环境区的社会政治制度状况,奴隶制的、封建制的、资本主义的还是社会主义的,制度环境是根本性的,制度重于政府,制度重于技术,制度重于资金,制度落后一切落后。(2)体制环境,指环境区实行的是一种什么样的经济体制,市场经济体制、计划经济体制、资本主义市场经济体制、社会主义市场经济体制等。体制环境是决定性的,经济体制不好,经济不可能有活力。(3)政治环境,指环境区的政治状况,政局是否稳定、社会是否安定等。(4)行政环境,指环境区是一个什么样的政府,一个勤政、廉洁、高效的政府,一个软弱、涣散、低效的政府,一个无能甚至腐败的政府。主要是政府的行政效率和质量,政府为经济体提供什么样的服务。行政环境是关键性的,与其说经济体是在选择地区,不如说它是在选择政府。(5)市场环境,指环境区的市场状况,游戏规则是否健全,能否保证公平竞争、优胜劣汰;市场行为是否规范,有无垄断、欺行霸市等;市场秩序是否良好,有无假冒伪劣、坑蒙拐骗等。(6)科技环境,指环境区及周边地区的科技状况,包括有无科研院所、高校,科学研究、技术开发及推广应用情况等。(7)法制环境,指环境区法制的健全及实践状况,体现在执法部门能够公正执法,政府及其部门能够依法行政,投资者的权益能得到有效的法律保护等。(8)政策环境,指环境区给经济体提供什么样的优惠政策,环境区实行的经济政策是否正确有效,以及政策的连续性和稳定性等。(9)服务环境,指环境区为经济体提供服务的情况,具体讲一是来自政府部门及其他方面的真诚、高效、优质的服务和帮助;二是环境区建立了文化、教育、培训、体育、餐饮、娱乐等社会化的综合服务体系;三是法律、会计、审计、咨询等中介服务健全、完善等。(10)人才环境,指环境区及周边地区提供管理人才、科技人才、创新性人才及高素质技工的情况。(11)金融环境,指环境区的金融服务状况,能否为经济体提供优质的金融服务和保险服务。(12)信息环境,指环境区的信息渠道是否通畅,信息是否灵敏、准确,信息资源是否丰富,信息服务是否良好等。(13)诚信环境,指环境区的信用状况,包括政府部门言而有信,说话算数,办事讲质量求效率,在投资者、企业和市民中树立了良好的诚信形象;企业和市民讲信用、守承诺,具有良好的诚信行为等。(14)文明环境,指环境区的文明程度,包括政府讲廉洁、重操守,不讲排场、不摆阔气,不搞浮夸虚报、不搞大轰大嗡;企业诚实守信、礼貌待客;广大市民遵纪守法、文明礼貌等等。(15)人文环境,指环境区的文化传统、思想观念、精神状态、道德风范、社会心理等,良好的人文环境要摒弃中国传统文化中重农轻商、安于现状、不思进取、循规蹈矩、墨守成规等限制人的积极性创造力发挥的陈腐观念和落后意识,努力营造宽松、平等、竞争、自由、创造革新、兼收并蓄、鼓励个性发展和创新的文化氛围。

软环境系统量大、面广、根深,而且基础薄弱,是一项高度复杂、难度极大的系统工程,搞好是很不容易的。

经济发展环境主要内容参见"经济发展环境系统图"(下页)。

4. 当前环境已成为区域经济、城市经济发展的决定性因素。深圳、浦东、天津、大连开发区与广州"四区合一"开发区、昆山和宁波技术开发区等许多地区、城市经济超常规发展的实践说明,区域经济、城市经济要发展,必须首先营造一个良好的经济发展环境,然后扩大开放,广纳贤才,招商引资,以图发展。同时我们看到环境建设是一个动态目标,不可能一

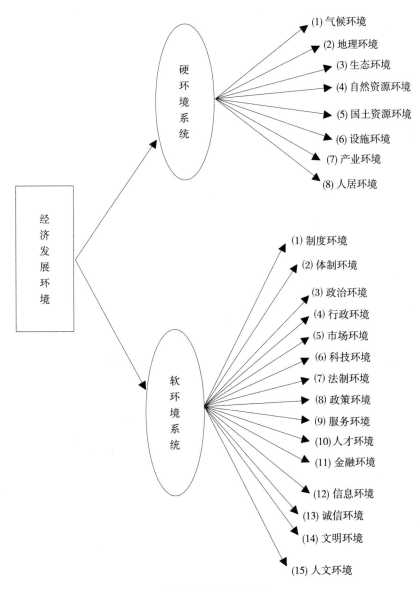

经济发展环境系统图

劳永逸,经济愈发展,对环境的要求就愈高,因此要不断地投入,不断地提高环境的质量、品位与水准。我们还应该看到随着经济的迅猛发展,环境的竞争将日趋激烈,环境的变化日新月异,环境的佼佼者层出不穷,对环境建设我们要有时代的紧迫感。

5. 区域经济、城市经济发展的不同阶段,硬软环境所起的作用是不同的。我国现代化建设的初创阶段,硬环境特别是设施环境是制约经济发展的瓶颈因素,因此,当时我们的主要着力点是硬环境建设。随着经济的发展,随着硬环境的普遍改善及基础设施的日渐完善,区域和城市的软环境成为招商引资发展经济的关键性因素,因此人们普遍重视软环境建设。当前软环境已成为区域经济、城市经济综合竞争力的标志。

二、环境与经济

环境是经济的载体,环境出生产力,环境出经济,环境出效益。

环境与经济好比气候、土壤与植物的关系,气候温润土壤肥沃,植物就生长良好。一个优良的环境能够生长出高素质的经济。一个恶劣的环境就像一块寸草不生的荒地,是断然生长不出来任何经济果实的。

我们创造一个优良的环境,就会吸引大批的投资者来投资办厂,经济会很快发展起来,许多"开发区"就是这样发展起来的。但许多领导者不了解环境与经济的关系,不明白环境是经济赖以生长、发育的气候土壤,不清楚发展经济首先要以优良的环境吸引人,上任伊始,不去精心营造环境,却急急忙忙地去到处取经学习,忙忙碌碌地到处招商引资,结果因环境依旧、环境不优既招不来商也引不来资,民营经济也发展不起来,这应引起我们的深刻反思。

三、"经济特区"和"园区经济"制度是我国人民
在改革开放发展经济实践中的伟大创造

一般说来,一个国家、一个地区、一个城市的经济不可能全面开花齐头并进,它总是在条件好、环境优的地方先发展起来,而后带动条件次好、环境次优的地方,依次带动,从"点状经济"到"块状经济"、"带状经济",

由小到大,由弱变强,逐步推进,这是一条经济发展的普遍规律。改革开放以后,我们创立了"经济特区"和沿海开放城市制度,在深圳和沿海十六个开放城市大幅度地放宽限制,制定法律和行政法规,制定特殊的优惠政策,营造了宽松良好的经济发展环境,大力招商引资,使这些地方的经济超常规发展,带动了区域和全国经济的发展。"经济特区"制度的成功实践,引起了国际社会的广泛关注,目前日本、韩国、我国台湾也都在筹划设置"经济特区"。

80年代中期,我国许多地区、城市创立了"新区"、"工业园区"、"经济技术开发区"、"高新技术产业开发区"、"留学人员创业园区"、"民营工业园"等等,也是在划定的区域内,制定法规和各种优惠政策,营造良好的软硬环境,大力吸引外来资金和民间资金,发展新产业和高新技术产业,成效显著,这就是我们新创建的"园区经济"制度。"园区经济"实质是在条件好的划定区域内精心营造一个优良的"小环境",然后招商引资发展经济,也可以说是构造了一个"经济大棚",在这个大棚内提供了温和湿润的小气候和肥沃的土壤,播种的是资金和技术,收获的是丰厚的经济果实。

"经济特区"和"园区经济"是我国人民在改革开放、发展经济实践中的伟大创造,"经济特区"和"园区经济",有不竭的动力和无限的生机,呈蓬勃发展之势,并且是工业化、城市化、现代化同步推进,它将在我国经济建设中发挥愈来愈大的作用。

四、环境建设与环境经营

经济发展的实践使人们认识到,一个优良的环境具有磁石般的吸引力,引来了才,引来了资,招来了商,兴了一方经济,富了一方百姓。环境问题已引起人们的普遍重视,特别是经济发达地区和城市,他们已经尝到了环境的甜头,对环境问题高度重视,一把手亲自抓,环境建设搞得比较好。一些落后的地区和城市,特别是中西部地区的许多地方和城市,开始认识到环境是发展经济的基础,但并没有动真格,对环境建设尚处在萌动阶段,还在搞口头革命,搞口头的环境建设,这就是环境建设的大格局。

中西部地区长期被"贫穷"和"肮脏"两大问题所困扰,因为穷就脏,又因为脏就穷,穷和脏相互纠缠、相互作用,酿成不良循环,但归根到底要从改变脏、改变环境入手。环境变了,经济变了,解困、脱贫走向富裕。

在市场经济条件下,政府在环境建设中处于领导、规划、组织、指挥、协调的主导地位,是环境的缔造者。但是建设环境不是最终目的,建设环境是为了经营环境发展经济,因此政府同时又是环境的经营者。

具体来讲,我们有相当一部分领导者不十分清楚投资者需要什么样的环境,即环境的目标市场不明,不明白环境的真正内涵,也不知道怎样去搞环境建设,因此环境建设的方针目标不明确,重点不突出,或者说环境建设带有很大的盲目性,这样环境建设的质量不高、水准不高(硬环境不硬,软环境很软),环境的吸引力就不强,环境的销售就不畅,特别是当前环境建设的低水平重复、环境雷同缺少特色的问题相当突出,不少地区和城市,人云亦云看别人行事,人家搞我也搞,不管有没有条件都在搞什么"园林城市"、"生态城市"、"旅游度假区"等等,而且出手很大,造成人力、物力、财力的巨大浪费。

我们究竟需要建设一个什么样的环境呢?我以为一是从当地的实际情况出发因地制宜,不贪大,不求全,不求洋;二是以满足企业包括高科技企业的需要为最高标准;三是要统一规划合理布局,搞好环境的总体策划与总体设计;四是要着眼长远,适当超前,留有余地,要高标准、高质量、大投入大产出,不搞瓜菜代;五是不简单模仿、不低水平重复、不趋同,要创造自身的特色和品位;六是要软硬兼施,特别是要着力搞好软环境建设;七是环境建设不搞假、大、空,目前城市建设搞"大拆大迁"和"大广场、大草坪、大马路、大立交、大花园"(所谓城市建设的"五朵金花")等等。把人居环境作为门面工程、展示陈列品,时不时地还冒出许多专门给领导看的形象工程、政绩工程,有的一味地在硬环境上大做文章,不注意软环境建设,等等,就像一个不会化妆的女人打扮自己一样,乱施脂粉,把自己装扮得像泥娃娃一样,结果把城市或开发区搞得虚胖、杂乱无章,实则丑陋,不但缺少魅力、吸引力,而且令人望而却步。这是要切实避免和防止的。

经营环境一是要创品牌,搞优良环境、驰名环境,提升环境的竞争力;二是要扩大环境的宣传广告,让国内外广大投资者都知道;三是要降低环境成本,以尽可能低的代价去搞环境建设;四是要有专人、得力的人去搞环境经营,特别是要着力搞好引智、招商引资;五是要搞好中介服务,以最大限度发挥环境效益。

调产"十法" *

　　在计划经济体制下培育发展起来的无数产品、众多企业和若干产业，已经完全不适应大大变化了的国际国内市场，要在市场经济条件下生存发展，就必须积极地调整产品结构、产业结构和企业的组织结构（以下简述为调产），这是经济发展的重要战略，也是一切经济工作的主线。近年来，全国普遍开展了规模空前的调产活动，我省的调产活动也开展得全面、扎实、有力、有序、有效，见到了明显成效，有力地促进了经济发展。

　　在调产实践中，各级、各部门、各企业综合运用多种手段和方法，取得了良好的效果，调产从根本上讲可以概括为加减两法，但主要是加法。加法，即发展先进生产力，发展名、优、特、新产品，改造提升传统产业，发展新兴产业；减法，即淘汰消除落后生产力，淘汰老旧过时产品和高污染、高耗能产品。具体说来，我们可以将调产方法归纳为十种，可谓调产"十法"，亦可以说是调产的十种手段。

　　一、发展法。在调产中，要把增量结构的调整作为实现产业结构战略性调整的重要内容。根据市场需求确定投资方向，将方方面面的资金投

---

　　* 原载《山西日报》2003 年 6 月 3 日第 1 版。

入到关系国计民生、国家安全的基础产业、重点产业特别是高新技术产业,进行基本建设,新建企业、新上项目;大力发展新产品、先进产品、优势产品、特色产品、出口创汇产品和高新技术产品,形成区域和地方的产品优势,实现区域和地方经济的跨越式发展。

二、改造法。主要是对传统工业和老工业基地进行改造,注重发挥老工业基地基础雄厚、人才聚集的优势,紧紧围绕增加品种、改善质量、节能降耗、防治污染、扩大出口和提高劳动生产率,加大对传统工业的技术改造力度,对老企业、老设备、老工艺进行全面的技术改造,大力采用新技术、新工艺、新材料,不断提高企业的技术装备水平和工艺水平,使优势产品的质量提高,产量增加,企业效益增长。一般来讲改造法来得快,投资省、周期短、效益好,但往往难有大的增长,具有适应性调整的特征。

三、淘汰法。按照有进有退、有所为有所不为的方针和国家的产业政策,对产品没有市场、资不抵债、扭亏无望的企业依法破产。依法对技术落后、质量低劣、浪费资源、污染严重、不具备安全生产条件的企业予以关闭;淘汰落后的设备、技术和工艺,压缩部分行业过剩和落后的生产能力。对资源枯竭的矿山要积极稳妥地进行关闭或转产,因地制宜地发展后续产业和接替产业,支持延长产业链的深加工项目和向其他产业转移的项目;同时要搞好资源的节约和综合利用,全面提高经济增长的质量和效益,推动经济的可持续发展。

四、改革法。对现有的国有、民营企业进行彻底的改革、改制,使之转换机制,强化管理,改善经营,增强活力。在一般竞争性领域,主要运用市场机制提高国有资本的运营效率和整体素质。传统产业中的国有大中型企业,应采取主辅业分离、减员增效、减轻债务负担等措施,增强主业竞争力,并采取多种形式将国有独资企业改组为股份制企业,建立现代企业制度。积极扶持中小型企业特别是科技型企业向"专、精、特、新"方向发展,同大企业建立密切的协作关系,提高生产的社会化水平。通过"改组、联合、兼并、租赁、承包经营和股份合作制、出售"等形式,加快放开搞活国有中小企业的步伐。改制后的国有企业要按照新机制、新模式运作。

民营企业也要通过深化改革、健全机制、加强管理,逐步向专业化、规模化、科技化、现代化发展。

五、重组法。按照专业化分工协作和规模经济原则,依靠优胜劣汰的市场机制和宏观调控,对现有的国有、民营企业实施战略性重组,打破区域界限、部门界限、行业界限、所有制界限,以市场为导向,以资本为纽带,以增强企业竞争力和有利于企业长远发展为目标,积极推进跨地区、跨行业、跨所有制的兼并、重组和联合,形成产业内适度集中、企业间充分竞争、大企业为主导、大中小企业协调发展的格局。鼓励优势企业间的强强联合,使强者更强;优势企业与弱势企业间的互补联合,实现以强带弱;弱势企业之间生产要素的优化重组,进行弱弱联合,实现由弱转强。在联合时,要以产品为依托,围绕大产品、系列产品培育大集团,注重将同一产业链条上的生产企业进行重组,延长产业链条,提高产品附加值,降低生产成本,提高整体效益,形成一批拥有著名品牌和自主知识产权、主业突出、核心能力强的大公司和企业集团。

六、引进法。实行拿来主义,大力引进国际国内各种先进实用的科学技术,引进新产品、先进产品、潜力产品,并与自主创新相结合,争取拥有自主知识产权的关键技术和知名品牌。坚持积极、合理、有效利用外资的原则,注重招商引资,积极引进国外、省外大型企业集团和优强企业,前来兴办新兴产业或兼并改造现有企业。取消对外来投资和社会投资的不合理规定,在市场准入、土地使用权、信贷、进出口等方面,为引进国外、省外、市外资金创造良好的环境。同时要坚持实施人才战略,在就地取"才"的同时,引进各类人才,特别是高级管理人才和创新性、复合性人才,以人才结构的优化推动产业结构的调整。

七、养鸡生蛋法。增强大型企业超前研究开发和技术贮备能力,从企业实际出发,研究制定技术创新的方向、目标和规划,鼓励支持国有、民营大型企业和企业集团创建"技术中心"、"研发中心"、"产品研究所"、"中试基地"、"试验室"等,使其能够不断开发新产品、新技术、新工艺、新材料、新设备,增强企业的发展后劲,基本形成以企业为主体的技术创新体系。要加强产学研结合,跟踪国际技术的最近发展动态,加快推进企业的技术创新和科研成果的转化,提高企业自主开发能力。鼓励建立为企业提供技术创新服务的、社会化的科技中介服务机构,提高孵化科技型企业的能力。

八、政策扶植法。加强政策引导和政策扶持,为符合国家产业政策的优势产品、优势企业、优势产业和重点项目,创造投融资环境,银行优先贷款,政府可给予贴息,在土地使用权转让价格上实行优惠,支持其上市融资;给予优惠的税收政策,可酌情实行免税、减税、缓税等政策,科技人员的薪酬和培训费用可按实际发生额在企业所得税前列支;给予科学的孵化政策,设立产业发展专项基金,用于支持具有自主知识产权的技术和产品开发;制定优惠的出口政策,优先批准其自营出口权,并为其出口提供便捷有效的服务;制定人才政策,鼓励其吸引人才,培养人才,提高人才。通过制定对优势产品、优势企业、优势产业及外商投资企业的优惠扶植政策,科学有效地推动产业结构的调整。

九、宏观调控法。政府要加强宏观调控,运用经济、法律、行政等手段引导和推进结构调整,处理好发展高新技术产业和改造提升传统产业的关系,把传统产业的优化升级放在重要的战略位置,加快用高新技术和先进适用技术改造提升传统产业,同时发展具有比较优势的劳动密集型产业,扩大社会就业;处理好存量调整与增量发展的关系,充分利用资本市场,加速存量资产的流动和重组,提高资源配置效率,并注重利用增量投入促进高新技术产业发展和存量结构优化,防止盲目扩大规模,坚决制止重复建设,严格控制总量,特别是防止在调产中调出严重的生产过剩;处理好经济增长与可持续发展的关系,把合理利用和节约资源、提高资源利用率、加强工业污染防治、保护环境放在重要位置,使经济增长建立在可持续发展基础之上,对土法炼焦、土法炼油、小炼铁、小炼钢、小造纸等坚持取缔,对准备上马的破坏生态、污染环境、浪费资源的项目坚决制止,用看得见的手保证和推动调产健康有序地进行。

十、园区经济法。园区经济是聚集资金、技术和人才,加速实现产业升级的重要途径。设定一块园区,集中投入,集中力量建设完善的基础设施,创造优良的投资环境,吸收大量资金、人才、物力,提高生产要素的集聚效应和产业集中度,推动生产要素快速集聚,带动区域经济的发展。在园区内可以统一解决供水、供电、供汽、供油、供暖、交通、通讯、联网、民居、购物、娱乐等一系列问题,营造优良的发展环境,使入驻企业尽快发展壮大,有效地结束多年来分散发展的格局,实现统一规划,集中发展,促进工业布局结构调整。在园区建设上,一定要做到科学规划,合理布局,循序渐进,以培育较为完善的产业链、促进综合利用、形成循环经济为重点,同步实现量的扩张与质的提高。同时要建立一套新的管理体制,促进园区建设和园区经济的良性循环。

这些调产方法和手段相互联系、相互渗透,是各级政府与有关部门、企业和广大干部职工在调产实践中的伟大创造,是成功经验的总结,是行之有效的,是有力度的,希望能够大力推广。

经济全球化进程中的
产业转移及其对策研究[*]

一、经济全球化进程与国际产业转移

1. 经济全球化进程

所谓经济全球化,是指生产、贸易、投资、金融等经济行为在全球范围内大规模活动,各种生产要素在全球配置与重组,世界各国经济相互依赖和融合的现象。经济全球化的本质是基于一脉相传的经济学常识:在市场经济条件下,资本的趋利性始终促使着生产要素能够得到合理的流动与配置,资本总是要流向成本低、效益高、能够实现增值的地方。

经济全球化的出现不是偶然的,它是经济、科技、市场发展到一定阶段的产物。首先,科技革命是经济全球化的引擎。随着以信息高速公路为中心的高科技革命的迅速发展,大大缩短了世界各国之间的距离,国际互联网使国家之间的贸易、投资和金融业务在片刻之间就能完成,推动了生产力的发展,加速了经济全球化的到来。其次,市场经济体制是经济全

＊ 本文为中国工业经济联合会主席团 2004 年重点课题。

球化的重要条件。市场化是所有参与全球化国家的起点,也是经济全球化的客观要求。第三,跨国公司是经济全球化的载体和主要推动者。跨国公司以全球化为其发展战略,呈现生产国际化、经营多元化、决策全球化的特点,它将资本、技术和管理合成一体推广到世界各地,形成全球性的生产、分配、交换和消费,加速了经济全球化的进程。上世纪 80 年代以来,随着科技迅猛发展、世界经济复苏和大量发展中国家参与到经济开放的过程中来,经济全球化进程突飞猛进,成为世界经济发展的主要趋势。

过去二十多年的经验证明,中国的经济发展得益于从国外引进的资金、技术,得益于中国参与各国之间的分工与合作,也得益于世界经济的繁荣和国际经济秩序的改善。中国正在更加自信地全面融入经济全球化。

2. 国际产业转移的一般规律

国际产业转移是经济全球化的重要内容和体现,它主要是通过国际贸易和资本的国际流动实现的。国际产业转移是开放经济的产物,也是国际竞争日趋激烈的必然结果。

首先,国际产业转移是国际分工的结果。由于资源条件不同和国际贸易的发展,各个国家之间产生了分工。随着技术进步和经济发展,国际产业分工逐渐深化,不同国家进行不同产品或同一产品不同工序、不同零部件的生产。各国间的贸易内容和资本流向发生变化,从而产生国际产业转移。

其次,国际产业转移是产业结构升级的要求。在发达国家产业结构的升级过程中,那些在国内不再具有优势的产业就产生了向外转移的要求,而各国经济的日益开放也为这种转移提供了条件。因此,发达国家产业向发展中国家的扩散、转移过程,与发达国家经济发展和产业升级密切相关。

再次,国际产业转移是世界经济发展不平衡的产物。由于历史原因、经济体制以及环境、资源等自然社会因素的影响,各国经济发展不平衡,使得发达国家向外转移产业和发展中国家承接产业转移。产业从发达国家转移到次发达国家,再从次发达国家转移到发展中国家,形成了国家或地区间的产业梯度转移。

当前,在国际产业结构大调整中,发达国家和新兴工业化国家开始向发展中国家转移资本密集型和资本、技术双密集型产业。同时发达国家产业升级换代出现了非物质化趋势,现代信息技术被广泛应用,使更多的劳动力和物质生产要素脱离传统的产业部门,转入具有高科技内涵的咨询业和网络服务业。发展中国家开始有选择地吸纳发达国家对外转移的产业,并建立起自己的技术创新体系,加快了产业结构的优化。经济全球化促进了世界经济的发展。

3. 前几次产业转移的回顾

上世纪 60 年代,在科技革命的推动下,美国、日本等发达国家大力发展钢铁、化工、汽车和机械等资本密集工业,同时发展部分高附加值的技术、资本密集型工业,如机器人、电子工业和航天工业等。而把纺织、服装、制鞋等劳动密集型的轻纺工业和部分耗能多、污染大的重化工业逐渐转移到发展中国家,尤其是东亚地区。亚洲"四小龙"等获得了扩大劳动密集型产品加工与出口的良机,开始由进口替代型向出口导向型经济转变,并逐步发展成为新兴工业化国家和地区。

70 年代,由于两次石油危机沉重打击了西方发达国家能耗高的重化工业,迫使发达国家加快产业结构调整步伐,开始发展以微电子技术为主的较少消耗资源与能源的知识和技术密集型产业,而将汽车、钢铁、造船等资本密集型产业转移到新兴工业化国家和发展中国家,提高了产业结构的水平。亚洲"四小龙"抓住国际产业调整和转移的机遇,及时调整自身的产业结构,开始承接美、日等发达国家转移进来的某些资本密集型产业,并将失去比较优势的劳动密集型产业转移到东盟等发展中国家,以实现其产业结构的升级。

从 80 年代开始,美、日等发达国家为了进一步推动产业结构的高级化,产业结构重心向高技术化、信息化和服务化方向发展,一方面大力发展以微电子技术为中心的信息产业和以生物技术、新材料、新能源为主的高新技术产业,并用高新技术对传统产业进行改造;另一方面把失去比较优势的传统产业和一部分低附加值的技术密集型产业,包括汽车、电子等产业转移到其他国家,特别是亚洲"四小龙"和东盟。这次世界产业结构的转移和传递对新兴工业化国家的影响是巨大的,亚洲"四小龙"等新兴工业化国家或地区通过大量吸收发达国家的投资,承接美、日转移出来的重化工业等资本技术密集型产业,使经济增长有了新的推动力。80年代中期以来,"四小龙"开始大量吸纳美、日的微电子等高科技产业,同时也将劳动密集型产业和一部分资本技术密集型产业转移到东盟和中国。

上世纪六七十年代两次大的世界性产业结构调整与转移,也为我国经济发展提供了有利的机遇,可我们却关起门来搞建设,结果白白丧失了两次机遇。十一届三中全会以来,我国实行改革开放,抓住了80年代以来的世界产业结构调整与转移的机遇,使我国经济迅速崛起。短短二十多年,我国已发展成为世界第六大经济体。从某种意义上说,改革开放以来我国经济的大发展,是主动承接国际产业转移的结果。改革开放以来我国经济发展快的地方,无一不是承接国际产业转移、接受外商投资多的地方。

4. 新一轮国际产业转移动向

上世纪90年代以来,随着知识经济的产生和发展,形成了一批与知识和信息密切相关的新兴产业,推动了发达国家产业结构的升级,产生了新一轮国际产业转移的要求。加之近年来,受世界经济低迷和全球贸易滑坡的影响,许多企业特别是跨国公司被迫转变策略,由原来依靠增加生产规模、扩大市场份额转而依靠降低成本来提高收益和提升竞争力。最主要的办法就是大量裁员和向外转移生产能力,主要转移方向是我国的沿海地区。

在新一轮国际产业结构大调整中,国际产业转移呈现以下动向:

一是国际产业转移的规模进一步扩大,据初步统计,由发达国家生产能力转移而在发达国家和发展中国家之间形成的全球共享型生产的规模几年前已经达到8000亿美元,大体相当于世界制造业贸易的30%。主要发达国家生产能力转移的比例不断上升。日本制造业的海外生产比例已由 1990 年的 14% 提高到 26%,出口给海外制造业子公司的中间产品所占比例从 1994 年的 20% 上升到 1999 年的 29%。美国跨国公司出口给国外子公司的中间产品所占比例从 1989 年的 57% 增至 1999 年的 68%。90% 的美国公司其公司内部业务至少有一项被外包。在美国企业中,业务外包到海外的比例 2003 年为 5%,2007 年将提高到 23%。

二是发达国家在继续向外转移劳动密集型产业的同时,开始向发展中国家转移资本密集型和资本、技术双密集型产业。投资方式开始从以资源开发导向型为主,向技术创新导向型转变,研发、设计和第三产业对外直接投资迅速增加。上世纪 90 年代中期以来,外商投资东道国的技术水平大幅度提升。2001 年,外资使用母国先进技术的比例达 40%,2002 年又上升到 60%。目前西方发达国家集中精力在产业链最前端和最后端的发展:最前端包括理念的创新、新技术的发明、知识产权的维护、企业融资、资本市场等,最后端就是营销,这是增加值最多的两部分。发展中国家则纷纷利用跨国公司的技术转让,促进和加快产业结构的优化和升级。

三是随着跨国公司的迅速发展和跨国公司在对外投资中作用及地位的日益扩张,已经成为国际产业转移的主体。据测算,目前跨国公司对外直接投资存量从上世纪 90 年代初的 1.7 万亿美元上升到了近 7 万亿美元,其国外分支机构拥有全球 GDP 的十分之一和全球出口的三分之一。随着世界经济的复苏,跨国并购取代直接投资逐渐成为跨国公司投资的首选方式,外资并购在中国也将逐渐成为主角。

四是服务业逐渐成为国际产业转移的重点。上世纪 70 年代初,服务业只占全球外商直接投资总量的四分之一。到 1990 年,服务业的外商直接投资超过了第一、第二产业之和,达到了 50.1%。1999 年以后服务业外商直接投资在国际直接投资总额中的比重超过了 60%。国际服务业转移涉及的行业越来越多,形式趋于多样化。

二、我国承接国际产业转移
绩效评价与产业特征

二十多年来,稳定而又不断扩大的对外开放政策,是我国能够积极有效地接受来自发达国家生产能力转移的关键。上世纪80年代末期,利用日元以及亚洲"四小龙"货币升值、许多传统的劳动密集型产业需要转移的大好时机,我国不失时机地实施"国际大循环"战略,从"三来一补"的加工贸易起步,继而发展到接纳资金、技术密集型产业和现代服务业的转移,积极参与国际竞争,使我国沿海地区逐步成为全球的加工贸易基地,大大加快了我国的工业化进程,推动了我国产业技术水平的提高和产业结构的升级。

1. 我国承接国际产业转移的总体绩效评价

衡量一国或地区承接国际产业转移的最重要指标是外商直接投资(FDI)。二十多年来,我国吸收外商直接投资不断扩大。统计显示,从1979年到2003年,我国总计利用外资6795.58亿美元,其中外商直接投资4997.60亿美元。近年来在世界经济持续低迷、跨国投资大幅下降的情况下,我国吸收外商直接投资依然保持较高水平。继连续十年实际利用外资金额位居发展中国家和地区首位之后,2002年以550.11亿美元(其中外商直接投资527.43亿美元)首次跃居全球第一,2003年利用外资561.40亿美元。截至今年上半年,全国累计批准设立外商投资企业48.7万个,合同外资金额10158.27亿美元,实际使用外资金额5353.54亿美元。今年1～6月全国新批准设立外商投资企业21688家,合同外资金额726.97亿美元,实际使用外资金额338.83亿美元,分别比上年增长14.89%、42.66%和11.99%。目前来华投资的国家和地区已超过180个,全球最大的500家跨国公司已有400多家在华投资。

按行业分,外商投资企业2003年年底注册登记情况如下表:

行业	企业数（家）	投资总额（亿美元）	注册资本（亿美元）	
			总注册资本	其中外方资本
合计	226373	11173.51	6226.41	4657.79
农、林、牧、渔业	4957	119.30	77.87	61.52
采掘业	903	39.29	27.02	18.49
制造业	159789	6708.09	3850.77	2894.48
电力、煤气及水的生产供应业	1349	562.24	226.47	128.63
建筑业	4098	255.49	139.89	91.85
地质勘查和水利管理业	160	44.72	22.39	21.07
交通运输、仓储及邮电通信业	3660	567.26	302.88	231.06
批发和零售贸易餐饮业	13578	285.92	176.95	131.56
金融、保险业	119	36.03	33.51	21.50
房地产业	12203	1561.69	748.17	579.75
社会服务业	18330	639.20	381.67	279.02
卫生体育和社会福利业	505	37.59	21.18	14.82
教育文化艺术及广播影视业	435	13.21	9.79	7.24
科学研究和综合技术服务业	3683	106.65	69.50	55.31
其他	2604	196.83	138.35	121.50

目前,我国已设立的外商投资企业总体运行良好,其主要经济指标的增长幅度均高于全国平均水平,在国民经济总量特别是在国民经济增量中所占比重继续提高,对国民经济持续快速发展的促进作用明显增强。

1993 年至 2002 年外资企业在我国国民经济中的地位和作用见下表:

年度	实际利用外资占全社会固定资产投资比重		外资企业工业产值占全国工业产值比重		涉外税收占全国工商税收比重		外资企业进出口商品总值占全国比重	
	利用外资金额（亿美元）	占全国投资比重（%）	外资企业工业总产值（亿元人民币）	占全国工业总产值比重（%）	涉外税收总额（亿元人民币）	占全国工商税收比重（%）	外资企业进出口总值（亿美元）	占全国进出口比重（%）
1993	275.15	12.13	3704.35	9.15	226.56	5.71	670.70	34.27
1994	337.67	17.08	8649.39	11.26	402.64	8.51	876.47	37.04

年度	实际利用外资占全社会固定资产投资比重		外资企业工业产值占全国工业产值比重		涉外税收占全国工商税收比重		外资企业进出口商品总值占全国比重	
	利用外资金额（亿美元）	占全国投资比重（%）	外资企业工业产值（亿元人民币）	占全国工业总产值比重（%）	涉外税收总额（亿元人民币）	占全国工商税收比重（%）	外资企业进出口总值（亿美元）	占全国进出口比重（%）
1995	375.21	15.65	13154.16	14.31	604.46	10.96	1098.19	39.10
1996	417.26	15.10	15077.53	15.14	764.06	11.87	1371.10	47.29
1997	452.57	14.79	10427.00	18.57	993.00	13.16	1526.20	46.95
1998	454.62	13.23	14162.00	24.00	1230.00	14.38	1576.79	48.68
1999	403.18	11.17	17696.00	27.75	1648.86	15.99	1745.12	48.39
2000	407.15	10.32	23145.59	22.51	2217.00	17.50	2367.14	49.91
2001	468.46	10.51	26515.66	28.05	2883.00	19.01	2590.98	50.83
2002	527.43	10.10	33771.09	33.37	3487.00	20.52	3302.23	53.19

通过接纳国际产业转移,我国传统的纺织、轻工、家电等行业的生产水平、产品质量和档次已有了根本性变化;电子信息技术等高新产品和重大装备的设计制造从无到有、从小到大地发展起来了。目前我国已基本形成了珠江三角洲、长江三角洲和环渤海三大制造业基地,制造业产值已占到世界制造业产值的5%,跃居全球第四位。2002年,中国经济增量相当于全球经济总增量的17.5%,占世界 GDP 增长的贡献率仅次于美国。在世界经济复苏乏力的背景下,中国对世界贸易增长的贡献率高达29%,国际贸易增长的四分之一是依靠中国才得以实现的。

2. 我国成为世界制造业转移的首选地

进入新世纪以来,随着世界经济低迷、跨国公司利润滑坡,各大公司都在重新寻找成本最低的制造基地。拥有巨大市场、丰富廉价劳动力和良好基础设施的中国成为跨国公司投资的首选地。制造业是工业的基础,是反映区域经济综合实力和现代化水平的重要标志,因而我国也加大了对制造业转移的吸纳。到2002年年末,外商投资总额中制造业占到58.33%。近几年达到了近70%。跨国公司在华投资最密集的制造业主要集中在国家政策重点鼓励的产业、市场前景广阔的基础工业或垄断性较强的行业。

世界制造业向中国转移具有以下特点：

一是IT产业成为制造业转移的重点。IT产业由于技术日益成熟，市场相对饱和，已进入成本竞争阶段。为了取得竞争的主动权，向低成本地区转移成为最重要的手段。中国大陆的半导体内需市场庞大、工资低廉以及工程技术、研发人力资源丰富，因此赴中国投资几乎是全球同业者的必然选择。

二是在投资方式上以追加投资为主逐渐发展为抢占和拓展当地市场为主。其主要目的是利用中国丰富的原材料市场、产品销售市场和技术管理人才市场等有利因素，不断扩充生产规模，进行全方位、多层次的市场布局，以期在中国抢占新的商机和市场。

三是外商直接投资从简单的加工组装向上下游产业延伸，出现制造中心、地区总部与研发基地一体化的趋势。到2003年年底，全球跨国公司500强有293家在北京设立了代表处或研发中心，上海浦东集中了91家跨国公司的研发中心、26家跨国公司地区总部。据初步统计，跨国公司通过各种形式在我国设立的研发中心超过了400家，主要集中于计算机、通信、电子、化工、汽车、医药等行业。

四是跨国公司实施人才本土化策略。美、日、德、法等国跨国公司在华人才的使用，已从早期母公司派出高级主管和聘任港台懂英汉两种语言的人才担任部门要职，发展到如今大胆起用中国内地人才担任重要职务。据不完全统计，北京、上海、天津、深圳、广州等30多个外资企业较集中的城市，中方骨干职员就超过40万人。

3. 制造业产业转移的重点行业

制造业转移的一大重点行业是电子及通信设备制造行业。通过接纳转移，1999年我国电子信息产品制造业规模跃居世界第三位，仅次于美国和日本。2003年，通信设备、计算机及其他电子设备制造业产值超过1.5万亿元，位居各行业之首。我国已步入电子信息产品世界制造大国的行列，形成了产品门类相对齐全的制造业体系，彩电、冰箱、空调、微波炉、视盘机、收录放机、电话机、扬声器、磁性材料等产品产量居世界第一，有些产品占有全球较大的市场份额,成为全球主要供应商,并且形成比较强的产业配套基础。产品结构由过去以家电类低端产品为主,调整到基础类、投资类产品占有合理的比例,尤其在关键元器件——集成电路领域取得重要进展。预计"十五"期间,全国集成电路芯片制造业的投资可达100亿美元,相当于前三十年投资总额的3倍,其中外资占了一半以上的份额。一些跨国公司已开始把集成电路、计算机和通信等高科技产品的生产基地逐步向我国转移。

重化工行业也是外商投资的重点。从上世纪90年代开始,国外重化工业巨头就开始加大在中国的投资力度。进入新世纪以后的头几年,重化工业向中国转移的步伐进一步加快。其中,石化、汽车、机床制造和金属冶炼等行业增长势头更为迅猛,其中尤以石化工业进军中国的速度为最。数字显示,近几年全球重化工业50%以上的投资集中在我国。据统计,入选《财富》杂志世界500强的大型石油石化公司几乎都已在华投资建厂设点。仅埃克森美孚、壳牌、BP、道达尔菲纳埃尔夫、杜邦和拜耳6家跨国公司,在华投资额已超过100亿美元。其中,投资额度最高的BP,在华投资已达45亿美元;拜尔投资31亿美元,拥有12家独资或合资企业;壳牌投资额也达17亿美元,并承诺到2005年,其在华投资总额达到50亿美元。未来五年,这6家公司还将再投入125亿美元以上。西气东输、上海联合异氰酸酯、福建炼油乙烯一体化等,均为著名跨国公司投资的数十亿美元的特大型项目。这些资金密集型的大项目弥补了我国产业链中的空白,并吸引了大量国内外企业为其配套,形成产业聚集的区域。通过引进外资,我国工业化开始进入全面重化工阶段。

4. 服务业正成为转移的重点

制造业跨国投资的发展,需要贸易、金融、保险、电信、物流等生产性服务业提供支持,这对服务业跨国投资产生了拉动作用。而经济全球化的推进、信息通信技术的发展、各国政策环境的演进、新兴市场国家基础设施的改善和劳动力素质的提高,都为实现服务业国际转移创造了条件。服务业国际转移有加速发展的取向。包括金融、零售、物流、旅游等在内的服务业开始成为发达国家和地区对我国进行产业转移的新重点,投资项目个数增长较快,由 1998 年的 1634 个增加到 2003 年的 3918 个,增长了一倍多。我国加入世贸组织后,承诺大多数服务部门对外资开放,服务业对外开放的进程明显加快,吸引的外商直接投资呈快速增长态势。

2000 年、2002 年和 2003 年实际外商投资在我国各行业的分布情况如下表:

行　　业	2000 年		2002 年		2003 年	
	外资金额（万美元）	占比例（%）	外资金额（万美元）	占比例（%）	外资金额（万美元）	占比例（%）
合　　计	4071481	100.00	5274286	100.00	5350467	100.00
农林牧渔业	67594	1.66	102764	1.95	100084	1.87
采掘业	58328	1.43	58106	1.10	33635	0.63
制造业	2584417	63.48	3679998	69.77	3693570	69.03
电力、煤气及水的生产和供应业	224212	5.51	137508	2.61	129538	2.42
建筑业	90542	2.22	70877	1.34	61176	1.14
地质勘查业、水利管理业	481	0.01	696	0.01	1777	0.03
交通运输、仓储及邮电通信业	101188	2.49	91346	1.73	86737	1.62
批发和零售贸易、餐饮业	85781	2.11	93264	1.77	111604	2.09
金融、保险业	7629	0.19	10665	0.20	23199	0.43
房地产业	465751	11.44	566277	10.74	523560	9.79
社会服务业	218544	5.37	294345	5.58	316095	5.91
卫生体育和社会福利业	10588	0.26	12807	0.24	12737	0.24
教育、文化艺术及广播影视业	5446	0.13	3779	0.07	5782	0.11
科学研究和综合技术服务业	5703	0.14	19752	0.37	25871	0.48
其他行业	145277	3.57	132102	2.50	225102	4.21

5. 挑战与机遇同在

接纳国际产业转移对我国经济发展起了巨大的促进作用,是我国实现赶超战略的主要途径,但也给我国经济发展带来了挑战。从目前我国接受国际产业转移的现状来看,应该注意以下几个问题。

一是核心技术掌握在外商手中。我国所从事的生产链,基本上都是劳动密集型的生产或装配活动。即使是技术或资本密集型的产品,我国从事的也是劳动密集型工序。跨国企业凭借技术先进的产品赚取高额利润,而依靠贴牌定制的"中国制造"往往只有微薄的利润。这就限制了我国企业的自主开发能力,而且容易出现产业附属化和"空心化"。

二是从目前企业并购的形势看,最具活力、最有前途的企业和产品已开始成为跨国公司收购兼并的首选对象。如果没有相应的对策措施,我国的主要产业乃至经济命脉可能被跨国公司及国际经济组织所控制,危及国家经济安全。

三是由于政策不配套,一些地方盲目引资,致使一些高污染、高消耗的产业向我国转移,使我国生态环境、自然资源和可持续发展之间的矛盾日益尖锐。

四是由于产业转移主要集中在我国的沿海地区和城市地带,因而加剧了我国地区之间和城乡之间的发展不平衡,拉大了贫富差距。

五是制造业配套能力差,出口加工区往往是出口飞地,与国内经济关联差。

对这些问题必须引起重视,采取措施,以趋利避害,努力变挑战为机遇,促进我国接纳国际产业转移工作的健康发展。

三、我国承接国际产业转移的趋向分析与预测

我国将成为国际产业转移的最主要接受国之一,并且这一态势会保持一个较长的时期。做出这一判断的理由如下:一是去年我国人均 GDP

仅为世界平均水平的20%,发展水平的差距意味着在今后若干年中国具有很大的增长空间和发展潜力,巨大的生产需求和消费需求将成为吸引外资的强大磁场;二是我国政治稳定,经济高速发展,国际收支状况良好,外资看好中国;三是我国劳动力成本低、素质高,承接国际产业转移具有较强的竞争力;四是为适应加入世贸组织后的新形势,我国正在不断调整和修订外经贸政策、法律法规体系,投资环境日渐改善,增强了外商的投资信心。

1. 平稳发展并保持较高的增长速度

虽然近年来我国引进外资增长速度放慢,但从绝对规模上看,未来几年,每年实际利用外资的数额仍有可能保持500亿美元左右的高位。世界著名的管理顾问科尔尼公司2002年9月公布的最新的外国直接投资信心指数调查结果,中国首次超过美国成为最有吸引力的外国直接投资目的国。调查显示,几乎所有国家的投资吸引力都呈下降趋势,只有中国仍保持强劲的增长。越来越多的投资者被中国市场所吸引,并对中国的经济前景持更加乐观的态度。有专家预测,中国具有长期的劳动力供给优势,全球产业向中国转移的趋势还将持续20年左右。

2. 制造业仍将是首选领域

制造业会在较长时期内继续担当我国承接国际产业转移的"领头羊"角色。从全球制造业的发展趋势来看,发达国家制造业占本国GDP的比重稳中趋降,在全球制造业增加值总量中的比重也呈下降趋势;而正处于工业化进程中的发展中国家,制造业的这两个比重皆呈上升趋势。据联合国工业发展组织预测,到2005年,发达国家所占全球制造业的比重将由1970年的86%下降到67.6%,而发展中国家的份额将由10.3%上升到30.6%,其中东亚和东南亚国家更将占到19.2%。目前,世界整体经济形势趋好,跨国投资进一步加快,国际并购市场重新活跃和跨国贸易迅速增长,使全球制造业出现一段时期以来少有的良好发展势头,发达国家制造业生产能力向发展中国家和地区转移的数量呈加速增长之势。

就制造业内部行业而言,外商直接投资的行业选择,与劳动密集型程度、资本产出效率等直接相关;注重利用劳动力密集型产业比较优势的外商,倾向于对文教体育用品制造业、皮革毛皮制品业、服装加工业、纺织业、家具制造业、木材加工、非金属制品业、专用设备制造业等行业投资;以提高资本产出效率为投资指向的外商,对电子及通讯设备制造业、汽车制造业、石化工业、电气机械、办公机械、金属制品业等行业的投资趋向很强。

3. 服务业转移速度将快于工业部门

随着由世贸组织推动的各国服务贸易领域的市场开放度越来越高,金融、保险、电信、流通等行业的跨国并购将成为推动跨国投资的重要力量。而传统制造业领域的跨国并购,也在更深程度上依赖于服务贸易自由化的发展。

我国正严格按照加入世贸组织的承诺不断加大服务贸易领域的对外开放。其中金融保险、批发零售商业、对外贸易、电信、运输和技术服务等领域的市场准入限制陆续取消,这些行业的外资增长速度将明显快于其他行业。我国颁布了一批开放服务贸易领域的法规和条例,在保险、医疗卫生、法律服务、旅行社和商业分销等方面批准设立了一批中外合资和外商独资企业,推动了国际服务业向我国的转移。2003 年,外商在我国服务业中的投资大量增加,合同外资金额达到 285.55 亿美元,比上年增长50.51%。投资领域也进一步扩大。为了更好地服务于在我国的制造业投资,拓展在华业务,许多跨国公司开始在我国设立服务中心。初步估计,"十五"期间,我国服务业外商直接投资年均增长速度有望达到 20%,占全部外商投资的比重提高到 40% 左右。尽管制造业仍然是我国承接国际产业转移的核心领域,但服务业已经成为我国承接国际产业转移的重要新兴领域。承接服务业国际转移对我国今后的经济发展意义重大,必须做好充分准备。

4. 中西部地区如何加大承接产业转移力度仍是难点

近年来,随着国家对地区差距扩大严重程度的日益关注,从发展战略和政策设计方面正在并将进一步出现有利于中西部地区加快发展的环境条件。但是,根据资本流动的"凹地"效应,由于中西部地区发展的基础条件在短期内还难以从根本上改观,中西部地区最重要的自然资源优势仍难迅速启动,客观环境、体制、市场、配套产业等制约因素短期难以弱化,产业聚集条件和现代物流都比较差,再加上我国低端劳动力市场的供给能力将长期过剩,中西部地区在中短期内难以形成明显的比较优势,对外资的吸引力也不会有很大的提高。因此,如何吸引国际产业向我国中西部地区转移仍然是促进区域经济协调发展的一大难点。

四、应对策略及政策建议

每一次科学技术的革命性突破或重大进步都会导致一次大的产业革命和结构调整,曙光初现的新的产业革命,将是中国经济社会发展一次非常难得的战略机遇。要紧密围绕党的十六大确定的全面建设小康社会的目标,坚持科学发展观,在更大范围、更广领域、更高层次上参与国际经济技术合作和竞争,积极融入全球经济体系,贯彻积极合理、有效利用外资的方针,把承接国际产业转移同经济结构的战略性调整、促进区域经济协调发展、走新型工业化道路有机结合起来,不断增强我国的综合实力和国际竞争力。

1. 主动参与国际分工的调整与竞争

当前,国际产业转移的深度、广度、构成、模式等都在发生着新的变化。面对新一轮全球生产要素优化重组和产业转移,要立足我国自身的资源优势,营造良好的发展环境,合理规划,统筹安排,努力解决产业转移中存在的新技术消化吸收和自主开发差、高污染和高消耗产业向我国转移、弱势产业受到冲击等问题,使我国接纳国际产业转移更快一些、更好一些,促进我国经济快速健康发展。

国际分工格局的调整与变迁对我国意味着新的发展机遇与发展空间。面对新型国际分工格局,应把握好发展定位。鉴于我国有非常大的劳动力市场,因而仍然需要大力发展劳动密集型产业,参与世界分工体系中的垂直分工。同时,应顺应国际分工的新趋势,积极参与水平分工,承接跨国公司资本、技术密集产业加工制造环节的海外转移,在跨国公司产业链条的分解与全球化配置中把握机遇,寻求新的发展空间。以加工组装起步切入全球化的生产体系后,要注重从低附加值的产业环节渐次向较高层次环节的递进,不断提高核心零部件的本土化生产水平,强化生产环节与技术研发的相关性,并适时向产业链条的研发设计、品牌营销环节渗透,掌握更多产品的关键技术和核心技术,逐步提升在国际分工中的地位与加工增值能力。

国外直接投资的数量,取决于发展中国家改善投资环境的努力。要进一步完善吸收外商投资的法律体系,保持外商投资政策法律的稳定性、连续性、可预期性和可操作性;进一步简化外资审批程序,实施规范化、标准化的审批制度;发展市场中介组织,增强市场配置资源的功能;加强人力资源培训,提高劳动力素质;加快政府职能转变,提高依法行政水平,完善市场运行机制,努力营造亲商、富商、安商的社会氛围,为外商创造良好的发展环境。

2. 积极引导更多跨国公司来华设立研发中心和并购扩张

为了适应企业规模的不断扩张,充分利用东道国的智力资源,越来越多的跨国公司在我国实现了由"一个中心"到"多个中心",即由生产制造中心向跨国采购中心、研究开发中心、服务中心和地区营销中心的转变。这是一种良好的发展势头,有利于提高我国的引资水平和促进技术进步。未来的政策导向,应在吸引更多的跨国公司来华投资的同时,鼓励跨国公司在我国设立地区总部以及研发中心和服务中心。

上世纪90年代后期以来,跨国并购逐步成为跨国公司对外扩张的主要方式。推动跨国公司在我国的并购,有利于我国巨大的存量资产在流动中得到优化重组,挖掘和激活资产潜力,减少和防止重复建设,实现资源的合理配置。以往的实践表明,利用外资参与国有企业改组、改造,不仅能解决国有企业发展资金不足的困难,而且随着外资的进入,先进的经营理念、技术、营销网络和管理等各种资源都会进入我们的企业,成为推动国有企业发展的重要力量。面对这种态势,迫切需要从经济发展全局的高度,进一步完善外资企业以并购方式投资的政策规定,放宽外资并购主体和外国投资者并购中国境内企业的出资比例,鼓励国有企业对外转让股权,妥善解决由于外资参与并购重组所导致的行业垄断或控制等问题,加快国企的产业重组,增强关键行业和领域的控制力。同时,鼓励更多的国内企业为外资企业配套,进入跨国公司全球生产、销售网络;引进现代经营理念、先进的经营管理经验以及熟悉国际惯例的高素质人才。

注重发挥跨国公司的"集聚效应"。跨国公司社会化协作程度高,横向联系广,需要一批相关行业为其配套。我国沿海地区的经验证明:一家跨国公司的投资,会带来一批相关企业的大量投资,成为产业集群。在产业集群地区,产业分工和专业化分工越来越细,由此形成新的产业集聚平台,有利于促进外商直接投资在这些地区的集聚。这种全方位、高水平、大范围配套的产业集群,不仅有利于单个企业竞争力的提高,而且通过集群效应可以促进整个区域经济的发展。因此,我国应重点做好吸引跨国公司进而发展产业集群的工作。

3. 提高内资企业研发能力,创立民族品牌

我国内资企业存在的问题,一是企业规模偏小,缺少像海尔、TCL、联想这样的重量级企业集团;二是技术水平低下,不少高技术产品及部分高附加值产品仍需进口;三是以企业为主体的技术创新体系建设尚处于起步阶段,创新成果产业化迟缓;四是我国出口产品构成中,加工贸易占到50%以上,而且许多最终产品的关键技术掌握在外方手中,没有自己的品牌。据中国企业评价协会评估的中国1000家企业的总体竞争力,如果美国企业的竞争力为100分,则我国企业的得分是25.72分,排名世界第38位。企业综合能力水准的低下已经严重制约了中国赶超世界的步伐。外商把高端产品掌握在自己手中,既有其追求高利润的原因,也有我国企业配套跟不上的因素存在。

做大做强国内企业,不断提高内资企业的竞争力,是我国利用外资的重要目的之一。外国企业在中国搞得再大再强,也不是我国的竞争力。

在承接国际产业转移的过程中,内资企业应坚持引进先进技术和消化、吸收、创新相结合,提高自主开发能力,实现产业升级,逐步摆脱在世界产业体系中所处的"外围"地位,避免"空心化"的危险。只有拥有了自己的技术优势,才能在承接产业转移和加快产业发展中处于主动地位。在制造与品牌分离的情况下,控制销售的关键是控制品牌。在许多国际化产品的生产中,我国企业虽然参与产品价值链生产的过程,但由于品牌为外国企业所控制,所获利润很少,并且处于被动地位,容易受到排挤。因此,要鼓励内资企业树立创新意识,创立民族品牌。只有具备了技术创新能力和拥有了自己的品牌,我国企业才有了核心竞争能力。既要坚持"引进来",又要鼓励有条件的内资企业"走出去",利用国外资源,开辟国际市场,更好地在全球范围内进行资源优化配置,缓解国内某些生产要素对于经济增长的约束,在激烈的市场竞争中发展壮大自己,在全球生产价值链中赢得更多的利益。

加强对民营企业权益的法律保护,废除市场准入权利的不平等待遇,在外资仍受限制的行业,率先对内开放,打破行业垄断,减少行政许可,降低民营企业的准入限制。加快金融保险业对内开放的步伐,缓解民营企业在发展中遇到的资金不足的困难。同时,逐步取消对外资企业的优惠政策,或者将这些政策普及化。建立健全适用于内外资企业的非歧视性的统一和透明的法制体系,在竞争性领域建立统一、规范、公开的投资准入制度。要进一步打破地区市场分割,真正实现全国统一大市场。

4. 加快对中西部地区的产业转移

改革开放以来,我国引进的外资 85.96% 分布在东部地区,只有 8.78% 分布在中部地区,5.26% 分布在西部地区。目前国际资本流动和国际产业转移在我国的目标区域,仍是沿海地区。吸纳国际产业转移能力差、引进外资少,已成为我国中西部地区经济发展迟缓的主要原因。

经典的产业梯度转移理论表明,发达地区和大中城市先发展起来,进入更高层次的发展阶段之后,一些低层次的如劳动密集型产业会因当地劳动力成本的上升,不再具备竞争优势而渐次向欠发达和不发达地区转移,从而带动所有地区的共同发展。我国目前的现实情形却是,沿海发达地区的低层次产业迟迟没有转移出来,最主要的原因在于有大量内地廉价劳动力源源不断涌入,保证了当地人力成本低的竞争优势,从而人为地割断了产业梯度转移的链条。当然,产业转移乏力也与中西部地区经济发展环境差、缺乏优惠的投资政策有关。

以山西省为例。过去20多年间尽管在吸引外资上做了很大努力,但到今年6月底止,实际利用外商直接投资不过24.4亿美元,规模远不及东部沿海地区的一个地级市,甚至一些县级市。这几年山西资源和能源产业发展很快,焦炭现有生产能力8000万吨,在建7000万吨;生铁现有能力3800万吨,在建1400万吨;普钢现有能力2200万吨,在建900万吨;水泥现有能力4000万吨,在建1000万吨;铸件出口达到400万吨。生产规模可观,但产品的技术含量低,工艺落后,焦化企业大多无污染治理措施和化工产品回收装置,产业链条很短,造成主焦煤资源的巨大浪费和环境恶化。因此,亟待引进资金、技术对传统产业进行改造,发展煤炭的加工转化,建设新型能源和工业基地。

增强中西部地区承接国际产业转移能力,关键是要实行大的政策倾斜:应进一步放宽对中西部地区外商投资项目的国内融资条件,扩大中西部地区吸收外资优势产业目录的范围,促进外资投向中西部地区的基础设施、矿产资源和旅游资源开发、生态环境保护、农牧业产品加工等项目,鼓励在沿海的外商投资企业向中西部地区再投资。为了加快中西部的发展,建议国家制定向中西部倾斜的产业政策,包括发展新兴能源(如煤代油甲醇、二甲醚项目)的扶持政策、发展外输清洁能源(电力)和采掘业造成环境破坏的补偿政策、发展循环经济的税收优惠政策,以及向中西部地区的转移支付政策,以帮助中西部地区用高新技术改造能源和重化工产业,全面提高工艺、装备的技术水平,发展深加工,延长产业链,增强竞争力。

5. 正确引导外资投向和调整招商引资模式

按照国家经济结构调整的需求和我国对外开放领域逐步扩大的趋

势,要正确引导外资投向。鼓励外商投资传统农业,发展现代农业;大力吸引外资发展电子信息、生物工程、新材料等高新技术产业,继续鼓励外商投资设立研发中心;积极吸引外资重点发展石化、建材等基础产业;继续鼓励外资利用先进技术和设备改造机械、轻工、纺织等传统产业;鼓励外商在能源、交通、城建等基础设施领域投资;积极引导外商投资配套产业和出口型企业;积极引导外资投入循环经济项目,参与国有企业改组、改造。

当前,各地政府抓产业转移机遇的积极性很高,竞相向外商提供优惠条件,压低地价,内部恶性竞争。加入世贸组织后,随着国民待遇的全面实施,内外政策逐步趋同,国外投资者在我国投资点的选择余地大了,在招商引资中的恶性竞争将会加剧。面对这种形势,建议国家制定明确的产业政策与区域发展政策,使各地在利用外资中减少盲目性,由主要依靠优惠政策支撑转向依靠环境建设求发展,由主要依靠土地经营转向资本经营和技术经营,由注重生产能力和企业规模转向注重企业技术水平和创新能力。各地要从实际出发,扬长避短,注意发挥本地比较优势,制定科学的招商引资战略,不断提高引进外资的质量。要将承接国际产业转移的任务交给市场、交给企业,政府利用信息优势把握趋势,加以引导,并为企业创造良好的发展环境。

随着开放水平的提高,只要有利可图,外资就肯定会来。在这种形势下,为了发挥国际资本的积极作用,限制消极作用,应对国际资本的出入进行监督,设立必要的门槛,制止高污染、高能耗、高物耗、高水耗企业进入我国。同时,更多地运用财政政策、货币政策、贸易政策、产业政策以及运用国际通行的规则发展和保护自己,调节外资的获利预期,让破坏性大的投机性外资无利可图,使国际资本的出入符合我国宏观经济稳定的需要。

6. 创造条件,积极承接服务业的国际转移

按世界银行的统计,目前发达国家第三产业在经济总量中的平均构成为64%,我国去年这一比重仅为33.1%,低30.9个百分点,发展第三

产业的空间和潜力很大。承接服务业转移,能够创造大量新的工作岗位,有利于缓解我国的就业压力;能提升我国服务业发展的层次和水平,增强我国服务业的国际竞争力;能完善新型工业化建设的服务支撑体系,巩固我国作为全球制造中心的地位。尽管服务业的国际转移也会对我国服务业形成一定的冲击,并带来文化、价值观的摩擦,但从总体上看,承接服务业国际转移利远大于弊,对我国今后的经济发展意义重大。应充分认识承接服务业国际转移的重要性和我国的差距,采取适当的、配套的措施积极承接服务业的国际转移。重视服务业的招商引资工作,积极稳妥地开放服务市场,加强知识产权保护,加快服务业人才培养,培育良好的信用环境和市场经济秩序,为承接服务业国际转移创造条件。当前,要抓住实施 CEPA 带来的机遇,吸引港澳服务业到内地投资,加强与港澳服务业之间的合作。政府部门要为企业提供必要的信息和咨询服务,引导国内企业积极参与国际项目外包市场。由于地价、楼价和工资价格居高不下,特别是收费项目多,不少城市的低成本优势正在减弱。因而要控制地价和楼价,减少收费项目,提高金融、贸易、物流、通关、政务、信息等方面的服务水平,降低商务成本和社会综合成本。

煤化工的春天到了[*]

    百万年前的蒙昧时期,人类的祖先在与大自然顽强抗争的过程中,发现了火的作用与威力,先是利用"天火",随后撞击火石取火,用火照明、取暖、烧烤动物皮肉,吓阻猛兽,并用火后灰烬治疗创伤……人类摆脱了茹毛饮血的兽类生活,进入了以"熟食"为标志的"薪火文明"时代,人们的生活健康大大改善。"柴薪"和"草木灰"成为人类最早的能源和"化工产品",简陋且粗放,却向我们阐明了一个普遍原理:燃料与化学品相伴而生。

一、煤化工的历史沿革

    以煤、石油、天然气、油页岩等化石燃料的加工形成的燃料化学工业始于产业革命时期,它的形成和发展包含着能源和化学品生产两个方面。18 世纪蒸汽机发明,使人类从依靠人力畜力和柴薪为主要能源,逐步转向以煤为主要能源,燃煤产生蒸汽作为交通运输、机械加工的主要动力,

    * 本文为 2006 年山西"煤化工和循环经济国际论坛"演讲论文。

而后又以蒸汽发电,促进了各类工业的发展。至 19 世纪末,世界进入了"煤炭时代",随着冶金工业的发展,在欧洲产生了煤焦工业。随后从副产煤焦油中制取染料。此时欧美先后建立了煤干馏、气化为主的煤化学工业。第一次世界大战期间,钢铁工业需要大量焦炭,军火工业需要大量氨、甲苯作原料生产火炸药,进一步推动了焦化工业的发展。煤的直接液化经历了漫长的发展过程。1913 年,德国伯吉乌斯(Bergius)首创了世界第一个煤的高压加氢合成油的装置,并获专利。1927 年他与方伯(Fang-ben)合作,在德国建成了第一座煤加氢合成油工厂,规模为 10 万吨/年,1931 年扩大为 30 万吨/年。1936～1943 年德国又有 11 套煤直接液化装置投产,到 1944 年总生产能力达 423 万吨,为发动第二次世界大战的德国提供了 2/3 的航空燃料和 50% 的装甲车、汽车的用油。19 世纪末至 20 世纪 40 年代的六七十年间,煤化工居于主导地位。20 世纪 40 年代,以美国利用石油裂化副产的烯烃制取有机化工产品为标志,石油化工兴起,与此同时,美国开发了利用天然气生产合成氨的技术,产生了天然气化工。到了 50～60 年代,石油、天然气大量开发,油气价很低,并且由于石油和天然气化工流程短、设备简单、成本低而竞争力很强,因此石油和天然气化工发展很快。以石油和天然气为原料,采用管式炉裂解工艺,大量生产乙烯、丙烯、丁烯等烯烃类产品,以及苯、甲苯、二甲苯等芳烃类产品。同时大量生产三大合成材料(合成树脂、合成橡胶、合成纤维)及五大通用合成树脂(聚乙烯、聚丙烯、聚苯乙烯、聚氯乙烯、工程塑料)。至此石油化工不再依附于石油炼制而形成独立的工业体系,炼油和化工联合的石油卡特尔相继涌现。石油化工和天然气化工在化工产业中居于主导地位。至 1965 年石油在世界能源消费中超过煤炭而居第一位,世界进入了"石油时代"。煤炭在中国、印度等贫油国中仍为主导能源,但主要用于发电和工业锅炉。煤化工中仅焦化工业仍占有一定位置,其他处于萎缩状态。整个煤化工业变成了世界公认的"夕阳产业",可谓日薄西山,气息奄奄。

20 世纪 70 年代两次石油危机,结束了廉价石油时代,西方石油炼制和石油化工因成本提高和原油供应问题,陷入不景气状态,受此影响的主要发达国家的经济普遍进入"低增长"时期。80 年代国际油价有了相当幅度回落,但西方发达国家的石油和天然气化工仍停滞不前,开工率仅56% ~65%。苏联和中国的石化工业则持续增长,一些发展中国家,特别是产油国的石油和天然气化工迅速崛起。此期间传统煤化工仍处在低迷状态。90 年代国际油价虽几度波动,但总体处在较低价位,石油和天然气化工继续发展,发达国家的有机化工产品中,石油和天然气化工产品占90%。展望未来,在今后相当长的时期内,世界燃料化学工业中石油和天然气化工仍将占据主导地位。

二、煤化工的春天到了

几枝鹅黄的迎春花是春的信息！大地苏醒了,展现出无限的生机。国际油价的不断攀升和持续走高预示着煤化工春天的到来。我们说煤化工春天的到来,其一是说这些年来煤化工技术有了长足进步,煤化工可以充分发挥作用。其二是说在油价飙升的大背景下,石油和天然气化工因成本骤增而竞争力大大削弱,煤化工在诸多产品领域可以与之竞争,煤化工大有可为。

1. 煤化工技术的长足进步

煤化工技术进步最明显最突出的表现在以下方面:(1)合成气制备技术有了很大发展。合成气($CO + H_2$)是煤化工技术的基础,目前国际上主要有德士古(Texaco)和道化学(Dow)的水煤浆气化技术,壳牌(Shell)和鲁奇(Lurgi)的粉煤、粒煤气化技术。这些技术单台炉处理煤量大,生产能力很高;气化压力范围广,炭转化率高;结构简单,造价较低;气体质量高,适于羰基合成;特别是环保性好,污染轻微。我国以华东理工大学为主研制的多喷嘴水煤浆加压气化炉,先进实用,效率高、成本低,适于大面积推广。

(2)甲醇制造技术日新月异。甲醇是列乙烯、丙烯、苯之后的第四基本化工原料,利用甲醇可以生产120多种化工产品,特别是甲醇清洁环保、节能、经济,是替代汽油和柴油的最好的燃料。最早,合成气在高压条件下生产甲醇,热效率低,成本高。70年代中期起,国外新装置大多采用低压法工艺生产甲醇,提高了效率,降低了成本。目前,国外液相甲醇合成新工艺具有投资省、热效率高、生产成本低等显著特点,尤其是LPMEOHTMI工艺,采用浆态反应器,特别适用于气流床煤气化炉生产的$H_2/(CO+CO_2)$的原料气,在价格上能够与天然气甲醇竞争。中国化工第二设计院设计的焦炉煤气部分氧化转化制合成气生产甲醇的工艺在云南曲靖化肥厂(8万吨/年)和河北建淘(10万吨/年)运行稳定,效果很好。

(3)二甲醚合成技术成熟。山东久泰科技股份有限公司自主开发的液相两步法工艺技术已产业化,形成20万吨/年生产能力。丹麦托普索公司与伊朗ZAGROS石化公司签订合同,转让80万吨/年二甲醚的专利技术,并提供催化剂,预计2006年投入生产。

(4)1983年美国伊斯曼柯达公司以水煤浆气化制得合成气再合成22.5万吨/年醋酐装置,长期稳定运行,年销售额达60亿美元,效益良好。

(5)1992年,UOP与挪威Norsk Hydro合作开发的甲醇转化烯烃的MTO工艺,在尼日利亚为新加坡业主设计的甲醇年产量240万吨,产乙烯、丙烯各40万吨,预计2006年建成。鲁奇(Lurgi)采用固定床由甲醇生产丙烯的MTP工艺,小试在20世纪90年代开始,中试装置在挪威运行1年零3个月以上,工业示范装置正在伊朗建设。马来西亚的大型商业装置(年产甲醇150万吨,20万吨乙烯,47.4万吨丙烯,18.5万吨汽油,4.1万吨液化石油气)已开工建设。

MTO和MTP工艺开辟了煤化工制取烯烃的广阔途径。

(6)煤制合成油技术已大规模产业化,南非SASOL公司分三期(1955年、1980年、1982年)建设了年产500万吨的合成油工厂,运行正常,效益良好,引起世人的广泛关注。荷兰SHELL公司1993年在马来西亚利用

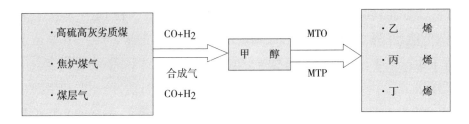

天然气生产甲醇,再利用 SMDS 工艺生产合成油,年产 50 万吨,运行正常。新西兰 METHDNEX 公司利用天然气生产甲醇,再利用美孚的 MTG装置生产合成油,年产 52 万 ~ 79.5 万吨,运行正常(详见下表)。

世界主要国家煤、天然气间接液化技术开发情况

国别	装置	原料	生产能力 (万吨/年)	试验及 建厂地点	开发机构	研究开发状况
南非	F-T	煤炭	500	工厂 sasdburg Ⅱ、Ⅲ厂 secundd	SASOL 公司	1955、1980、 1982 年投产
荷兰	SMDS	天然气	50	马来西亚 Bintdlu/sdrdwdk	SHELL 公司	1993 年投产
新西兰	MTG	天然气	52 ~ 79.5	Motunui	Methdnex 公司	1985 年投产
美国	AFDU	煤炭	3.5	Ldporte Texds	APCI	连续试验

应该特别指出的是,Shell 的 SMDS 装置和美孚的 MTG 装置开辟了煤化工制取合成油的有效途径:

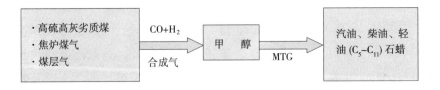

此外尚有:(1)以无烟煤作原料的大型氮肥装置优于以轻油、重油和天然气为原料的氮肥装置,发展潜力很大。(2)炭化室 6 米的大容积机焦炉已实现国产化,配套的干熄焦、地面除尘等环保技术先进实用,化产回收能力大大加强,经济效益良好。(3)粗苯加氢精制工艺及粗苯萃取精制工艺提升了粗苯精制的质量和效益。(4)精细化工如苯化工系列产品、蒽油加工系列产品、酚类产品、萘类产品、蒽醌系的大吨位中间体、传统的硫化染料、分散染料、还原染料、中低档黄红蓝色有机染料、医药原料、食品添加剂、化工助剂等在产量质量价格上都具有较强竞争优势。磷酸盐、柠檬酸、赖氨酸、维生素 A、维生素 C、维生素 E 具有一定规模和竞争优势。但大部分精细化工产品与国外有较大差距。

2. 石油化工和天然气化工竞争力大大削弱

最近三年国际油价上涨了 2.6 倍,2005 年 8 月 29 日纽约市场 WTI 原油期货价格达到 70.8 美元/桶的历史最高点,比 2004 年初暴涨了 40 美元/桶,此后虽有波动起伏,但始终在高位运行。在油价带动下,天然气价格不断上涨。油价飙升导致石油及天然气化工产品价格全面上涨。三大合成材料、五大通用树脂等产品,近两年来价格几乎翻了一番,全球石油和天然气化工行业利润大幅度下滑。我国石化行业 2005 年上半年利润虽同比增长 24.4%,但增幅回落了 64.2%。全国炼油行业政策性亏损达 60.87 亿元,多炼多亏,经营惨淡。合成材料与国际接轨,价格传导较为顺畅。塑料制品、橡胶制品、纺织品直接面对广大消费者价格传导困难,销售不畅,经营微利、亏损。原料成本大幅上升,使石油和天然气化工产品竞争力大大削弱,这就为煤化工提供了一个千载难逢的发展机遇。石油资源的稀缺决定了国家油价整体上呈不断上升的态势,而且愈往后愈加剧,这是由价值规律决定的,是不依人的意志为转移的。高油价时代已经来临,煤化工在许多产品领域可以放手一搏。煤化工大有可为。

3. 在高油价时代,资源禀赋决定了煤化工的选择

《BP 世界能源统计 2005》的数据表明,以目前的开采速度计算,全球石油储量可供使用 40 多年,天然气 67 年,煤炭 164 年。国家发改委能源研究所资料显示,我国石油储量 23 亿吨,以目前的开采速度,可采 11.5 年,天然气储量 8240 亿立方米,可采 16.5 年,而煤炭储量为 7140 亿吨,可采 200 年以上,因此我们选择煤化工有雄厚的资源后盾,可以持续发展。

三、把握好历史性机遇，大力发展煤化工

我们说煤化工的春天到了，是说要抓住历史性机遇，大力发展煤化工，并不是说煤化工就可以很快替代石油和天然气化工。全面替代将是一个渐进的很长的历史过程，这有赖于煤化工技术的全面创新和发展。就是化学工业转为以煤化工为主导也尚需相当时日。我们说大力发展煤化工，不应该是复制古董，搞传统煤化工的复归。因为传统煤化工技术落后，工艺流程长，设备复杂，资源利用率低，环境污染严重，是不可取的。

在新的历史条件下发展煤化工，我们要坚持科学发展和和谐发展，坚持走新型工业化的道路。

1. 发展工艺精、技术新、环保、节能、节水、资源利用率高的现代煤化工。

2. 坚持市场导向，不搞一哄而起，一哄而上。

3. 坚持"集中发展"、"规模发展"和"特色发展"。回顾过去，我们基本上走了一条分散粗放发展的路。满山遍野我们随意布点设厂，小打小闹，土打土闹，破坏生态污染环境；企业办社会，生产成本和交易成本很高，效益不好。搞煤化工我们一是要"集中发展"。"集中发展"的最佳模式是"园区经济"，我们要集中建设"煤化工工业园"。一般来说，石油和天然气化工都是规模经济（甲醇 120 万 ~ 150 万吨/年，乙烯 30 万 ~ 60 万吨/年，尿素 50 万 ~ 100 万吨/年），煤化工要与之竞争，也一定要规模发展。所谓"特色发展"就是要扬长避短，发挥优势，发展有特色有竞争力的产品。比如发展甲醇、二甲醚、尿素、聚氯乙烯、聚乙烯醇、己内酰胺、氯丁橡胶、焦油加工、粗苯精制、精细化工产品等。

4. 要大力发展"煤化循环经济"。循环经济要求运用生态规律来指导人类社会的生产活动，它以"减量化、再使用、再循环"为准则，按"资源——产品——再生资源"的循环途径组织生产，这样就可以最大限度地减少能源和原材料消耗，并将生产过程中产生的废物变为资源再重复、

循环使用,从而达到经济与资源、环境双赢的目的。循环经济为我们走出了一条可持续发展的道路,它应该是发展煤化工的首选发展模式。可喜的是我们的一些大企业在发展中已经初步构建了循环经济的产品链和产业链,希望进一步延伸完善。

变危为机，迎难而上，
促进我国工业经济平衡健康发展[*]

经济下行是当前国际国内经济运行中的突出矛盾和问题。从国内看，目前经济下行趋势由下游行业向上游行业、由沿海向内地、由中小企业向大企业传导扩散，亏损企业和亏损行业增加，经济下滑已经成为当前全国经济运行中的主要矛盾。从山西省内看，受畸重型、粗放型产业结构制约和当前全球性金融危机的冲击，从去年三季度以来，我省经济增长出现非常明显的困难，焦炭、冶金、电力行业出现全行业亏损，相当一批企业停产半停产，为多年来所罕见。2008 年全省生产总值增幅比上半年回落2.6 个百分点，比上年回落4.4 个百分点。规模以上工业增加值10 月下降9.9%，11 月下降24.5%，为全国最低。12 月同比下降19.2%。今年1月同比下降24%，扣除春节放假因素下降11%。我省属能源原材料产业，支柱产业单一，全国经济下滑受影响首当其冲；我省工业占整个国民经济的比重大，工业企业出现困难，给全省财政收入、劳动就业、民生保障构成很大的压力。2009 年将是进入新世纪以来我省经济发展最困难的

---

* 本文是作者2008 年12 月在中国工业经济联合会第十九次主席团会议上的讲话。

一年,对此我们要有充分的思想准备。

尽管面临的形势十分严峻和复杂,但我们也要充分认识到困难和逆境中所蕴涵的机遇。老子说过:"祸兮福之所倚,福兮祸之所伏",意思是说福祸相依。危机亦机遇,危机中蕴涵机遇,关键是要看到并抓到机遇。当前国际国内市场不旺、销售不畅,既给工业经济发展带来了前所未有的困难,但也为我们调整工业产业结构、淘汰落后产能、推进资源整合、提升产业集中度、推进增长方式转变提供了重要的机遇。只要因势利导,应对得当,就能化害为利,推动工业经济整体素质的提高,促进经济的长远健康发展。我们要紧紧抓住逆境中所蕴涵的机遇,充分利用好各种有利因素和条件,变压力为动力,化挑战为机遇,切实把思想和行动统一到中央对经济形势的分析和判断上来,统一到认真落实中央已经出台的一系列政策措施上来,战胜困难,实现经济的平稳健康发展。

下面我就如何应对国际金融危机提一些具体建议。

一、大力实施企业兼并、联合、重组,提高产业集中度

产业高度分散、产业集中度不高是我国工业经济的一大问题。这次金融危机使企业的核心竞争能力强弱、经营业绩好坏浮出水面,一些企业生存出现危机,有些企业甚至破产倒闭,这有利于企业的兼并、联合和重组。优势企业可以利用这个机会,通过横向并购,扩大规模经济,实现低成本扩张,使其发展壮大。

西方发达国家在产业转型升级中有一些成功的做法可供我们参考:即通过整合、延伸、集成等手段和方法,实现产业转型升级。整合——包括通过兼并、联合、重组实现企业规模的整合,形成产业优势,包括业务方向的整合,即剥离不具优势的业务,做大优势业务,还包括内部组织结构的整合等。延伸——对优势产品向上、向下延伸,形成完整的产业链,充分发挥优势产品的增值效益。集成——将相关产品和相关业务通过集成

技术和集成方法,将其集合成为一种新的产品或新的业务。我省应在经济发展相对减缓时期,引导企业加大这方面整合的力度。

从山西的情况看,我省中小煤矿多,事故频发。这几年省政府推进煤矿的资源整合,减少中小煤矿数量,联合起来办大矿,但由于煤炭销售形势好,资源整合遇到重重困难。金融危机发生后,随着煤炭销售不畅,形势发生了很大变化,现在小煤矿主动要求大煤矿兼并。因此我们建议省政府因势利导,大力实施企业兼并、联合、重组,发展大型企业集团,提高产业集中度,增强企业竞争力。

二、引导帮助产业有序转移,推动 中西部地区健康快速发展

国际间区域间产业转移是经济发展的客观规律使然,是由成本的洼地效应所决定的,我国工业经济三十年大发展有相当一部分是国际产业转移的结果。

经济出现衰退往往是产业转移的先导,发达国家和新兴工业化国家将向发展中国家转移资本密集型和资本、技术双密集型产业,使更多的劳动力和物质生产要素脱离传统的产业部门,转入具有高科技内涵的研发业和服务业。发展中国家也将有选择地吸纳发达国家对外转移的产业,并建立起自己的技术创新体系,加快产业结构的优化。我们要利用目前金融危机带来的机遇,加大对国际先进装备技术和高端人才的承接和吸纳,为我们所用。

金融危机迫使产业升级,沿海地区低附加值的产业将加速向中西部地区转移。沿海一些企业将到中西部地区投资,用先进技术和设备改造中西部地区的机械、汽车、轻工、纺织等传统产业和在能源、交通、城建等基础设施领域投资;参与中西部地区国有企业的改组、改造。我们要因势利导,利用沿海高新技术改造能源和重化工产业,全面提高中西部地区的工艺、装备的技术水平,发展深加工,延长产业链,增强竞争力。

三、全力淘汰落后产能，提升
工业经济的生产力水平

这些年我国工业经济走数量扩张型的路子增加了许多落后产能，这些落后产能是资源浪费、环境污染的主要源头，现在正是淘汰落后产能的有利时机。

要重点淘汰钢铁、有色、电力、化工、建材、铁合金、电石、焦炭、造纸等行业的落后生产能力，对污染严重、能耗高、改造无能的企业要坚决关闭，继续对煤炭、电力、冶金、焦炭、水泥等领域的落后产能分类排队，采取包括差别电价、水价、运价等在内的制约性政策，促进落后产能尽快退出市场，防止经济形势好转后落后产能又死灰复燃。此外实施积极的财政政策，将启动一大批建设项目，除国家重大项目外，地方政府也将续建、新建一大批一般项目。在这一过程中，要加强项目的审查管理，把好投资项目节能和环评审查关，新上项目既要有利于促进经济增长，又要有利于推动结构调整；既要有利于拉动经济增长，又要有利于增强经济发展后劲，避免建设过热和新一轮低水平重复建设的发生。决不能为了短期的效益而牺牲长远的利益，只有这样，才能不断提升我国工业经济的质量和水平。

四、引导帮助工业企业全面加强企业管理，
节能降耗降低成本，提高效率和效益

这些年我国工业经济持续高速增长，企业经济效益良好，掩盖了企业管理方面的一系列矛盾和问题。事实上，这些年我们的企业领导人抓经营多了抓管理少了，现实而言，我省工业企业的管理水平普遍不高。

现在市场不旺、销售不畅，价格下来了，管理方面的漏洞和问题明显暴露出来了，这正是提高管理水平的有利时机。企业内部要发动职工群

众找管理上的差距与漏洞，开展节能降耗活动，挖掘内部潜力，千方百计降低成本，提高效率与效益。我省中小企业的种种困难，真正原因是管理粗放。其根本出路在于强化管理，不断提升管理水平。

五、加快基础设施和生态环境建设，大力发展工业服务业，为工业经济快速健康发展提供良好的环境

当前基础设施和生态环境制约着我国工业经济的发展，因此要利用政府扩大投资的时机，加快建设有利于经济发展的基础设施项目，如铁路、公路和机场等重大基础设施建设，重点建设一批煤运通道和西部干线铁路，加快电网改造和城镇污水、垃圾处理以及重点流域水污染防治，增强工业发展急需的运力和供电供水能力。国家已经把山西作为全国煤炭工业可持续发展政策措施试点省、发展循环经济试点省、生态建设试点省，对山西的发展进行政策支持，我们要用足用好国家的政策。

要大力发展工业服务业，以专业化分工和提高劳动效率为重点，发展科技研发、工程设计、咨询诊断、商务流通、联合运输、信息传递、金融服务、会计事务、律师事务等工业服务业，形成一批高端、高效、高辐射力的工业服务业产业体系，创新服务模式，拓宽服务领域，提高服务水平，逐步将其专业化、市场化，有的可以实现国际化，为企业发展提供各类服务。各级政府扩大投资刺激经济，给铁路、公路、环境和其他基础设施方面增加投入，蕴涵着巨大的投资价值和商机，要引导企业抓住这次机会，增加适销对路产品的生产。要充分发挥工业行业协会、商会和专业组织的作用，为企业决策提供服务。越是困难的时候，我们工业行业协会越是要和企业站在一起，为企业提供各类信息和咨询服务，帮助企业降低运营成本，让企业感到温暖，对发展充满信心。

六、引导帮助工业企业大力开展 技术创新,以创新求发展

目前工业经济中起主导作用的仍然是资源和资本密集型产业,技术含量高的知识密集型产业依然十分落后,因此产业的技术溢出效益小,劳动生产率低。应对危机要加快产业转型,利用当前外部市场环境趋紧的倒逼机制,走技术创新之路。此外,在市场萧条时,产品多样化是应对危机的重要手段,实现产品多样化也必须把企业建立在技术创新的基础之上。

从经济增长的规律来看,如果经济增长主要依赖于要素投入增加,那么受限于资本、劳动投入边际回报递减,经济增长最终将出现停滞。要想保持经济持续、稳定的增长,最终必须通过技术进步来实现。从这次危机中可以看出,技术创新好的企业可以在衰退期泰然处之,甚至乘势扩张,技术创新差的企业越来越难以为继。从这个意义上说,企业必须实现产品升级换代和产业升级,必须坚决淘汰消耗高、污染重、水平低的落后生产能力,提升产品的质量和档次,最终实现企业的转型发展。

技术创新的核心是研发。要引导和帮助企业研发核心技术和关键技术,研发新工艺、新材料和新设备。技术研发是一项昂贵而复杂的工作,特别是一些高技术产品,要在技术上有所突破,不仅需要生产企业自身的大量投入,也需要政府有关部门的政策扶持。政府要建立科技服务平台,构建科技成果转化服务等自主创新的支撑体系。要鼓励国内外专家直接参与企业的新产品试制,承担企业决策咨询和重大项目的评估工作。应充分利用国家政策并运用财税杠杆,加大对重点骨干企业技术改造的支持力度,提高企业的装备水平。

七、与国外装备制造业优势企业联合
合作,加速发展我省装备制造业

当前我国许多装备制造业与西方发达国家还有很大差距。在经济情况好的时候,我们引进国外先进装备的制造技术,外商要价很高,核心技术还引不进来。现在,全球经济衰退,商品价格暴跌,许多国外装备制造企业也陷入困境。在这种情况下,与其联合、合作要容易得多。因此要抓住全球金融危机带来的"机遇",鼓励我们的企业与发达国家装备制造优势企业搞合作,引进他们的先进技术和装备,提高我国装备制造业的整体水平,同时要利用这次机会,获取国际专利、驰名商标和国际标准,抢占高端,增强竞争能力。

八、调整优化产业布局结构,大力发展
"园区经济"、"集群经济"、"工业
生态经济"和"循环经济"

纵观我国工业化进程,在改革开放前后走了两条完全不同的道路。改革开放前我们走的是以城市为中心的工业化道路,企业建在城中,并且围绕每个企业建设了一套生产生活服务设施,形成了企业办社会的格局,工厂和居民区犬牙交错,布局很不合理。改革开放后又走了一条分散粗放发展的路子,"村村点火,处处冒烟",村边地头随意设点办厂,既破坏了生态又污染了环境。在进入经济全球化、城乡一体化、产业高级化的今天,原有的产业分布格局已完全不适应现代经济发展的要求。

认真总结经验教训,从集中走向分散,再从分散走向新的集中,必须发展各类工业园区。工业园区有着组织化程度高、专业化协作强、信息网络畅通、成本费用低廉的优势。以工业园区为布局特征的集约化发展模式,可以促进区域产业水平的全面升级,改变"低、散、小"的现状,实现从

低加工向高加工深入、从粗放型向集约型发展的转变。园区的产业集群一旦形成,集聚的规模越大,其优势就越明显。建立在专业化基础上的区域产业成长模式已经成为各国产业结构演变的重要趋势,是走新型工业化路子的必然选择。因此要引导各地大力发展"园区经济"、"集群经济"、"工业生态经济"和"循环经济",强化环境保护,促进经济和社会的可持续发展。

多年的实践证明,实现经济快速增长,对于化解结构调整、体制转轨中的矛盾和问题,改善民生,促进就业,意义重大而深远。在当前经济遇冷的新形势下,我们应当坚定信心,辩证谋划,实现我国国民经济的平稳较快发展。

技术经济管理

GONGYE JINGJI
KEXUE FAZHAN YANJIU

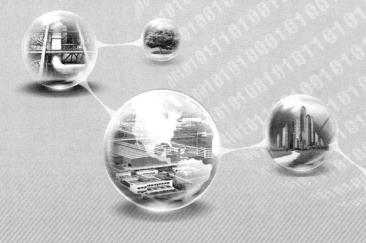

关于加强安全管理问题的几点意见[*]

安全问题是个系统问题,涉及到行政、社会经济的许多部门和许多方面。就企业而言,它几乎涉及到生产过程的每一个环节,涉及到每一个人,这里面既有思想认识问题,又有许多实际问题;既有管理问题,又有工程问题、技术问题、职工的思想技术素质问题。安全管理本身,也还有领导重视与不重视、真抓还是假抓的问题,以及建立健全各级安全管理监督机构;建立健全安全生产的各种规章制度;坚持预防为主的方针,狠抓安全大检查;安全与工资奖金挂钩,严明奖惩;坚持不懈地抓安全教育和职工技术培训;抓典型,推广先进经验;开展安全竞赛活动;抓技术改造、完善安全设施等一系列的活动。

既然安全工作是一个复杂的系统问题,我们就应该用系统工程的理论和方法,加以研究和解决。

现实而言,领导方面的问题与职工群众方面的问题相比较,领导方面的问题是主要的,而且还是决定性的。管理部门与技术问题相比较,管理问题是主要的,可以说是七分管理三分技术。以下就领导问题和安全管

* 原载《山西劳动》1985 年第 7 期。

理中的几个关键问题谈几点意见。

一、领导者的感情与安全意识

我们知道，企业良好的安全状态，来源于一系列扎扎实实、行之有效的安全行为，也就是通常人们所说的一系列的安全管理活动，而安全行为又来自各级领导和全体职工的安全意识，也就是通常人们所说的对安全的认识，这里领导者的安全意识尤为重要，因为它在"安全系统工程"中起决定的支配作用，领导者有了强烈的安全意识，就能做出一系列正确的安全决策，就能从管理、技术、工程、资金、材料、器械、人员等方面解决安全工作中的一系列实质性问题。没有的会有，不健全的会逐步健全，不具备条件的会创造条件。领导者的安全意识又来源于他们对工人、对社会主义事业的感情，没有感情或感情淡薄，就一松百松，必然产生一系列的问题。所以我们要研究领导者的感情问题，这是整个问题的要害所在。领导者的安全感情，大体上是三种情况：一种是党性强，革命事业心强，对国家对人民高度负责，懂业务懂技术会管理，在安全问题上感情深厚，亲自部署，抓得具体得力，安全状况好。第二种情况是领导者不懂得安全与生产、安全与发展、安全与效益、安全与致富、安全与职工身心健康和家庭幸福的关系，见识浅薄，只顾抓眼前利益，从技术业务和管理上讲，粗浅无知，麻木不仁。因此，对安全工作不够重视，目标不明，措施不力，安全管理和监督检查松弛，事故不断发生，给国家给人民造成不应有的损失。第三种情况是极个别的领导者政治品质不好，心肠不好，投机，有个人野心，不务正业，只图个人捞取资本和升官发财，置广大工人的死活于不顾，强迫工人冒险作业，他们的安全感情就十分淡薄，对安全上存在的诸多问题熟视无睹，不加强安全管理，安全状况就很差。恶性事故屡屡发生，给国家财产和人民生命造成不能弥补的惨重损失。他们造罪于社会和人民，应予严惩。同志们！我们应该擦亮眼睛，透过安全状况看领导者的心肠，看他们的感情，并且把这个道理，把这样一种观察问题、识别领导的方法，明明确确地告诉给我们的工人同志,筑起一个群众监督安全的壁垒。

希望我们的各级领导能够对党、对人民高度负责,满怀深情切实抓好安全工作,努力开创安全工作的新局面。

整体说来,安全问题的关键就在于:①领导者的(安全)感情;②各级领导和全体职工的安全意识;③一系列有组织的安全行为;④良好的安全状态;⑤经济效益的稳步增长、企业的健康发展。

二、坚持预防为主的方针,完成安全工作的战略转变

大同市在安全大检查方面,积累了一些成功经验,就是所谓面上的"三查":自查、互查、重点查;点上的"四查":查隐患、查违章、查漏洞、查死角。点面结合查得细,查得认真。晋中地区矿业公司每季组织一次县与县的交叉大检查,各县每月组织一次自查。他们认真贯彻了预防为主的方针,防患于未然,事故连年下降,经济效益持续增长,收到了十分喜人的效果。各地(市)、厅(局)、各企业在查隐患预防事故发生方面做了大量工作,取得了不小的成绩。我们应该看到:从抓不良后果,抓三不放过,抓事故处理,转到抓安全大检查,抓查事故隐患,抓不安全因素,抓事先控制。管理上叫从抓结果转为抓控制。用军事术语来讲,就是从消极防御转为积极进攻,从被动挨打转为主动出击。我认为这是安全工作的一个战略性的转变,是一个根本的转变。我们知道安全上的钱是不能省的,因为这是生命钱,只有两种花法:一种是笑着花,把它花在安全教育、职工培训、增置安全设施上,花在安全大检查、预防控制措施上,花得主动,花得很有价值;另一种是哭着花,把它花在善后处理、停产损失、补窟窿、补偿过失、受处罚等方面。安全上的功夫也是不能省的,因为它是维系生命安全的功夫,也只有两种花法:一种是高兴愉快地花,花在安全问题的重大决策上,花在不安全因素的分析上,花在查苗头、查隐患、订措施、想办法上,花得可亲而又可敬。一种是灰溜溜、垂头丧气地花,花在写检讨、请求

处分、赔情道歉、接受斥责,花在事故分析三不放过以及事故处理上,花得可怜而又可悲。金钱和精力,两种战略两种花法,是截然不同的两种结果。

因此,我们应该提高认识,同心协力,积极主动地完成这种安全工作的战略转变。

三、从分配上解决问题,坚持安全与工资奖金挂钩,坚持重奖重罚

大同南郊区鸦儿崖乡在落实经济承包责任制中,设立了安全奖,从工资总额中提出 15%,奖励安全生产无事故的队组。晋中地区也设置了安全奖,安全不仅与奖金挂钩,而且与基本工资挂钩。最主要的是他们能严明奖惩,严格贯彻执行,效果都很不错。这是一个很宝贵、值得在全省推广的好经验。对于这个经验,我们应该加深认识。

我认为如何正确处理安全与分配的关系,这是安全工作能否发生质的变化的关键所在。应该说我们基本上是按劳动的数量进行分配,即基本上是超额奖,一般来说分配与安全、与质量脱钩。存在决定意识,在这样一种分配制度之下,领导主要考虑的是能抓多少产值、利润(煤炭企业的领导主要考虑能多出多少吨煤,多搞到多少吨煤工资、吨煤奖金。安全出了问题,受了损失,产量补);工人主要考虑的是多完成多少工分、数量、产值(煤炭企业的工人则主要考虑的是多出多少吨煤,一个月下来能多拿多少奖金)。从领导到工人对安全与质量都有所忽视。这是活生生的现实,我们要正视现实,研究现实,改变现实。

马克思所说的按劳分配,是说要按照劳动者的劳动质量和劳动数量进行分配。劳动质量既包含产品质量、工程质量,也包含工作质量,而工作质量中应该首先看安全。所以我们应该十分响亮地提出:要以正确贯彻按劳分配的原则求安全。真正使安全与工资奖金挂钩,让安全在分配中占一大块。只要能坚持做到这一点,加上其他方面的措施,安全工作就

大有希望。这样，工人、干部就会从关心自己的切身利益上来关心重视安全。抓安全就有了坚实的群众基础，抓安全就有了强大的经济动力。这是解决安全问题的根本途径。希望大家从理论和实践两个方面，来深入研究安全与分配的关系问题。希望做出新成绩，创出新经验，写出好文章。

此外，在安全问题上，必须严明奖惩，必须坚持重奖重罚。不严则不能调动抓安全的积极性，不严则不能奖功，不严则难以禁邪，不严则不可能有良好的安全纪律，我们要很好地运用赏罚之道。

建立我国企业的"管理·经营·决策·开发"体系[*]

本文拟就现代企业的发展理论进行一些探讨,并结合当前我国企业的实际情况,就企业的发展战略问题,提出几点建议。

一、"管理·经营·决策·开发"是现代科学管理的一个完整的体系

美国、日本、西欧等工业发达的国家和地区,经济已经发展到一个相当高的水平,这是众所周知的客观事实。近代,这些国家经济高速度发展的原因是多方面的,这些国家工业化的时间长,是一个基本的历史原因。从企业的发展来讲,主要是他们有一套科学的管理方法。20 世纪 40 年代以来,随着工业和科学技术的发展,企业管理的理论和方法也迅速得到发展,相继出现了质量控制(QC)、价值工程(VE)、运筹学(OR)、系统工

* 原载《企业管理》1987 年第 10 期;获 1987 年 3 月"山西省企业管理协会"优秀论文一等奖。

程(SE)等许多先进的管理技术。60 年代以来,电子计算机广泛应用于管理,出现了"自动化管理方式",随之产生许许多多管理思想、管理理论,科学管理发展到了管理科学的时代。当代科学管理和管理科学的一系列丰硕成果,有许多地方是值得我们借鉴和学习的。纵而观之,我认为其实践和理论发展的基本脉络应归纳为四个阶段:

第一是管理。管理是对企业的生产、技术、经济活动所实行的计划、组织、指挥、控制、协调和教育奖惩的职能。这些职能是由人们劳动的社会性、协作性、科学性和经济性所决定的。凡是许多人在一起劳动,就需要有管理。生产愈是现代化,组织就愈严密,管理就愈复杂;同时管理在生产经济活动和服务经济活动中的地位也愈重要。管理使企业有了好的生产和工作秩序,有了高效率。我们甚至可以说,没有现代管理就不可能有现代企业。

第二是经营。经营是管理的核心。经营使企业与市场及社会需要发生联系,成为社会经济躯体上的一个活的细胞,具有生存和发展的能力。经营所追求的是社会需要、企业经营目标和企业能力三者之间的动态平衡。它要求按经济原则来管理企业的生产、技术、经济等各项活动。具体表现为:企业对市场的调查研究、分析预测;经营思想、经营原则的确立;经营目标、经营方针、经营策略的制订;经营计划的编制、实施、调整等等。经营要求企业讲市场、讲质量、讲信誉、讲效果、讲成本、讲效益。经营的中心目标是企业经济效益和社会效益,不讲效益也就无所谓经营。

第三是决策。决策又是经营的核心。决策就是根据生产、技术、经济、经营管理等方面的实际需要以及现实可能性,运用一定的手段和方法,进行计算和判断,从而提出一种行动准则。决策可以分为:经营管理决策,业务性决策,战略性决策(开发性决策)。具体来讲,决策就是决定企业的发展目标(规划、计划等),决定投资方向、产品发展方向和产品更新的时机,决定企业的各项重大措施(基本建设、技术改造、重大技术措施,体制、机构、章制的改革等),决定重要的人事任命,等等。正确的决策产生正确的行动,正确的行动必然得到良好的结果。但是,在很多情况下,决策对象是一个由若干相互联系、相互制约的因素构成的复杂系统。其中有可以控制的因素,也有未知的不可以控制的因素,因此决策是有一定风险的。这就要求决策者具有把握方向和决断实行的能力。决策是各级领导者的首要职责,管理职能的实行过程,也就是决策过程。决策影响和决定着企业的前途和命运。在资本主义制度下,决策是企业生死攸关的大问题,在大的决策问题上出了毛病,生产劳动组织管理得再好也无济于事。对于决策问题的高度重视是现代企业经营管理的重要特色。

第四是开发。开发是企业为了提高生产技术水平和服务质量,获得良好的技术经济效果,利用当代科学技术的最新成果,研制开发新产品、改革工艺、改善服务、开发智力、改善经营管理的一种职能。开发可以分为四种类型:产品开发,工艺开发,智力开发(企业智力资源的开发),经营管理开发(对于科学管理和管理科学的研究和应用)。具体来讲,开发就是在决策的指导下,企业集中最优秀的管理人才和科技人才,不惜工本地改进老产品,创制新产品;发展新技术、新工艺、新材料、新设备,不断提高劳动生产率,不断降低原材料及能源消耗,不断改善生产环境,安全生产、文明生产;运用各种手段和方法,努力开发企业的智力资源,不断提高领导、管理人员、技术人员、工人以及其他各类人员的文化和科学技术素质;不断提高服务质量,不断改善生产组织和劳动组织,提高经营管理水平。开发是企业赖以发展的根本手段,也可以说是企业生产、技术、经济、管理前进的火车头。有了强而有力的开发手段,企业就有了顽强的竞争能力,就能步步跨向新水平。资本主义企业为了在激烈的竞争环境中求发展,在开发上是不惜任何代价的。美国福特汽车公司在 1979 年总赤字达 10 亿美元、任务不得不削减 20% 的情况下,从 1980 年到 1984 年为开发新式小汽车投入了 130 亿美元的投资总额。日本松下电器公司是日本生产民用电器的最大公司,自 1918 年创业以来,经常为技术开发而努力。以应片中央研究所为中心,设有 23 个专门的研究所,从基础研究、应用研究到开发优良产品,开展多角性研究。研究成果有 5.1 万件以上的专利,商品有 1 万种以上。由此可见,资本主义企业对开发之重视以及开发的作用。对于开发问题,企业领导是摆在相当重要位置的,往往将最有才干的人放在这个部门。同时与高等教育机构和专门的科研机构保持密切联系,企业内部有健全的开发系统,掌握着强而有力的开发手段,比如设置技术中心、研究所、中央试验室,建立试验工场等。开发的中心目标仍然是企业的最佳经济效益。不遗余力地从事开发事业,这是现代企业经营管理的又一个重要特色。

如果说整个企业的运营好比一部前进着的汽车,决策者便是司机,决策是方向盘,开发是发动机。这是一个运动着的有机体。

"管理·经营·决策·开发"是现代管理的一个完整的体系,它反映着现代企业管理发展的客观规律。掌握了这个规律我们就能纵观全局,把握企业前进的基本方向。这个规律把现代企业管理的进程划分为四个发展阶段,同时也树立了四块里程碑。当前我国企业需要从领导制度、管理体制、管理组织、各项规章制度、决策体系、开发机能等许多方面,对企业的"管理·经营·决策·开发"进行一系列彻底的变革,才能健康地向前发展。

二、关于企业的若干发展战略问题的建议

1. 把企业管理组织的改革推向一个新阶段

推行厂长负责制,进行企业领导制度的改革,是企业改革的关键,也是企业发展的瓶颈。通过几年的试点,已经积累了不少好经验,并取得较好的效果,但也发生了一些问题。党和国家的方针目标是十分明确的,当前最要紧的是各企业的主管部门要精心配好厂长和书记。尤其是要选择最强的人担任厂长。此外,党委、厂长、职代会各有什么样的职责和权限,应依据三个条例,合理制订明确、具体、细微的实施办法,逐步完善,以形成企业新的领导制度。要搞法治,而不是人治;要树立制度的权威,而不是某一个人或某几个人的权威。法治不明则难免产生矛盾。决策机构、决策程序和一定的决策方法应尽快建立并使之完善。一步一步地使厂长

负责制生根、开花、结果。

十二届三中全会以后的 1984 年末和 1985 年初,我国绝大多数企业先后推行了经济承包责任制,它既是企业管理制度的重大改革,同时又是企业分配制度的一次改革。可喜的变化出现了:多年以来大锅饭、铁饭碗被初步打破了。奖金的档次拉开了,能者、勤者多劳多得,这就极大地调动了广大职工的积极性,为企业带来了空前的活力,使 1985 年我国经济稳步发展,出现了良好局面。1985 年下半年企业调改工资,奖金转化为工资,"活钱变为死钱",基本上还是吃大锅饭搞平均主义,遂使大部分企业的经济承包责任制釜底抽薪,难以为继。因此,当前应采取切实有效措施,开辟新的奖金来源,尽快使经济承包责任制得以恢复和发展,这是当务之急。具体办法是:①国家规定的 7.5 元尽快进入成本以增加奖金;②大力推行原材料、燃料节约奖,开辟新的奖金来源;③提高经济效益,相应增加留利水平和奖金;④对现行的工资、奖励制度进一步改革,主要目标是克服平均主义。

2. 进行企业经营管理体制的改革

我国大多数企业经营机能薄弱,不能适应有计划商品经济发展的需要,这是一个十分突出的矛盾,应尽快采取有效措施来改变这一现状。建议:①加强国内外市场的调查、预测和分析,并建立这方面的机构;②强化企业的经营机能,尽快建立健全经销机构;③编制企业的经营计划。跳出旧体制下生产技术财务计划的圈子,面向用户、面向市场,端正经营思想,确定企业的经营方针、经营策略,认真编制经营计划并严格执行;④建立健全企业的经营决策系统,实现决策的科学化、民主化;⑤加强物流、资金流的管理。狠抓节能降耗,降低成本。加强资金管理和经济核算,加速资金周转,提高企业的经济效益。这两大系统的基础工作要加强,管理体制要改革,要分级分权管理,建立各级责任制,克服吃"物资大锅饭"和"资金大锅饭"的弊端。

3. 努力提高决策水平

决策的基本功在于:目标明确,情况明了(掌握的数据、资料要全要准),多方案比较,择优而从。决策前一定要组织专业人员进行十分周密的调查研究,掌握充分的决策依据,养成用数据说话的习惯,最主要的是对决策对象进行技术经济分析和可行性研究,有了这方面的分析结果,利、弊、得、失就分明了,再加上其他方面的考虑,就不难得出正确的结论。要多提出一些方案,反复进行比较鉴别,好的方案往往在这种比较鉴别的过程中得到补充、完善而更加成熟。这种多方案比较之法,是科学的工作方法,必须坚持。这就是所谓"决策科学化的问题"。前已述及,决策对象往往是一个多因素的复杂系统,决策分析的工作量很大,所以企业领导人在进行决策时应特别注意发挥职能部门、职能人员的作用,应广泛听取各方面的意见,尤其是要认真研究不同意见甚至反对意见,避免那种想当然的"长官意志"。这就是所谓"决策民主化的问题"。

4. 树立开发意识,强化开发手段,苦心从事开发事业,加速企业技术改造

不注重开发的问题,这是旧体制下的生产型模式造成的一个遗留问题。开发力量薄弱,开发体制不完整,开发手段不强,开发水平不高,这是我国企业发展不快的一个基本原因。结果是产品"几十年一贯制",品种少,形式旧,性能差,与国际水平有相当差距,非常缺乏竞争能力。工艺,基本上是老一套,老水平,质量差,效率低,成本高,与国际水平也有相当差距。对国外新产品、新技术、新工艺、新材料、新设备的引进、消化、吸收也差。企业的智力开发也很薄弱,职工的文化科技水平普遍不高,素质差,生产力水平低下。对于经营管理的研究、管理现代化的推行,更显得不够,造成管理水平低。我们应当树立开发意识,强化开发手段,苦心从事开发事业以加快企业的技术改造和技术进步。首先对企业的整个力量(人力、物力和财力)作三线部署,一线生产,二线准备(物质和技术准备),三线开发,集中一部分管理和技术方面的精锐力量,苦心从事企业的开发事业。要建立相应的开发体制和开发机构,要有懂技术、会管理、思想解放的企业领导人亲自挂帅,根据企业的实际需要和可能,建立"技术开发中心"、"职工教育中心"、"管理协会"、"管理研究会"。设立"研

究所"（研究组），组织三结合的"课题攻关组"，建立试验工场，开辟试验点，搞"中央试验室"、"工艺试验室"等等。相应地逐步配齐必要的仪器、仪表、设备，解决开发手段问题，特别是要及时解决开发中所需的原材料和器件等，提供好的物质条件。同时，十分注意开发管理，建立严格的管理制度，搞开发项目的经济承包责任制，解决开发的责、权、利结合的问题，使开发具有强大的经济动力。给予开发有功人员以很高的奖赏和精神鼓励，逐步形成浓厚的开发气氛。有了从事开发事业的优秀科技人才和管理人才，有效组织、严格管理，再加上强而有力的开发手段，企业就会长上翅膀，就一定能够大发展。

结合企业自己的实际情况，遵循"管理·经营·决策·开发"的正确轨道，踏实而行，企业的经营管理水平一定会不断提高，企业的经济效益和社会效益一定会愈来愈好。

质量与分配*

质量应该包括产品质量、工程质量和服务质量。近期,部分工业产品和工程质量的下降,以及相当多的服务行业服务质量一直不好,引起人们的普遍议论和谴责。邓小平曾多次指出,"最重要的是质量问题",尖锐地揭示了抓质量的迫切性、重要性。经济界、工程技术界、理论界对这一问题尤为关注,大家都在运筹良策,以期经过努力使我国企业的质量水准有一个明显的提高。

质量与分配的关系问题,是一个重大的质量经济问题,对质量的发展影响极大,本文拟就此陈述浅见,期望收到抛砖引玉的效果。

一、质量之现状:长期在低水准线上波动

对于质量问题,我们很有必要清醒地回头一顾,尽管我们在提高质量方面做了大量的工作,取得了显著的成绩,但应该说还没有从根本上解决

---

* 原载《人民日报》1988 年 5 月 23 日;1987 年 2 月获山西省科委软科学优秀论文一等奖;1988 年在中国质量管理协会第六次年会上宣读并被评为优秀论文二等奖。

问题。许多工业企业的产品质量,包括名优产品的质量,一直不够稳定。检查一阵,紧抓一阵,就好一些,锣鼓一停就又往下掉。产品质量稳定提高率 1983 年为 88%,1984 年为 81.3%,1985 年为 76%,1986 年为77.3%。施工企业的工程质量,同样不够稳定。少数企业见利忘义,不讲职业道德,偷工减料,粗制滥造,以次充好,以假乱真,严重地损害了国家、用户和消费者的利益。服务行业的服务质量,是长期以来的一个老大难问题,相当一部分服务型企业,服务态度之冷漠、之不礼貌、之恶劣已是司空见惯,广大人民群众是很不满意的。

总而言之,应该说我们的质量是长期在一个低水准线上波动。

质量水准不高的主要原因何在? 就来龙而言,我国没有经历资本主义发展阶段,直接由半封建半殖民地进入社会主义。商品经济很不发达,企业以质量求生存的观念,没有在激烈的商品竞争环境中得到陶冶和锤炼。在旧经济体制下,商业、物资部门对企业的产品实行统购包销,对质量要求不严格,掩盖了大量的质量问题。六七十年代,对整个经济工作、对质量的政治性冲击,众所周知。"文化大革命"对生产力的摧残极其深重,质量下降是这种恶果的综合反映。就经济工作的指导思想而言,多年以来我们习惯于突出单项指标,追求产量、产值,不管产品是否投入使用和发挥效益。近期又有片面追求速度和利润的倾向,尤其搞经济工作的同志,十分错误地把经济效益等同于利润,质量总是不能"升帐"。从经济管理来看,质量控制、质量监督和质量检查的体制、机构和手段很不完备;质量立法不够健全,无法可依或有法不依、违法不究的现象相当普遍;全社会良好的质量意识没有真正树立起来,质量教育有待深化强化。这里应特别指出的是,多年来除个别年份,发展速度一直过快,社会的总供给远小于社会的总需求,各类物资缺乏,客观上形成了一个"不洗泥的大萝卜市场"。在这样一个经营环境下,数量与质量的矛盾不好解决。从企业管理来看,企业抓质量的压力不大,许多企业领导人仅仅搞点质量说教,没有花费主要精力去抓质量,全面质量管理和质量保证体系没有很好地建立起来;质量检验工作薄弱,把关不严;职工思想、技术素质不高;技术手段不够先进,工艺落后,设备陈旧,等等。以上种种,都是造成质量低下的原因,但根本性的原因,则在于质量与分配不挂钩。

二、一个值得高度重视的问题:质量与分配

所谓按劳分配,是说要按照劳动者的劳动质量和劳动数量进行分配。而多年以来,我们却基本上是按劳动的数量进行分配。从宏观上看,不少商品的价格,既不反映价值,更不反映供求关系,质量价差没有拉开,往往是优质产品和质量差的产品,高档产品与中、低档产品一个价,或者相差甚微,其差额部分根本不能补偿生产优质产品、高档产品所多付出的劳动。企业生产优质产品、高档产品并不合算,这就挫伤了企业生产优质产品、高档产品的积极性。企业苦乐不均,多劳的并没有多得,这叫宏观分配的大不合理。从微观上看,多年以来,企业所实行的基本上是“超产奖”、“超额奖”,即主要以劳动数量来计发职工超额劳动的报酬。升级考核也主要是看产值、产量,质量差的职工照样晋级升工资。一言以蔽之,质量没有真正与职工的工资、奖金挂钩。我们的绝大多数企业,就是这样按照劳动的数量进行分配。存在决定意识,在这样一种分配原则之下,工人们主要考虑的是这个月能够完成多少工分、产值、产量,能够多拿多少奖金。至于产品质量、工程质量、服务质量,对奖金的影响微乎其微,所以,能凑合就凑合,能马虎就马虎,造成职工不能从关心自己的切身利益上关心、重视质量,质量意识十分淡薄。这叫微观分配的大不合理。从宏观到微观,我们基本上是按照劳动的数量进行分配。这种分配上的不合理,严重地影响着质量的提高,也可以说是严重地影响着生产力水平的提高。

三、质量转轨的方向:从正确贯彻
按劳分配的原则中求质量

质量问题的解决,质量水准的提高,需要各行各业及许许多多相关部

门协同努力,把千千万万的"质量链条"逐步搞好,形成质量经济的良性循环,需要我们解决一系列复杂的系统问题,进行综合治理;需要广泛深入地向全体职工进行质量教育,提高全社会的质量意识;需要创造一个优胜劣汰的质量竞争环境;需要从宏观到微观都加强对产品质量的控制、监督、检查;需要采取许许多多切实有效的配套措施,单一的"处方"很难奏效。但是,正确处理质量与分配的关系问题,显得更加重要。不解决这一问题,我们的质量是翻不了身的,是没有希望的。现在,我们必须十分响亮地提出:要从正确贯彻按劳分配的原则中求质量。

一方面,我们应在价格体系改革的实践中,真正使质量与价格挂钩,也即使价格反映价值、使用价值和供求关系。刻不容缓地拉开质量价差,优质优价,低质低价,分等论价,使质量好的企业在经济上得到明显的好处,使质量差的企业承担应负的经济损失,使质量低劣又长期上不去的企业,在社会主义市场上混不下去而垮台、倒闭。要让价格在提高产品质量上发挥强大的经济杠杆作用,使社会上吃质量大锅饭、糊涂饭的现象,真正终结。

另一方面,企业在改革工资奖励制度和建立健全各种形式的经济承包责任制时,要真正使质量与工资、奖金和奖赏挂钩,并且要适当扩大工资差距,拉开档次,以充分体现奖勤罚懒、奖优罚劣,充分体现多劳多得、少劳少得。这样,企业内部吃质量大锅饭、糊涂饭的状况就会根本改观,全体职工就会从关心自己的切身利益上去关心、重视质量,抓质量就有了强大的经济动力和群众基础。

如此说来,质量转轨的路标就在于:(1)质量与价格挂钩;(2)质量与工资、奖金和奖赏挂钩。

四、方针政策和措施

为正确处理质量与分配的关系,建议在方针政策方面进行如下调整。

1. 国家对企业考核,建立以质量、成本、利润为主的指标体系。多年来,我们吃够了单项高指标的苦头,应引以为戒,逐步建立严格科学的指标体系,来考核企业。考核企业的指标,可分为主要指标和辅助指标两类。主要指标是:质量、成本、利润。对某些行业,也还可以另加些主要指标,比如矿山、冶金、交通等行业,另加安全指标,构成质、本、利安全指标体系。质、本、利指标不应搞统一模式,可根据行业和企业的不同情况,分别具体化为若干指标。辅助指标,可列产成品资金占用额、劳动生产率、流动资金周转次数、千名职工因工死亡率等,因行业、企业不同而有所区别。

质、本、利指标体系,对企业来说具有普遍意义,它是各项技术经济指标中最关键最核心的部分,有"牛鼻子"的作用,可以带动其他许多指标。它体现了价值与使用价值的统一,有利于刺激企业减少活劳动、特别是物化劳动的消耗,从而提高经济效益和社会效益。科学的指标体系是企业行为的指南,它必然引导企业沿着正确的方向前进。

2. 在企业工资制度改革中,工资总额同经济效益挂钩时,要首先与质量挂钩。当前在确定工资总额的挂钩指标时,工业企业同上缴利税挂钩,交通运输企业同周转量或运距运量挂钩,建筑行业同工作量挂钩(百元工作量工资含量),煤炭行业与煤炭产量挂钩(吨煤工资含量、吨煤奖金)等等均是突出了利润或产值、产量,把质量排除在外,实质上这不是真正的与经济效益挂钩。不少企业片面追求速度、利润,放松质量,与这种挂钩方法有直接关系。今后必须改变这种片面做法,使工资总额不仅与上缴利税等指标挂钩,而且与质量、成本挂钩。

3. 在企业推行承包、租赁等多种经营形式时,不仅要包产值、利润,还要包质量、成本、固定资产增值、技术改造、企业升级等。特别在承包合同中要加重质量考核条款,以求质量、利润双丰收。最好是对利润超收分成部分和挂钩的工资总额实行质量否决。

4. 前已述及,在进行价格体系改革时,要坚持按质论价、优质优价和分等论价。

5. 实行宏观的质量否决。许多企业在其内部实行质量指标否决权,效果很好。在宏观上也应实行质量否决,给企业以质量方面的强大压力。这种压力自然会转化为抓质量的动力,这就造成重视质量的客观环境。可采取如下具体做法:

(1)企业的质量指标在计发奖金时有否决权,即企业的季度奖金=季度应计提的奖金×质量系数;(2)企业的质量指标完成情况与企业领导人的工资、奖金挂钩,即企业的质量达不到规定的水平时,扣发企业领导人一定数量的奖金以至工资;(3)由于管理不善,企业的产品质量一直上不去,撤销厂长、总工程师的职务;(4)质量很差的企业,令其停产整顿。质量低劣、危害社会的企业,令其停业转产或破产,等等。

6. 企业内部推行经济承包责任制时,一定要突出质量。有些企业既承包产值、利润,也承包质量,并且质量在利益分配中占很大比重。计分计奖时,质量分与产值(利润)分相乘(PXQ)。二汽实行PQC计奖法,将产量、质量和管理三者用相乘的办法计奖,质量有否决权,质量好坏直接影响车间、班组和职工个人的奖金收入,实施效果很好。另有一些企业,缺乏以质量求生存的经营思想,目光短浅,急功近利,在承包中只包产值、利润,不顾质量,充其量是把质量当作一个辅助性指标。结果,出现高利润低质量的不正常状况,使企业的生产经营潜伏着极大的危险。

质量经济问题,质量与分配的关系问题,是摆在我们面前的一个重大课题,需要我们从理论、实践上认真加以研究,从方针政策和措施办法上加以调整,以促使我国的质量水准有一个大的提高。

附记:1986年任山西省经委副主任时撰写了《质量与分配》论文,当时工业企业普遍实行超额奖和计件工资(实质是按数量计发工资和奖金),造成广大职工不能从关心自己的切身利益上关心重视质量,企业的产品质量普遍较差,论文剖析了质量与分配的关系,提出质量要与工资、奖金挂钩,即质量不好少得奖或不得奖,造成质量问题要扣发基本工资(所谓质量否决权)。论文发表后在企业界、经济界、质量界引起重大反响。胡耀邦总书记阅后,批转国家经委落实,随后国家经委在全国工业企业中大力推行"质量否决权"(国家经济委员会关于在工业企业中推行"质量否决权"的通知,经质〔1997〕765号),效果很好,工业企业的产品质量普遍得到提升。

确立"以质制胜"的经营战略，
强化宏观微观的质量管理*

大家知道质量工作对于机械电子行业显得尤其重要，机械产品是深加工产品，对质量、可靠性的要求比一般的产品要高，搞好质量的难度也更大一些。机械电子行业要闯关，要进一步振兴，搞好质量工作是一个十分重要的方面，行业振兴也有一个质量振兴的问题。质量要振兴关键在管理，在宏观和微观的质量管理。

一、质量工作的回顾

1984 年劳动人事部搞了一个企业效益与工资总额挂钩的办法，工业企业同上缴利税挂钩，交通运输企业同周转量或运量运距挂钩，建筑业同工作量挂钩（百元工作量工资含量），煤炭行业同煤炭产量挂钩（吨煤工资含量，吨煤奖金）等等。均突出了利润、产值和产量，结果把质量挂下来了，出现了全国性的质量大滑坡，这个情况大家记得很清楚。从 1985

---

* 原载《山西机械》1989 年第 2 期。

年开始,国家经委、各省市、各行业对质量问题引起了高度重视,采取了许多使质量逐步回升的措施。近三四年由于商品经济的发展,经济工作各部门、各级领导,特别是厂长、经理们的重视,有效工作,产品质量水准大大提高,质量管理工作有了很大进步,具体表现在四个方面:

1. 全社会的质量意识有所加强,这是商品竞争意识的升华。从行为科学来讲,质量意识决定了质量行为,质量行为决定着质量的好坏。质量行为就是与质量有关的生产、技术、经济管理活动。正确的质量行为,必然会得到好的结果。这几年经济发展了,人们的消费水准提高了,不像过去,"瓜菜代"能解决有无问题就行了。现在要求高了,生产单位、使用部门和广大消费者择优选购的意识愈来愈强,对于机械产品是这样,对于电子产品也是这样。市场热销的彩电现在发展到要立式的、平面直角的、带遥控的,对其功能要求也不断提高,这就促使企业要不断提高产品质量。企业中愈来愈多的人认识到商品竞争说到底是质量竞争。"以质量求生存"、"以优制胜"的经营思想在许多企业初步树立起来了,质量管理工作、升级创优普遍得到了重视和加强。这是商品经济进一步发展的必然结果。

2. 质量否决有了一个良好的开端,这是质量转轨的路标。就全省全行业来看,绝大多数企业实行了质量否决。质量因素与工资奖金挂钩问题开始得到解决,并且质量在奖金中所占比重越来越大,一般为30% ~ 40%。有的企业还搞了质量工资,根据产品质量的等级,确定工资奖金等级。有的是质量全否决,质量分与工资奖金相乘。质量出了大问题,奖金全部没有,效果是非常好的。广大职工开始从关心自身切身利益上关心和重视质量,多年来困扰我们的质量意识问题开始得到解决,这是一个根本性的转变。在质量意识上,我们大体上经历了两个阶段。一个阶段是我们搞工作的传统方法,一个问题重要,就反复进行宣传、鼓动、说教、灌输,多次循环往复,不厌其烦,但没有从基本制度上、从客观存在上来研究解决问题,结果并没有说教出质量意识来。这几年开始从基本制度上解决问题,质量否决就是从分配制度上着手解决问题。以往我们基本上是按数量进行分配,根据数量计发奖金,你按数量分配,大家就去追求数量。在这样一种分配制度下,职工不可能关心重视质量,因为质量好坏与他的切身利益关系不大。到 80 年代中期,我们从实践中认识到这个问题,提出正确处理质量与分配的关系问题,即既按照数量同时也按照质量进行分配,质量与工资奖金挂钩,质量不好,工资奖金直接受影响。我们省的许多企业都先后这样做了,收到了良好的效果。职工忽视质量的状况很快得到扭转,产品质量大大地提高了,这是一个根本性的转变。为什么说是根本性的转变呢? 因为生产关系变了,分配制度变了,存在改变了,人们的意识也随之而变了,这就叫存在决定意识。

3. 企业内部的质量管理工作大大加强,这是质量水准提高的根本保证。这几年大多数企业的质量工作扎扎实实地抓起来了,好多企业搞了质量的方针目标管理,每年要创多少个省优、多少个部优、多少个国优,哪些产品质量要升等,以及其他质量工作的要求都确定下来,质量指标层层分解落实;质量否决全面实行;QC 小组活动开展得越来越普遍;群众性质量管理活动深入开展;工艺工作加强,这在机械系统尤为突出,抓工艺突破口,抓工艺贯彻、工艺纪律。工艺突破口,实质上是质量突破口,是质量保证体系的重要环节。质量教育工作更加生动活泼,有了实质性内容,不是空洞的说教;产品开发工作大大加强,新产品不断推出,产品引进工作也加强了,新产品新在性能好、质量高;围绕提高产品质量进行技术改造,像太原变压器厂的技改引进,主要目标是提高产品质量。企业内部质量管理工作确实加强了,这又是一个很大的变化。

4. 质量监督改变了质量社会环境,这是宏观管理工作加强的标志。一般来讲,质量管理包括两个方面:一是宏观质量管理,包括政府有关部门、行业抓的一些工作,各级经委、各级工业厅局抓的一些质量工作属宏观质量管理,搞标准、计量、许可证、监督抽查,宏观质量否决等。这在很大程度上决定质量的外部环境。质量水准不高,一个很大的问题是质量的外部环境不好,投机倒把、卖假药假酒,打击不力,质量搞得很差,对企业没有任何经济惩罚,因此企业抓质量没有外部压力,这是一个很大的弊病。80 年代中期,国家经委重视了这个问题,在全国范围内开展了质量抽查,改变了过去行政抽查中弄虚作假、自欺欺人的做法。事先不通知,不打电话,从生产线上或库房里或市场上抽产品进行检验,拿出客观公正的质量结果,对企业是一个很大的鞭策。二是微观的质量管理,就是企业内部的质量管理。宏观质量管理解决质量的环境条件问题。

我认为,从大的方面看,主要有以上这四个方面的变化。

二、当前质量管理工作上存在的主要问题

依我看,当前宏观、微观方面主要存在五个问题:

1. 严重短缺是质量管理工作推动困难的根本原因。严重短缺,不是一般短缺,这是所有社会主义国家的一个通病。当前在我国表现十分突出,主要是由于我们国家大、人口多、市场大。严重短缺具体表现为:一是总量失衡,能源、原材料严重短缺,制约着整个经济的发展;二是结构失衡,产品结构、产业结构、经济结构发展极不平衡。总量失衡的重要原因之一在于结构失衡。治理整顿就要解决这两大问题,两大矛盾不能大大缓解,治理整顿不能算解决问题。今天主要讲总量失衡问题,许多产品严重地供不应求,我们都深切地感受到了,原材料紧张,薄板、硅钢片、轴承钢、铝、铜空前地紧张,有无的问题没有解决,数量要求得不到满足,好坏的问题就难以解决,这就形成了我国特有的"不洗泥的大萝卜市场"。我们的好多产品就是不洗泥的,连土带泥一齐卖,"不洗泥的大萝卜市场"的实质是短缺。一般的消费规律总是先解决有无问题,然后再解决好坏的问题。在发达国家是买方市场,不好了,他不要,优胜劣汰,质量上不去,企业要破产,跟我们的情况完全两样。

2. 宏观质量否决的机制没有真正建立起来,企业抓质量的社会压力仍不强大。在供过于求的情况下,质量有市场否决的机制。商品很多,销售不出去,产品和企业被市场否决了。我们国家的相当一部分产品供不应求,没有建立起市场否决机制。在这种情况下怎么办呢? 1985 年我们

提出了质量宏观否决的对策,就是说企业的产品不能完全靠市场否决,我们用行政的办法加以否决,产品质量抽查下来,合格率低,一般质量问题要求企业停产整顿,经过停产整顿还不行,否决厂长、总工程师的工资奖金,奖金不要拿了,甚至工资也扣了,升了一格;质量还不行,把厂长、总工程师撤换了,又升了一格,再不行,让企业"质量破产"。逐步升级,一次比一次严厉。当前办法是想出来了,觉得在中国这个市场条件下必须抓这件事情,监督检查定优劣,宏观否决定奖罚,这两个措施相互配套,就能解决问题。理论、办法提出来了,省经委也发了文件,实施的效果并不太好,主要是下不了手。

3. 承包制不完善,没有将质量考核与经济利益挂钩,企业对质量管理有所放松。承包制肯定是对的,这毫无疑问,但是应当看到这种新型的生产关系还需要有一个发展完善的过程。对承包制不完善的地方,应该引起我们足够的重视。企业推行承包制后,普遍存在"三拼一牺牲"的问题,第一是拼人,一天干十一二个小时,两班连轴转,星期天不休息,加班加点;第二是拼设备,不停机,不检修,连续运转甚至"带病"运转;第三是拼工具,高负荷,大用量,大走刀,不惜损坏刀具;再就是牺牲质量。短期行为十分突出,这近乎杀鸡取卵,竭泽而渔,拼到一定程度,老本吃光了,企业就要垮掉。另外一个倾向是"以包代管"的现象十分普遍,不少企业承包后管理大大放松了,最后按承包指标说话,简单地以扣发奖金、工资解决问题。这个问题归结起来叫做不能正确处理经济责任与质量责任的关系。利润效益上去了,质量效益下来了。这一问题得不到妥善解决,将是对承包制的否定,也可能导致承包制的失败,问题是严重的。这是推行承包制后出现的一个新情况、新问题,完善承包制的问题刻不容缓。

4. 企业内部的质量管理工作仍十分薄弱。前面肯定有所加强,有所进步,但存在问题不能否定。跟工业发达国家比,我们的质量管理真是差得很远!企业内部物流紊乱,资金流紊乱,生产现场肮脏不堪。严格地讲,我们山西省机械行业还没有一个企业真正建立了质量保证体系。如果说有的话,也是残缺不全,不能衔接配套。因此产品质量就很难稳定提高，很难达到高水平。

5. 职工的思想技术素质问题，是质量掣肘的基本原因。由于人的素质较差，所以产品质量不高，这是一个实质性的矛盾，也是最难的一个问题。正因为很难，所以愈是要下工夫。与60年代相比，我们经济上富裕了，思想上贫穷了，能吃饱、吃好，衣冠楚楚，生活改善了，但精神上贫穷了，思想政治工作相当薄弱。青年职工在思想上存在的问题就更多一些，有些人理想、抱负、事业心还不如老年人。因此，切实抓好思想政治工作是当务之急。知青参加工作后不努力学习技术，不钻研业务，满足于能应付眼前工作，文化技术素质也较差。对一个企业来讲，职工不学习文化，不钻研技术，这个企业是没有希望的。你靠什么？靠人海战术是不行的。企业真正的希望所在是有一支好的职工队伍，兵强将勇，才能打好科技仗、生产仗、经营仗。

从宏观到微观把问题搞清楚了，才能制定有效的对策。

三、宏观、微观的质量管理工作必须大大加强

也是讲两个方面，质量状况差，这是我国生产力水平低下的标志之一。坚持质量标准，就是坚持生产力标准。一个企业经营好坏、政绩好坏，首先看质量，看质量是否上去了，质量工作是否上了轨道。发展社会生产力，必须十分重视提高产品质量。具体讲五点意见：

1. 加强宏观微观的质量否决是提高质量水准的治本措施。抓住这个问题，就抓住了主要矛盾。宏观质量否决就是两个方面：一个是监督抽查，省里公布了80种，我们行业再研究一下，我们抓多少种。这一环要紧紧地抓住，不能"受污染"。一个季度搞一次，事先不通知，我们把监督抽查的方法步骤搞完善，通过监督抽查，发现质量上存在的问题，这是宏观否决的一个方面。另一个方面，就是刚才说的几条，从否定工资、奖金到否定职务，最后到否定企业。在机械电子行业手段应该更硬一些，给省里搞个试点。微观的质量否决大家都已经搞了，这套办法要进一步完善，一

个总趋向,质量在工资奖金中所占的比重还应该加大,有些矫枉过正也未尝不可。一是比重要加大,二是不要流于形式。在企业内部也有一个质量检查的问题,通过严格的质量检查,把质量上存在的问题能够反映出来。我了解到的情况是:定得很严格,确实搞了质量否决,但具体执行起来两码事,否了半天,谁也否不住,什么也否不掉,这就是我们执行中存在的问题。质检部门,检验人员要严格把关,对检验人员要有制约的办法,因为检验人员的权大了,检验人员的素质要提高,教育要加强,检验工作要强化,这是质量否决落到实处的关键所在。还有一个问题是管理人员、设计人员、工艺人员出了差错怎么否决?工作质量搞质量否决是一个难题,是个新的课题,这个问题在国外也没有根本解决。管理劳动、技术劳动更复杂,很难定量。但这个问题真正动动脑筋,想想办法,不是不可以解决。这个问题要从逐步建立工作质量标准入手解决,要有一个尺子,一层一层建立工作质量标准。有了工作质量标准,然后搞工作任务承包,这是内部承包必须解决的问题。包了半天就是包生产第一线,这不全面,不配套,不协调。可以搞工作任务的承包,也可以搞目标管理,把整个工作任务纳入目标管理的体系。如果工作质量抓住了,就会大大促进产品质量的提高,实现良性循环。

2. 进一步完善承包经营责任制,正确处理经济责任与质量责任的关系。这是完善承包制的要害问题、致命问题。承包制能不能有持久的生命力,关键是这对矛盾能不能处理得好,这对矛盾处理好了,承包制必然有强大的生命力。通过承包,包出效益,大家都认识到了;第二个目标,通过承包,要包出后劲,解决了这四个字的问题,承包制才算是完善的,否则就很不完善。现在绝大多数企业仅仅包出了效益,有的企业连效益也没有包出来,这是全国、全省普遍存在的问题,着眼点是这个地方,结果也就是这个样子。承包制出现的短期行为困扰着理论工作者和实际工作者。解决这个问题关键是建立科学的指标体系。好多承包合同就是包了个产值、产量、利润,毛病就出现在这个地方。为了能够既包出效益又包出后劲,就必须改变我们承包的指标体系。除了已经包进去的产值、产量、利润外,还应该增加:A. 质量指标;B. 新产品开发,承包期下来,开发出哪些新产品,有了新产品,发展后劲就大大增强;C. 技术改造,承包期要完成哪些重大技改项目,技改搞好了生产力就发展了,后劲也就大大增强;D. 资产增值,不能承包期下来,把固定资产都吃光或吃得差不多,资产增值,才算有发展;E. 企业升级、管理水平还得提高。这样就构成一个科学的指标体系。这些指标与利益分配挂钩,就会引导企业全面协调发展。再辅以其他措施,短期行为就能有效加以克服。指标体系有很大的牵引作用,单项承包必然带来企业畸形发展。两大目标都跟质量有关。所谓经济效益,实质上包括两个方面的内容:一层含义是价值量的增长。反映在产值、销售收入上,就是剩余劳动价值增长,具体表现为利润的增长。另一层含义是使用价值的增值,使用价值就是质量,使用价值好就是产品质量高。这两个方面结合起来,才是真正的经济效益。把效益等同于利润,这是完全错误的。正确的提法,一个是质量效益,一个是利润效益,整个经济效益里面就包含着质量,后劲里面也包含着质量,有没有后劲,首先表现在企业能不能不断推出高质量的新产品。企业能不断推出高质量的新产品,就叫做有后劲,否则就叫做没有后劲。承包的两大目标都是跟质量分不开的,完善承包制一定要处理好质量责任与经济责任的关系。

3. 千方百计增加有效供给,解决短缺问题,为抓质量创造环境条件。前面已经提到,严重短缺是质量管理工作推动困难的根本问题。全社会缺少约束机制,短缺很难在短期内解决,但是通过增产适销对路产品,进行产品结构、产业结构调整,这个矛盾是可以缓解的。当然还要抑制需求,宏观、微观强化约束机制,使当前膨胀的消费得到控制,这样总量失衡的矛盾就会缓解,抓质量就会有一个较好的环境条件。

4. 企业应该强制建立质量保证体系,加强全面质量管理。企业内部质保体系,要采取强制办法,就像抓工艺突破口一样,行政的办法、经济的办法,双管齐下强制建立。先把薄弱环节抓住,首先是工艺环节,工艺是解决制造方法问题,在各个生产环节中,工艺过程是主要环节,这是质保体系的突破口,抓住了工艺突破口就抓住了关键。另外要逐步解决技术手段问题,技术手段对工业企业来讲就是工艺技术装备(工装、设备),这合起来就叫做技术手段。许多企业工艺落后,设备陈旧。结合编制"八五规划",解决技术手段老化的问题。否则,必将导致整个企业萎缩。吃老本、萎缩下去,不可能发展,抓质量也就缺少物质技术基础。我突出讲工艺管理、工艺突破口问题,如何解决,总的思路是围绕发展品种,提高质量搞技改,大力推广应用新技术、新工艺、新材料、新设备。

5. 着眼于提高职工的思想文化技术素质,解决人的素质与产品质量这一个基本矛盾。人的素质与产品质量是一个基本矛盾,这个问题应该引起我们的高度重视。妥善解决这个矛盾是企业发展的根本大计。具体来讲,生产再忙、任务再重、条件再困难,职工的培训、技术管理人员的再教育不能放松。企业办的技校、中专、职大应该办好。在当前条件下,思想政治工作一定要加强。抓两个文明建设,厂长要尽快到位。人才是企业最宝贵的财富,缺乏人才是真正的贫穷,解决人才问题一方面靠集聚人才,另一方面要靠企业内部培养,要全面提高职工的思想、文化、技术素质。靠职工素质求质量,求企业发展,这应该作为一个经营战略问题长期抓下去,抓出成效。

以上就当前宏观、微观质量管理工作的进展、存在问题以及对策措施谈了些看法,提供了一些思路,供同志们在理论研究和实际工作中参考,殷切希望机电全行业能够在这方面进行创造性劳动,做出新的更大的成绩。

全面强化企业发展机制，大力推进技术创新、技术进步和技术改造[*]

　　加强科技与经济的有机结合，推进企业技术创新、技术进步和技术改造，强化以科技进步为中心的企业发展机制，使经济的增长切实从依靠外延扩大再生产转移到主要依靠科技进步和提高劳动者素质的内涵扩大再生产轨道上来，对于推动我国传统经济增长方式的根本性转变，全面提高经济增长质量和效益，具有极其重要的意义，必须作为一项十分紧迫的战略性工作切实抓紧抓好。

一、企业科技工作的现状

　　改革开放以来，在邓小平"科技是第一生产力"战略思想的指引下，全国上下初步形成了大抓"第一生产力"的氛围，也采取了卓有成效的措施，收到了比较明显的效果。特别是国有企业通过技术开发、技术改造和技术引进，不仅推动了企业自身的发展，而且带动了整个国民经济的持续

---

　　* 本文是 1995 年 10 月在山西省科学技术大会上的发言。

高速增长,具备了一定的参与市场竞争的科技实力,取得了较好的成绩,技改力度不断加大,一批拳头优势产品的生产能力有较大提高,利用外资、引进技术对老企业进行嫁接改造取得新突破,发展后劲进一步增强。在肯定成绩的同时,我们也必须看到,还存在着一些不容忽视的问题:

一是认识不足,领导不力。科技作为第一生产力,在一定程度上具有直接性、速效性,但在总体上则更多地表现为潜在性和长期性,这就容易使得一些领导干部产生短期行为,把科技工作当作虚任务、软任务对待。目前,许多企业对开发具有市场竞争力的新产品缺乏主动性。有关部门和企业的领导同志在研究市场经济和建立现代企业制度时,把注意力过多地放在"产权"、"股份制"和"公司化"上,忽视了科技进步工作。一些厂长、经理科技意识不强,对企业技术改造重视不够。没有把推进科技进步、开发新产品作为头等大事,作为重要的经营目标,造成企业后劲乏力。特别是国有大中型企业仍然主要依靠粗放经营,片面追求产值和速度,忽视产品更新换代、设备改造和职工素质提高。长期以来,在一些地方从政府到企业,从上到下,在发展经济的思路上,过多强调发挥资源优势,而忽视了开发市场需要的高附加值产品,在技改项目的选择上,上原材料、上初级产品项目多,高新技术、高附加值项目少,导致初级资源性产品越来越多,低水平重复严重,不少产品生产能力过剩,压价竞销,相当一部分技改项目投资效益较低。另一方面,沿袭大而全、小而全的旧轨,在技术改造中追求自我完善、自成体系,难以形成规模经济,无法适应社会化大生产的要求。

二是体制不顺,机构不全。从总的情况看,目前还没有形成科技与经济紧密结合的新体制。承包制对企业的发展起了一定的促进作用,但也导致了企业的短期行为。承包者只对承包期内的利润目标负责,而很少考虑企业的后劲和发展。产品开发、技术进步、技术改造等工作有所削弱。尽管在承包合同中也规定了技术改造任务,但企业一般只是被动地把它作为一项附带的任务,如果技术改造不能产生眼前效益,企业就不去认真组织实施。包括一些国有大中型企业现有的科技管理体制也不利于新产品的开发，科技进步组织不健全，相当一部分企业没有科研开发机构，有的企业科研机构也是有名无实，没有固定的科研人员，或让老弱病残者搞科研，研制条件差，研制设备落后，经费过少。在分配上，脑体倒挂严重，科技人员收入微薄，许多企业强调分配向生产第一线，向"苦、脏、累、险"倾斜，而没有向第一生产力倾斜，激励机制弱化。

三是队伍不强，投入不足。"科技兴工"对科技队伍不仅有数量上的要求，而且要有素质保证和必要的物质保障。目前，企业的科技工作，在人力上和物力上都比较薄弱。有关部门的调查结果表明，工程技术人员占员工的比例为3%~5%，其中高级工程技术人员的比例仅为6.9%，而且知识老化，特别是从事高新技术开发的科技人员更为奇缺。从物力上看，科研、产品开发和技改的投入严重不足。折旧率一直很低，且折旧资金不能足额用于技术改造，国有企业留利也微乎其微，没有财力搞大的发展项目。由于受资金限制，相当一部分企业近年来基本没有得到技术改造。企业产品落后、技术落后、装备落后、管理落后的状况十分严重。

四是管理不善，效果不佳。企业内部的科技管理也很薄弱，造成科技与经济脱节，许多科技政策难以落实。科技产业化、科技成果商品化缓慢，转化率低下，国家制定的《科学技术进步法》和一些科技政策，并未能得到真正落实，科技进步的效果不佳。不少企业引进了技术但消化、吸收和创新能力较差，等等。造成科技与经济不能实现有效对接。

因此，我们必须清醒头脑，抓住机遇，迎接挑战，以市场为导向，以效益为中心，大力推进科技进步，加速技术改造，攀登制高点，选好结合点，采取积极措施解决目前企业科技进步中存在的问题，使"第一生产力"在企业发展和整个经济增长中得到真正体现。

二、强化企业的发展机制，从根本上
解决企业的发展后劲问题

发展机制就是企业发展产品、改进工艺技术、改善经营管理的一种机

制,它决定着企业第一生产力的状况,决定着企业的发展后劲,是经营机制的强大推进器。严格地说,我们的企业基本上没有"生育能力"或"生育能力"很弱。因此,要下决心建立企业强而有力的开发系统,健全机构,充实队伍,增加投入,加速产品的研制开发和更新换代,推进企业的技术进步和技术改造,同时提高企业的积累能力和开发能力,促进企业走上自我发展的良性循环轨道,建立健全企业的发展机制。具体来讲,国有大中型企业应该建立技术中心、厂办研究所或其他研究开发机构。要选择最优秀的科技管理人员搞研究开发。要增提技术开发费,并从留利中增加科技投入。要与大专院校、科研院所结合。要下决心解决脑体倒挂的问题,提高科技人员的待遇,重奖有突出贡献者,形成有效的激励机制。要大力加强企业内部的科技管理,实行优胜劣汰,科技人员也不能吃大锅饭,不能无功受禄。要建立严格的科技责任制,加强技术改造的项目管理。中小型企业也要有专门机构或专职人员搞技术开发和产品开发。要有人专搞科技信息和产品、技术引进。要充分利用行业和地区的科研机构以及大专院校,以各种方式搞好与他们的合作。要特别搞好与大中型企业技术开发中心的联系与合作。

三、大力推进企业技术创新、技术进步和技术改造,切实转变经济增长方式

工业企业科技进步工作,不单纯是一个技术问题,还有生产方向和组织结构问题,企图在个别产品工艺或技术指标上通过追赶和模仿来解决工业落后问题,是行不通的。解决不了生产方向和组织结构问题,则先进的技术既引不进,也推不开,即使引进了,推开了,也为错误的产品方向服务,仍然是一种浪费。技术改造的中心任务是提高产品的竞争力;技术改造的立足点是能否生产出具有市场竞争力的产品,这一方面要求产品升级换代,具有不断开发、生产新产品的能力,满足市场需求;另一方面要求提高产品质量,降低消耗,实现最大的经济效益。

1. 加强新产品研制开发，加速产品更新换代

新产品的研制开发是企业赖以生存和发展的关键。在现代科学技术迅猛发展、产品寿命周期缩短、更新换代频率加快的新形势下，企业能否组织好产品的研制开发，是经营决策中的重大问题。在新产品的策划上，要正确把握新产品发展方向。产品是随着人类物质文化的发展而不断发展变化的，一种新产品能够创造新的消费，改变人们物质文化生活方式，改善生产生活质量。企业新产品的开发，要顺应时代潮流，找准自己的发展方向，突出比较优势，找准市场目标，制定有效的营销战略。目前，要提高国有企业新产品的开发能力，在一定程度上，决非单个企业的问题，而是社会发展中的一项系统工程。为此，一是要通过生产要素的重新配置，优化组合，调动国有资产的潜力，投入新产品的开发。在目前国家拿不出大量资金进行新的投入、企业自有资金又有限的情况下，开发新产品不能单纯依靠增加新资源的投入，要依靠现有资源的重新组合和调整，形成新的生产能力。这样，只用少量的投入，就可以在闲置和低效的资源上，在短时期内启动巨大的生产力，不仅可以使僵化、闲置的资源得到利用，而且可以使优势企业在较少投入的情况下，在较短时间内得到迅速扩张和发展，提高适销对路产品的生产能力，获得规模效益；也可以在新的起点上，开发高附加值、高技术含量的新产品。二是要通过组建企业集团，形成新产品的规模生产能力和规模效益。企业集团可以汇集资金，形成新产品的经济批量，大幅度降低生产成本，提高比较效益；企业集团可以利用人才优势，建立高层次的开发中心，进行高技术含量和高附加值产品的开发；企业集团整体进行新产品开发，可以大大缩短新产品开发的时间，提高开发效率，分散新产品开发的风险；企业集团可以利用自己的优势进行全国市场的营销决策，搞优质优价，获得新产品在市场竞争中的主动权。三是提高国有企业的营销生产力，提高产品的市场竞争力。在现代市场竞争中，一种新产品，既要靠价格、质量带来的竞争力，还要靠营销生产力创造的市场竞争力。加强产品广告宣传，建立销售网，开展售前、售中和售后的优质服务，等等，就是企业营销生产力的生动体现。在建立现

代企业制度过程中,企业应制定长期的科研、产品开发的战略规划,处理好近期和长远发展目标的关系,处理好引进和创新的关系,逐步扩大新产品开发的资源投入,建立起一支精干、优秀、有较强实力的专家队伍,努力掌握和应用现代科学技术的成果,创造性地开发出在国际国内市场有竞争力的产品。

2. 实行"拿来主义",实现超越发展

面对一日千里的世界新技术革命,世界各国都实行"拿来主义"和"反求工程"相结合的战略。即使像美国这样一个科学技术高度发达的国家,自己所创造的科技成果,也只占世界科技成果总量的1/4左右,尚有3/4是别国创造的。所以,必须首先"拿来",然后运用"反求工程"进行分析、研究、消化、吸收、创新。发达国家新的产业革命,打破了世界经济发展的旧格局,造成一种新的态势:不论是发达国家,还是发展中国家,都处于相对落后的状态,大家在某种程度上机会均等。这就为发展中国家和地区提供了一种可能,越过传统工业的某些发展阶段,直接在现有基础上吸收工业革命的最新成果,通过超越发展进入世界先进行列。六七十年代日本创造现代经济奇迹,亚洲"四小龙"崛起以及我国东南沿海经济超高速发展都得益于实行"拿来主义"。美国经济学家把它称之为"锄头加电脑"、"甘地加卫星"。对于发展现代经济来讲,参照系不应是一个国家概念,而应是一个国际概念。在新产业革命的形势下,一个地区未来的经济地位,并不取决于它有多少传统产品,而是取决于它在新技术领域是否居于领先地位。"拿来主义"是企业超越发展战略的灵魂,它是站在巨人肩上向更高层次的冲击。我们的企业技术进步工作,必须坚持实行"外向战略",把"拿来主义"作为推动企业现代化进程的重要战略措施,不断扩大对外开放度,进行大规模引进、全方位引进、多样化引进、有重点引进、创造性引进等,以大力推进企业技术进步。我们在发展先进技术的过程中,应该把引进作为手段,而把综合创新作为直接目的。在满足经济发展需要的前提下,技术引进要充分体现综合创新的方针和要求。只有这样,才能"青出于蓝而胜于蓝",开发出具有世界先进水平的新产品。

要以壮大自己科技实力为出发点，把引进、消化、吸收和创新有机地结合起来。在实行"拿来主义"时，要摸准市场，及早动手，舍得投资，重视科技情报，及时掌握世界科技发展的最新动向，以及自己水平与其之间的差距。同时，要鼓励科技型企业走向国际市场，加速技术经济与国际市场的对接。

3. 加大投入，加快改造

当前，企业的技术改造工作还不能适应发展市场经济的要求，仍然存在一系列突出的问题。要深化技术改造管理体制改革，形成投资风险的自我约束机制，保障投资效益的稳步提高，根据经济发展的需要，不断加大技改投资规模。在技改投入上要实现六个转变：一是投资主体从以政府为主向以企业为主转变。要按照社会主义市场经济体制的要求，把企业技术改造同企业转机建制紧密结合起来，特别是一般竞争性项目要以企业为投资主体，企业对技改的全过程负责。二是投资目标从形成产品优势和企业优势向形成产业优势和行业优势转变。经济发展最终要靠产业优势来取胜，要改变目前分散、重复投资的现象，根据每个地区的特点，围绕其发展支柱产业的规划，集中搞重点企业、重点产品的技术改造，带动本行业技术水平的提高，以形成产业优势和行业优势。三是投资方向从单个项目的技术设备改造向现有资源的优化组合转变。充分利用现有的各种资源，把技术改造同改组、兼并、合资等有机地结合起来，形成综合生产能力。四是投资策略从注重投入的规模向注重产出效益转变。要根据市场需求来进行技术改造，以产出效益作为投资的着眼点，充分考虑未来市场和技术的发展变化，考虑改造的成本，来确定技术改造投资规模和投资结构，避免盲目追求投资规模。五是投资来源从单纯依靠银行贷款向多渠道筹资转变。随着投融资体制改革的深入，政策性和商业性贷款将分开动作，企业和商业银行也将实行双向选择。技术改造要开拓多种筹资渠道，充分利用企业留利、折旧等自有资金，通过发行股票、债券，按规定转让部分产权特别是利用外资等多种手段，进一步拓宽企业融资的渠道。六是政府对技改投资的管理功能从单纯分资金、批项目向注重规划指导方面转变。在技术改造的管理中,主管部门要强化对经济政策、产业政策、技术装备政策的研究,培育和发展与投资活动有关的服务体系和生产要素市场,形成在法制规范下的公平竞争机制。在具体工作中,要加速折旧,增提技术开发费,多渠道引进资金,实行投资主体多元化。

4. 建立"产、学、研"结合的新体制,实施经济科技一体化

企业是经济建设的主体,是科技生产力的主战场,也是推动科技进步的主力军。在大力推进企业改革、转换经营机制基础上,要不断强化企业的科研开发能力,努力建立企业、大专院校、科研院所相结合,"产、学、研"一体化的科技开发新体系。特别要依托科研力量较强的企业或科研单位,形成一批以高新技术产品为目标,具有市场竞争力的高科技产业实体。目前,从总体上看,科技成果向现实生产力转化仍然是经济发展的薄弱环节,本来研究与开发力量布局就不合理的工业企业、高等院校、科研院所,缺乏有效组合。在改革过程中没有对旧有的"科技经济两张皮"模式进行革命性的变革,科研与生产脱节状况没有得到根本的改善。加强产学研之间的合作与交流,已经成为大中型企业、高等院校、科研院所共同进步、共同发展的重要途径。因此,要加速科技经济一体化的进程,促进科技与经济融合,推进技术创新与技术市场的有机结合,把经济建设真正转移到依靠科技进步的轨道上来。日本为加强科技与经济一体化,建立了"官、产、研"三位一体的新体制。欧美曾经有人形容日本就像一个"官民合营的股份有限公司"。日本的科技新体制取得成功,极大地推动了日本经济的发展,形成了强大的技术经济实力。目前在许多科技领域日本居于世界领先地位,这是很值得我们学习和借鉴的。我们必须提高认识,把以市场为导向的产品开发作为核心目标,在"产、学、研"一体化发展的道路上开拓前进。要鼓励和推动科研院所以各种形式进入企业,增强企业吸收科技营养的功力,探索"产、学、研"结合的有效模式和运行机制,组成产学研联合开发机构、股份制公司或有限责任公司,使产学研联合开发工作向深层次发展。绝大多数应用研究开发机构,要以多种形式进入经济领域,实行企业化管理,推行民营化的经营方式。有条件的科研机构，可直接进入大型企业或企业集团，或者整体转为现代科技型企业、高新技术企业。要促进科研院所以多种形式与大中型企业结合，形成新企业或企业集团，与企业共同进行研究开发、技术引进、消化、吸收和创新。要加快用高新技术改造传统产业的步伐，提高工艺技术水平，实现主导产品升级换代，使工业整体技术水平跃上新的台阶，促进企业发展机制的形成，从而大幅度地提高工业产品的质量、技术含量、市场竞争力、出口创汇能力。

总之，要以发展名牌产品和优势产品为核心目标。以市场为导向，坚持技术改造与企业的改制、改组相结合，发展规模经济与专业化协作相结合，实行拿来主义和技术创新相结合，突出重点，扶优扶强，积极利用国内外最新科技成果和先进实用技术，加速科技成果向现实生产力的转化，从而依靠企业发展机制的强化，企业技术创新、技术进步和技术改造的推进，不断提高企业的现代化水平，推动国民经济持续、快速、健康发展。

对国企技术现状要有危机感[*]

——一谈增强国有企业自主开发能力

新中国成立 40 多年来,特别是改革开放以来,经过方方面面的共同努力,国有企业已经具备了一定的技术水平,但其技术水平无论与其生产规模还是与其承担的任务,特别是与我国较高的整体科技实力不相适应,更难以适应社会主义市场经济发展的需要。以机械工业为例,新中国成立初期曾从苏联引进 156 项成套技术,改革开放以来,又花费 10 多亿元从国外引进了 1600 多项技术,这些对推动机械工业技术水平的提高发挥了巨大作用,但由于未能形成较高的自主开发和技术创新能力,始终局限在引进、引进、再引进的"怪圈"内,使得在日趋严酷的市场竞争中缺乏竞争力和主动权,在一片"提高国产化率"的口号声中,却出现了在国内市场的占有率从 1980 年前的 90%,下降到 1994 年的 69% 的局面。应该说,引进先进技术是必要的,但必须重在创新。如果我们的国有企业不尽快增强自己的技术开发创新能力,一味仰仗引进技术,"拾人牙慧"过日子,就将陷入全线崩溃、"业将不业"的境地。

---

* 原载《中国机电日报》1996 年 11 月 13 日。

纵观目前国有企业在技术开发方面存在的问题,集中体现在"弱"、"散"、"乱"、"短"、"缺"等几个方面:

"弱",主要是针对企业技术开发的总体力量而言的。从技术开发的机构情况看,全国现有各类工业企业 860 多万家,乡镇企业 2000 多万家,有技术开发机构的大中型企业不足 9000 家。山西省的 1361 家地方国有工业企业中,有专门技术开发机构的不足 200 家;从投入的人员来看,在我国国有工业企业的 400 万名科技人员中,从事专门技术开发工作的仅占总数的 10.9%,只相当于美国的 7%,日本的 18%。

"散",主要是指研究开发的力量不够集中。包括生产企业与科研机构严重脱节,企业间、研究单位间也缺乏必要的联合,要么重复开发,要么谁都不去开发,"你有我也有,你无我也无",总体上呈现出力量分散、战斗力不强的状况。企业间互不往来,你搞你的,我搞我的,要么几家都去开发一个产品,要么谁都不去开发,难以实现互补配套共同开发,削弱了企业技术开发的总体力量。

"乱",主要是指企业技术开发的无序性。引进技术也好,开发技术也好,具有导向性的、主导性的、关键性的技术少,低层次的、重复性的比较多,调控的力度不够。比如说有的地方搞高新技术开发区、经济开发区,县也搞、乡也搞,搞来搞去,真正形成规模并有一定技术水平的却很少,相当一部分仅仅是圈圈地而已,浪费相当严重,如果把类似于这样浪费的资金、人力集中用于国有企业开发几百个、几十个哪怕是几个项目或产品,就会涌现出大批的高新技术产品、高新技术企业和高新技术产业。

"短",主要是指企业的短期行为始终影响着企业的技术开发。或者干脆不开发,或者只局限在一些短线产品开发上,缺乏高起点、高层次、大视角,直接影响着企业技术水平的持续提高。部分国有企业由于长期受计划经济模式的影响,缺乏生存竞争的压力和追求更高效益的动力;有的企业因一时的辉煌,掩盖了潜在的技术开发能力不强的危机;有的企业因亏损,"吃饭"也是个问题,无暇顾及技术开发;更多的企业是因承包者只注重短期效益,不愿意在技术开发上投入更多的资金和精力;同时还有相当一部分技术开发机构也实行了自负盈亏,再加上有的开发机构臃肿庞大,人浮于事,包袱沉重,使得一些开发成果过早地"出笼",一些伪劣的"短、平、快"项目纷纷出台,也直接影响了企业开发能力的提高。

"缺",主要是指相当一部分企业在技术开发的问题上,缺机构、缺资金、缺人员、缺有效管理的现象比较严重,集中反映在技术开发的基础条件不足。单从投入的经费看,我国国有企业即使是一些大中型企业与世界发达国家相比也显得相当不足。据资料记载,我国大中型企业技术开发的经费投入仅占产品销售额的 1% 左右,而美国的企业是在 13.1% 以上,日本的企业也在 5%~10% 以上。还有多数国有企业远远低于这个数。按国际上权威的标准来衡量,技术开发经费仅占销售收入的 1% ,企业是难以生存的。以上这些问题构成了目前国有企业技术开发的"综合症"。

不提高企业自主开发能力不行,而对于那些长期以来习惯于采用引进技术、国产化、仿制、合作生产、来图加工的企业,要完成向提高企业自主开发能力的转变,也决非易事,必须切实提高认识,进一步增强责任感和紧迫感。

一要从国有企业生存和发展的高度充分认识增强企业自主开发能力的特殊重要性。如果说一个国家的科学技术水平的高低体现在学术论文和科研成果上的话,那么一个国家的技术实力则体现在企业的生产技术和在市场上有竞争力的高附加值的产品上。同时从国有企业适应市场经济的需要看,促进企业技术进步是实行经济增长方式由粗放型向集约型转变的最核心的措施,而增强企业开发创新能力,则是企业技术进步的最基本的一环;从企业发展的国内国际形势看,企业在市场中的竞争力越来越取决于企业的技术水平,特别是企业的自主开发创新水平,也就是说企业在市场竞争中要立于不败之地,就必须在产品开发和工艺技术方面有自己的独到之处。没有这一条,不重视产品的更新换代,不重视新技术、新工艺的开发,即使是现在看起来很红火的优势企业,也很快会变成明天的劣势企业,把原有的优势丧失殆尽。这就要求我们的企业必须在引进技术的基础上,通过消化吸收、二次开发,大幅度提高自己的技术开发能力,在技术上掌握竞争的主动权。

二要正确看待和客观评价当前国有企业的技术水平和开发能力,切实增强提高国有企业自主开发能力的紧迫感。当前我们国有企业技术开发现状确实不容乐观。那种自我沉醉于低水平重复生产而毫无赶超意识的行为,与整日热衷于依赖进口而不注重消化、吸收、开发、提高的思想同样是有害的,抱有这种态度的企业是难以担当重任的。我们必须充分认识国有企业在技术开发方面面临的严峻形势,切实增强在国有企业技术开发上的忧患意识。

三要把增强企业自主开发能力、提高国有企业技术水平当作国有企业的"二次创业"。实事求是地讲,我们不仅在国有企业技术开发上投入比较少,即使是在技术改造方面投入也不多,特别是近 10 多年来,国家对企业的更新改造几乎就没有直接投资。从而使得我们的国有企业不仅技术水平不高、开发能力差,而且技术装备也很陈旧,工业技术基础相当薄弱,如不尽快在这个问题上采取强有力的措施,大打一场"翻身仗",将会造成极其严重的后果,使国有企业在这道障碍上翻大的"跟头"。改革是为了调整好有利于生产力发展的生产关系,解放生产力;增强企业自主开发创新能力、提高企业技术水平是直接发展生产力,而且"科学技术是第一生产力",因此,我们要紧紧抓住这两个影响企业发展的主要矛盾,放到同等重要的位置去对待。要真正把主要精力放在提高开发能力上,切实高度重视引进技术的消化吸收工作,尽快扭转"引进——落后——再引进——再落后"的不利局面。

尽快形成新的技术开发机制[*]

——二谈增强国有企业自主开发能力

在市场经济条件下,企业是市场竞争的主体,生产要素的优化组合和各种资源的有效配置都要由企业来运作,企业是市场运行中的主力军,因而企业要理所当然地成为技术开发的主体。在这个问题上不能有丝毫的怀疑和动摇。这就要求在技术开发的一些具体问题和环节上,实现一系列的转变和"定位"。

一是由政府办事业、事业搞开发、企业促转化的"二传手"体制,逐步向企业直接进行产品开发的"一体化"转变,在管理体制上定位。长期以来,我们基本上是沿袭苏联的科技体制,形成了独立的科研院所和高等学校两大基本队伍,可以说是以政府兴办科研单位、再由科研单位去搞产品开发为主体的,而在企业技术开发上无论是重视程度还是投入份额都很小。这种技术开发管理体制不仅需要政府投入大量的人力、物力、财力,而且由于局限了开发的范畴,也影响了开发和生产的亲和力,造成了开发与生产严重脱节的局面。由此带来了一系列问题:一方面因科研成果难

---

* 原载《中国机电日报》1996年11月20日第2版。

—— 150 ——

以及时转化为生产力而使许多科研单位难以为继,另一方面也使许多企业处于"无米下锅"的境地,在使研究开发"悬空"、"搁浅"的同时,也直接制约了企业开发能力和技术水平的提高,难以收到好的效果。今后对一些属于企业范畴的开发项目,应不折不扣地让企业自己承担,并逐步形成以企业为主体的技术开发体系。为了适应这一转变,企业要相应地建立技术中心等研究开发机构,这类机构不应雷同于我国已有的企业研究院所,它们隶属于企业,但在管理上一般不搞自负盈亏、独立核算,同时要进行严格管理、科学考核、重奖重罚。既要有良好的动力机制作用,又要符合科研工作规律,体现技术开发特点,以保证企业技术开发工作的顺利进行。

二是由开发、生产"两张皮",向开发、生产"一条龙"转变,在技术开发的形式上定位。技术开发以企业为主体,在形式上也必然要进行一些相应的诸如重组、合并、联合、移植、结合等方面的转变和调整。重组,就是在企业原有的科研开发机构基础上,按照市场经济的要求和企业发展的实际,以及高层次、高水平、高要求的标准和集中、优化、充实、配套的原则进行必要的重新组合合并,主要是指把一些企业间、科研单位间或者是企业与科研单位间重复的研究开发机构合而为一,集中力量搞开发;联合,就是以相同或相近的技术为基础,以相关的产品或项目为纽带,在一定范围内形成的产学研共同体,以便发挥全行业、同领域科技力量的作用;移植,是指把一些技术力最雄厚、研究课题相同或相近、专业对口的优势科研单位或院校成建制地进入优势企业;结合,就是说要把企业的技术改造与技术开发紧密结合起来,在有关机构紧密结合的同时,在资金和项目的安排上也要紧密联系。技术改造的资金要有一部分用于技术开发,并在技改项目的选择上与新产品的开发投产和新技术的应用相衔接。从而形成生产开发优化组合、协调配合的局面。

三是由所有科研开发项目"一把抓",向分层、分级、分重点转变,在技术开发的职能上定位。以企业为主体搞技术开发,重点是负责企业应用技术、企业相关的关键技术以及重大产品的研究开发和引进技术的消化、吸收、二次开发以及将科技成果转化为生产技术和商品的中间试验等。一些具有较强的超前性、导向性和战略性的尖端技术，及一些基础性的研究工作，仍由专门的科研部门负责，也可以说是政府抓"两头"，企业管"中间"，各有侧重，相互衔接，共同促进科技水平、开发能力的提高和科技成果的转化。不能再形成新的"眉毛胡子一把抓"的局面。

四是由政府投入"一揽子"，向以企业为主体投入的"多元化"转变，在技术开发的投入上定位。长期以来，无论是科研经费还是技术开发经费主要是由政府承担的，这种投入机制在形成开发经费不足、开发机构"吃不饱"局面的同时，也造成了企业在技术开发上的惰性，"凡事要字当先，等靠终有结果"，缺乏技术开发的积极性和主动性。但在市场经济的今天，再单靠政府出经费企业搞开发已不可能。开发主体的转移，必然要求投入主体的转变。这就要求我们的企业坚决克服依赖思想，牢固确立主体意识，千方百计加大投入，建立健全技术开发基金制度，按照国家和有关部门的要求，定量定额定比例确保技术开发投入，一般企业不低于当年销售收入的1%。承担技术开发任务和建有省级技术开发机构的企业不低于3%，高技术企业不低于5%。尽快把国有企业的技术开发投入水平提高到一个新档次。

五是由追求国产化"一化"当先，向兼顾产业化、国际化"三化"并举转变，在技术开发的目标和方向上定位。实现重大装备、关键技术国产化，是我们长期以来一直追求的目标，对于促进整体技术水平的提高起到了很好的导向作用。但在一些领域和地方也出现了把提高国产化率庸俗化的现象，搞自给自足，搞"小而全"，结果使许多开发成果得不到推广，形不成规模，谈不上产业化，更谈不上国际化。反过来直接影响了国产化目标的实现。在市场经济条件下，再幻想国家一夜之间把进口堵死、闭关自守搞国产化已不可能。我们既要追求国产化，但不能拘泥于国产化，更要着眼产业化，迈向国际化。就是说关键技术国产化，优势产品产业化，优势产品国际化。不如人家的要学习、要引进、要消化吸收开发、要赶超；比别人强的优势产品要加快转化，尽快形成规模，打入国际市场。大胆地竞争，在竞争中求得提高，求得发展。

政府必须有所作为[*]

——三谈增强国有企业自主开发能力

技术开发以企业为主体,政府应从多方面创造更多的机会来保证企业搞开发。政府这方面的作为主要包括:

导向。政府要制定相应的产业政策,发挥经济杠杆作用,对企业技术引进、开发和推广应用等进行必要的引导。在技术引进上,要坚持高层次、高标准、高要求,紧紧抓住关键技术,死死盯住先进技术,坚决遏止重复引进,彻底杜绝低劣引进。对一些没有消化吸收和开发能力,及过去已引进但对引进成果没有进行消化吸收、二次开发的企业要限制引进;在技术的开发上,要立足本地区、本行业的实际,着眼国内、国际先进水平,既要有特色又要有水平地确定开发重点,不能把重点放在现有高投入、低产出产品和产业粗放经营的延伸和扩张上。"九五"山西省在工业生产上确定了培育优势产业、发展优质产品、扶持优势企业的"三优工程",围绕这项宏大的工程,我们在提高企业技术水平方面又实施了"三个十"工程,即每年重点开发 10 项重大新产品、推广 10 项新技术、消化吸收

---

* 原载《中国机电日报》1996 年 11 月 27 日。

10 项引进技术，使山西企业新产品产值率提高到 20%。并高标准地建立 10~15 个省级企业技术开发中心。各行业管理部门、各地市政府也有重点地指导企业建立技术开发机构，作为地区和行业的技术开发"排头兵"，引导我省企业技术开发能力在"九五"期间有一个较大幅度的提高。

扶持。对企业技术开发中心等技术开发机构的设施建设投资和因开发新技术、新产品需要进口国内不能生产供应的仪器、仪表等设备、资料，有关部门应给予减免投资方向调节税、减免关税等优惠；银行设立技术开发专项贷款；多方筹集资金，建立健全多种形式的技术开发专项基金制度，用于重大技术开发项目的补贴、贴息或集中投放等；增加财政的科技开发投入，不断提高科技投入的比例和幅度；要合理安排基础研究、应用开发、尖端科技的投入结构，财政要保证有相当比例的固定资金用于扶持重点企业、重点项目、重点产品的技术开发；对研究开发新产品、新技术、新工艺所发生的各项费用增长幅度较大的企业，可根据增长幅度的大小和实际发生额的多少，按一定比例抵扣应税所得额，对用于联合开发新产品、新技术的投资和费用支出，允许企业一次或分期摊入管理成本，对技术开发好的企业按投资额给予一定比例的补贴，以鼓励企业加大技术开发投入；争取国外资金用于扶持企业技术开发等。从财政、税收、信贷、产业政策等多方面对国有企业的技术开发进行扶持。今年以来，山西省为鼓励国有企业技术开发、改造制定了一系列优惠政策；从 1996 年起，技术开发贷款规模每年按 30% 的比例增加，同时在政策性银行贷款中争取单列技术开发贷款，以支持难度较大、周期较长的国家重大技术与装备项目；"九五"期间，全省国有企业技术改造投资比重要由 20% 增加到 50% 左右，银行技改贷款比重要由 20% 增加到 40% 左右，新产品开发专项资金拨款要在"八五"期间每年 500 万元的基础上逐年增加，各地市也要相应增加技术开发专项资金。同时技术开发过程中及其终极产品发生的经济行为在税收及其他收费上都给予减免。

协调。要充分发挥各级政府及所属部门的职能作用，协调好企业间、科研单位间、科研单位与企业间以及企业与其他非政府所属部门间的关系，在促进联合、集中力量搞开发的同时，为企业从事技术开发创造良好的环境。既要坚持企业自愿的原则，避免过多的行政干预，又要积极参与，不能消极对待。特别是在我国这种特定的历史条件下，政府的积极参与是十分必要的，也是非常有效的，以更好地集中方方面面的力量提高企业的技术开发能力。山西省在"九五"期间要由政府出面协调采取股份制的形式，组建10个以上的厂校（所）联合开发机构，进一步推动"产学研"联合；明确提出，对技术要求高、投资数额大、单个企业难以独立承担的技术开发项目，按照"联合攻关、费用共摊、利益共享"的原则，报经主管财税机关批准后，可采取由集团公司集中收取技术开发费的办法。成员企业缴纳的技术开发费在管理费用中列支，集团公司收取的技术开发费，在核销有关费用支出后，形成的资产部分作为国家资本金，在资本公积金中单独反映等，旨在通过政府的协调，促进联合开发。

服务。政府各综合经济管理部门、行业管理部门，要从部门实际、行业实际出发，发挥行业优势，体现部门特点，有针对性地为企业的技术开发搞好服务。如提供经济信息、把握市场行情、搜集技术资料、筹集开发资金、完善技术市场、优化外部环境等，解除企业的后顾之忧，使企业集中精力搞开发。

保护。我们国有企业的技术开发基础差、起点低，力量比较弱，给予一定的保护是必要的。特别是近年来，非国有经济尤其是外资企业对国内市场、国有企业的冲击，使我们的民族工业面临的形势更加严峻，有的企业在市场竞争中可以说是只有招架之功，没有喘息之空，根本就无力搞技术开发；有的花费了大量人力、物力、财力研究开发出来的产品，刚投放市场或还未来得及投放市场，市场就被大量的外资企业生产的同类产品占领了，而这些产品也并不比国有企业开发的产品技术水准高，只是由于消费者的心态、外资企业强大的宣传攻势等非经济因素以及其他不平等竞争的非正常因素造成的。因此要制定必要的政策措施保护民族工业、国有企业的发展。当然这种保护应当是积极的,而不是消极地一堵了之。同时要制定和执行有关的法律法规,切实加强对国有企业技术开发成果的保护,创造良好的竞争秩序,从多方面促进国有企业技术开发能力的提高。

强化发展机制,构建创新体系,
加快自主创新步伐[*]

随着经济体制改革的加速推进,我们千呼万唤的市场经济悄悄地向我们走来了,加入 WTO 以后我国经济大踏步地与国际市场接轨了,我国企业不仅要面对国内市场,而且还要面对广阔的国际市场,应该说市场竞争是空前的激烈。市场竞争,表面上看是产品的竞争,看谁家的产品质优价廉,看谁家的产品好用,看谁家的产品牌子亮,但实质是科技的竞争,因为现代产品技术含量很高,制造技术也愈来愈高超,因此谁掌握了高科技,谁就会赢得主动,就会立于不败之地。

一、国有企业先天性的发展机制
薄弱和创新能力低下

在计划经济体制下,科技研究开发由政府主导,绝大多数技术创新项目由政府直接管辖的科研院所来搞,国家财政科技拨款的大部分给了科

＊ 本文为 2005 年山西"国企改革论坛"演讲论文。

研机构(直到 2001 年国家科技拨款 574.2 亿元,其中拨给企业的仅 7.2%,约 41.3 亿元),优秀科技人才大部分集中在高校和科研院所,国有企业的产品基本上由政府主管部门确定,大部分技术和设备也由政府组织从苏联引进,原材料和产品由计划部门统一调拨和分配,实际上企业只是一部"生产机器"。企业的经营机制、发展机制相当薄弱,创新能力低下,这样,计划经济体制造成了技术经济两张皮。改革开放以后,情况有了很大改变,国有企业迫于生存发展的压力,开始大量引进先进技术和设备,并且有所创新,同时对企业进行全面的技术改造,但这一时期由于科技体制改革没有完全到位,企业的经营机制、发展机制仍很薄弱,自主创新能力依然不强。以中国加入 WTO 为契机,在强大的市场竞争压力的推动下,少数企业特别是高新技术企业的经营者认识到,没有自主创新企业就难以生存,更难以发展,于是就加大了创新投入,充实了创新力量,健全了创新机构,自觉地走上了自主创新之路,已涌现出一批很好的创新成果,如一汽的卡车、奇瑞的轿车、海尔的系列家电产品、河南安彩集团的彩电玻壳等等。

二、全面创新发展机制,从根本上增强发展后劲

　　企业是经济生命体。机制是一种生存发展的机能,它不是单一的,是由许多具体的机能构成的,与人的生长发育机能由呼吸、消化吸收、血液循环、新陈代谢等机能构成是类似的。企业的机制大体上划分为动力机制和运行机制两类,主要是利益机制、竞争机制、发展机制、经营机制、激励机制和约束机制。

　　机制不活是国有企业固有的主要矛盾,机制不活也严重制约着企业的发展,过去我们只注重经营机制的转换,今后我们要全面创新机制,创新机制是企业改革的重要任务。

　　发展机制是企业在经济利益驱动下,不断创新谋求发展的机能,是企

业创新技术、创新产品、改进工艺、改善经营管理的一种机能,它决定着企业第一生产力的状况,决定着企业的发展后劲,是核心竞争力的推进器。在计划经济体制下,企业的发展机制是极其薄弱的,企业的创新能力是十分低下的,就像一个没有生育能力的女人,是生产不出来什么新产品、新技术、新工艺、新材料和新设备的。

如何创新发展机制:(1)战略和规划是发展的眼睛,因此一定要组织制订方针目标明确、措施有力的发展战略和发展规划。(2)要构建创新体系,增强自主创新能力,加快创新步伐,提升创新水平。(3)技术改造是企业发展的永恒主题,所谓"生产不停改造不止"。因此要全面进行技术改造,改变技术落后装备陈旧的现状,促进生产力发展。(4)要构建管理研究机构,加强管理研究,创新管理,提升管理水平,实现管理现代化。(5)要处理好企业内部分配关系,防止分配过度向经营者和职工个人倾斜,防止"微观超分配",不断增加积累,以便腾出更多的资金用于技术创新。

三、构建创新体系,加快自主创新步伐

当前,企业自主创新的状况是很不令人乐观的,大多数企业根本没有自主创新体系,依然依靠传统产品和老工艺旧技术在吃老本,直至2002年69%的大中型企业没有开展研发活动,67%的大中型企业没有进行新产品开发。少数企业虽有研发创新机构,但存在:(1)认识不足,领导不力。企业领导者没有创新意识,没有把创新工作摆到议事日程上来。(2)体制不顺,机构不全。研发创新的体制不顺,科技经济两张皮,没有研发机构或研发机构很不健全。(3)队伍不强,投入严重不足,研发创新人才不但数量少(只有日本、德国企业的1/10),而且素质不高,工作很不得力。有的企业领导者认为研发创新没有什么硬任务,让一些老弱病残的技术人员去搞研发创新,研发投入也很少。2001年我国大中型企业支出的研发费只有企业销售额的0.8%,发达国家跨国公司都在5%左右,高科技企业达 15% ~ 20% ,美国 IBM 公司 2004 年研发费 57 亿美元,差不多相当于我国当年国家财政科技拨款的 50% 。美、日、德、英、法等发达国家的研发创新投入约 80% 来自企业,我国的情况正好相反,况且政府所拿的又比较少,2002 年我国科技研发经费支出占国内生产总值(GDP)的 1. 23% ,远低于美国的 2. 82% ,日本的 3. 09% 。(4)管理不善,效果不佳。研发创新工作多数没有实行责任制,也没有严格考核,更缺少有效的激励,科技人员的积极性根本没有调动起来,干不干一个样,干多干少一个样,干好干坏一个样,有的科技人员上班时间买菜、做饭、接送小孩、洗衣服等等,研发创新部门产生了不少"模范丈夫",科技人员被职工戏称为自由自在的"放羊娃"。在这样一种状态下,研发创新成果寥寥无几,2002 年我国企业获得的发明专利授权只有 1461 件,仅为美国 IBM 公司当年发明专利 3288 项的 44% ,差距如此之大。

企业是市场经济的主体,是第一生产力的主战场,是技术创新的主力军,现在这方面存在的问题主要是"主体错位",因此,"技术创新要实施从以科研院所为主体向以企业为主体的战略转变",没有这个转变,技术创新是没有希望的。

资本和创新是现代企业发展的两大动力源,我国企业现在基本上是靠资本引擎推动的,这是难以持久的,而且是必然要落后甚至是要被淘汰的。

因此,我们一是要下决心加强"创新动力源"的建设。加强创新动力源建设一是要构建企业的自主创新体系:(1)建立加强科技信息中心和信息网络;(2)建立加强技术创新中心、产品研究所、工艺研究所等;(3)创建以企业为主的产学研结合的创新模式和运行机制;(4)建立加强试验研究基地、中试基地;(5)创建企业集团的技术创新中心或科研院所;(6)改革创新体制,将现有的官办的科研院所成建制地并入有条件的大型企业或企业集团。

二是要组织制订企业的研发创新战略、规划和计划。技术创新要坚持正确的发展方向,始终把握企业所需要的核心技术和关键技术。

三是要大幅度地加大创新投入。目前应实施快速折旧，增提折旧费和研发创新经费，由现在不到销售额的 1% 逐步增加到 2% ~4% 。

四是要大力加强研发创新的力量。要集中企业的科技精锐力量搞创新，同时要大力引进招揽高素质的创新型人才。

五是要大力加强对科技部门的管理。创新人员不能吃企业的大锅饭，要实行严格的"科技工作责任制"，创新项目要限期完成，并要引入竞争机制，实行项目招投标制和经费包干制。

六是要加大激励。对创新成果实行奖励，重大成果突出贡献要给予重奖，以充分调动创新人员的积极性、智慧和创造力。

七是要实施名牌战略。这是因为品牌是质量的升华，品牌是市场竞争的产儿，品牌是企业重要的无形资产，品牌是诚信的标志，品牌是人们追求精神享受的特殊符号——人们在使用了名牌商品以后感觉到尊贵、高雅、自豪、时尚，与众不同。这种享受已经完全超出了物质享受的范畴，变成了一种更高层次的精神享受。因此，企业一定要创名牌，创名牌是一种特殊的创新。

八是要继续实行"拿来主义"。这是因为：(1)世界新技术革命日新月异，世界各国普遍实行"拿来主义"和"反求工程"相结合的战略。日本就是靠"拿来主义"起家的，即使像美国这样一个科学技术高度发达的国家，自己所创造的科技创新成果，也只占世界科技创新成果的 1/4 左右，尚有 3/4 是别国创造的，也需要拿来，更何况我们呢！(2)在科技创新方面我们尚处在低年级阶段，实力不强，投入不足，成果不优，难以拿下重大项目。(3)现代产品特别是精密复杂的产品技术含量太高，一项复杂的大产品(如机床、汽车、飞机、飞船……)通常含有材料技术、燃烧技术、制造技术、工程技术、控制技术、电子技术、信息技术等。我们的企业不能样样都搞，只能搞核心技术、关键技术，多数技术需要拿来，因此我们仍须实行"拿来主义"，但不应该是简单地拿来，走"引进——落后——再引进——再落后"的老路，要在引进的基础上创新，当前我们宜实行"模仿创新为主，率先创新为辅的技术创新战略"。

面对现实,我省大部分企业是生产能源原材料的矿业企业,产品单一,初级且加工深度低增值少,如煤炭、焦炭、氧化铝、生铁、电力等,怎么搞创新?我认为我们这些企业创新的空间是很大的,我们可以延长产品链,延伸产业链,加工、增值、转化,搞煤化工,搞合成油,搞电解铝—铝型材,搞铸造、机械零部件,搞替代能源、新能源、新材料,搞节能、环保等等。

创新是时代的需要,是企业发展的需要,是经济结构调整的需要,是振兴中华、强国富民的需要,创新又是转变经济增长方式的利器。我们的高明的有远见的企业家们应该高高举起创新的旗帜,一步一步地把企业推向前进!

我的艰难的技术创新实践[*]

与许多同龄人一样，我的大学学业是在上世纪 60 年代初的困难时期完成的。1963 年大学毕业被分配到榆次"国营经纬纺织机械厂"工作，每月 52.5 元工资，走出了贫穷与饥饿，得以温饱，感到十分满足，工作劲头很足。在所谓的"四清"运动和随后的"文革"时期冒极大的风险，主动承担了四项技术创新任务，每项都一次获得成功。

一、我的技术创新实践

1. 我的第一次技术创新实践——研制出 12000 孔化纤纺丝机喷丝头

参加工作的第二年，我在经纬纺机厂第三车间喷丝头工段任技术员，在工厂技术科科长萧斯铎的指导帮助下，经过反复试验，研制出了化纤短丝纺丝机上的关键部件 12000 孔喷丝头（该件呈男士礼帽状，直径 60 毫米，材质为 40/60 金铂合金，喷头微孔直径 0.07 毫米，人的头发丝粗细，

---

* 本文为"2007 山西企业技术创新论坛"演讲论文。

误差为 ±0.002 毫米,工人在显微镜下操作,加工难度较大)。这项新产品,属国内首创,极大地促进了我国化纤工业的发展,经济效益、社会效益都很好。这是初出茅庐的我的第一次创新实践,通过这次产品创新实践增长了生产技术方面的实际知识,也锻炼了胆量,受益匪浅。

2. 做工人当教师打基础

1966 年随着"文化大革命"的全面推进,国家进入了空前的动乱年代。工厂也极度混乱,技术部门领导人多被打成特务、反动技术权威,许多技术工作陷于停顿,众多工人响应号召成为无产阶级革命造反派去闹革命,相当多的生产岗位无人干活,生产受到很大影响。我和其他许多技术人员作为教育改造对象,被充实到生产第一线顶班劳动。我先后干了铸工、锻工、电焊工、车工、铣工、磨工,也开过牛头刨、龙门刨等,十多个工种交替轮换近三年时间。这段顶班劳动,使我熟悉了机械制造的全过程,真正懂得了机械制造规律,特别是为我以后的技术创新实践打下了基础。真是吃苦不少,收获很大。

1972 年工厂根据毛泽东主席培养工人阶级自己的知识分子的最高指示,创办了"7·21 工人大学",我和其他两位技术人员被抽调当专职教师。三名专职教师担负了基础课、技术基础课和专业课等近二十门课程的教学任务。我承担了《初等数学》、《高等数学》、《金属工艺学》、《机械设计》等五门课程。备课、编写教材、讲课、辅导、批改作业等,平均每天工作十三四个小时,经常熬到深夜一两点钟。当时一家四口人住 18 平米宿舍,为了不影响爱人和孩子休息,每天只能钻到不足 3 平米的厨房里读书、备课,平常也很少休礼拜天。我先后编写了《工程数学》、《解析几何》、《高等数学》、《机械制造材料》四本讲义共 46 万字,总共写了 100 多万字的教材(当时最大的困难是买不到教科书)。这段时间是我人生道路上精神压力最大、最紧张、最繁忙的一段时光。五年两届培养出 78 名工人大学生,完成了"能量转换"(教师之能转换为学生之光),所以也是最有意义的一段经历。现在回想起来,这段教学实践相当于让我第二次上了大学,并且身为教师必须学得更深更透,因此这段经历让我进一步打下了坚实的理论和专业基础。

3. 我的第二次创新实践——设计制造棉精纺机罗拉座自动生产线

1975 年工厂"工人大学"第一届学员面临毕业设计选题,学校领导和师生们一致认为工厂搞设计应该真刀实枪,选择生产技术中的难题搞设计。当时工厂的主导产品棉精纺机上有一关键零件叫"罗拉座",是纺纱部件"罗拉"的支承和定位件,它的制造精确度决定着棉纱的质量。该零件形状复杂精度要求高,按传统工艺该件分散在 16 台通用机床上加工,加工过程中重复安装、定位 16 次之多,累积误差很大,零件合格率只有 35% 左右,质量问题严重,直接影响着整机的性能与质量。当时我们决定设计一条组合机床自动线来加工该零件,从理论上分析一次安装定位自动线流水顺序加工,定位误差会大大减少,制造精度会大大提高。但是在纺机制造行业谁也没有采用过自动生产线,特别是如此复杂精密的零件,自动线加工能否成功,能否确保产品质量,谁也说不准,风险很大,谁也不敢拍板。当时我提出进行自动线加工工艺的模拟试验。没有自动线又如何做模拟试验? 一个很大的难题摆在师生们面前。后来我们设计了一套试验用的可移动"随行夹具",以普通机床代替组合机床,以小平车代替自动线的传送带,就这样用笨办法按自动线加工顺序完成了模拟试验,先后加工出 80 多件罗拉座,合格率居然达到 85%,比原工艺提高了 50 个百分点。通过试验,师生们统一了认识,坚定了信心。随后二十多名师生花费了 3 个月时间,绘制了 1000 多张图纸,完成了自动线的设计工作,接下来又跟踪自动线几千个零件的制造和装配调试。经过一年多艰苦努力,1976 年自动线建成投产。这条自动线大大提高了产品质量(零件合格率近 100%),提高劳动生产率 9 倍,操作工人由 16 人减为 2 人,顶替出各类昂贵的通用机床 16 台,增产节约价值 13 万元。当时工厂为这条自动线颁奖 150 元,身为主持设计者我拿了 10 元最高奖,其他师生和参与制造及安装调试的工人师傅等有功人员各拿了 5 元奖金。当时我觉得自己一个人享受奖金不太合适,用 10 元钱买了 10 多本少儿图书送给了工厂的少年宫。

后来上海第二纺织机械厂按照我们的设计仿造了一条"罗拉座自动线",也很成功。1978年该自动线获轻工业部科技成果奖,这在当时已是很高的荣誉。

在这条自动线设计制造过程中,我的精神压力一直是很大的,一方面是超负荷工作并承担很大风险带来的工作压力,另一方面是当时特殊的工作环境造成的思想上的压力。当时"四人帮"把知识分子划为"臭老九",记得那个时候工厂的广播几乎天天都在批判资产阶级知识分子,师生们都感到很没有面子,精神压力很大,工作异常紧张、忙碌,心情彷徨苦闷。在这样一种环境之下,动力是什么? 爱党爱国、理想抱负,要为工厂为国家作贡献。

4. 我的第三次创新实践——设计制造棉精纺机龙筋自动线

1976年"四人帮"被打倒,党中央提出了实现四个现代化的宏伟目标。历史的洪流为中华民族洗刷了苦难,带来了新的希望。我觉得前途光明,很有奔头,精力更加充沛。其时工厂"工人大学"第二届学员面临毕业高考选题,师生们选择了难度和制造工作量更大的"龙筋自动线"的设计。"龙筋"是棉精纺机上的机架基础件,单件重100公斤,长约3米,形状槽形(匸形),六面都要进行铣削加工,上平面多孔,精度要求很高。原来在龙门铣床和摇臂钻床上加工,不仅精度难以保证,而且工人劳动强度很大,一个工人平均每天搬运10多吨重量。特别是生产很不安全,工伤事故不断,操作工人被先后砸断过20多根手指和脚趾。我本人也多次在龙门铣床上加工过"龙筋",对其甘苦体会很深。当时"龙筋"加工成为纺机制造的一个薄弱环节,故这次选题是知难而上的。设计之前师生们照例进行了工艺试验,先攻克了长件在自动线加工过程中"自动翻身"的技术难题及特殊的多轴钻孔动力头的设计。十多位师生花费四个多月时间,完成了2000多张图纸的设计任务,随后投入了自动线的制造。这条自动线很庞大,全线总长50米,设备总重量130吨,最大机床床身长4.5米,重5吨多,铸造和机械加工十分困难。全线总共12个大型铸件的翻砂、运输和加工,师生们都亲自参与,费了极大气力,每天工作十二三个小时,一天下来满身、满脸黑灰,师生与现场工人分不清楚。这条自动线的制造和安装调试,总共花费了八个多月时间,建造速度是相当快的(当时国内一些工厂建造同类自动生产线,一般需要一年半至两年时间)。1978年2月5日这条自动线建成投产,当时工厂为这条自动线举行了隆重的剪彩典礼,锣鼓喧天,鞭炮齐鸣,工人们欢快地扭起秧歌,典礼仪式像娶媳妇一样热闹,师生们眉开眼笑,享受着成功的喜悦。自动线投产以后,产品质量大大提高,劳动生产率提高近4倍,尤其是劳动条件大大改善,安全生产有了保障,增产节约价值43万元,技术上达到国内先进水平。我本人连续两年被评为厂劳动模范,我记得在厂里举行的劳动模范表彰会上,我被安排坐上小四轮拖拉机,佩戴红彩带和大红花,在工厂区及生活区走了一大圈,深感光荣和欣慰。该自动线1981年获纺织工业部科技成果奖。

两条自动线的设计和制造成功,先后花费了四年多的时光,其间遇到的困难和坎坷是很多的。通过这一段艰难的实践,我深深体会到,在科学技术上要解决一个具体问题,完成一个课题,就好比进行一次长跑,没有耐力、没有奋斗到底的精神是绝对不行的。一旦选中了目标,看准了方向,就要奋斗到底,决不可半途而废。

5. 我的第四次创新实践——创制棉精纺机罗拉冷轧设备

1977年我被提拔为工厂技术科副科长(相当于现在的副处长),分管全厂的技术改造工作。由于工作关系,对全厂工艺技术和质量上的薄弱环节有了一个全面的了解。当时棉精纺机上的牵伸部件罗拉,在质量上一直存在问题。主要是主件罗拉是一根 $\phi 30 \times 760$ 毫米而且带牙齿的细长轴,其齿形部分国际国内一直沿用拉削加工的方法。齿形在拉削加工过程中形成了锋利的快口及毛刺,工人用机械抛光的方法进行清理,很难彻底。这样纺机在实际使用过程中就形成罗拉上残留的快口和毛刺,在运转中将棉条缠绕其上,而且罗拉愈旋转缠绕愈牢固,纺织女工撕扯不下,导致停车停产。这是纺机上的一个致命问题,也是一个世界性的难题,从第一次产业革命纺机诞生到上世纪70年代这个问题一直没有解决。针对这一问题，我设想对罗拉的齿形制造不再沿用切削加工的方法，采用轧制即无屑加工的办法形成，这样就不会产生快口和毛刺，问题可以从根本上得到解决。许多同志赞成我的想法，但是这种细长带齿的轴类零件冷轧设备世界上还没有，怎么构思怎么设计，心中无数。于是大量翻阅技术资料，以期能找到一种借鉴。所幸一本机械刊物的封面上刊登了一幅美国公司小模数齿轮冷轧设备的图样，还附有简单介绍，从中受到启发，这样设备的总体设计大体有了思路。但接下来的问题是轧制齿条的设计及材料选择，特别是设备轧制力的确定没有任何依据，力量太小轧制不出合格齿形，力量太大可能把工件压扁、压坏，力量过大还可能将轧制设备自身毁坏，风险很大。最终还是沿用工艺试验的办法，我带了一名学生，根据理论计算先制造出一副轧制工具及机床夹具，在工厂的龙门刨床上进行了多次轧制试验，最终居然成功轧制出了罗拉齿形，光滑规整，光洁度胜于磨削加工。并且获得了产品齿形设计、轧制齿条设计、轧制力、轧制速度等许多基础数据。随后进行了冷轧设备的设计与制造。因该设备属新型复杂设备，故按工厂的正规途径，由设备动力部门承制。制造速度较快，这一创新项目也是一次获得成功，产品质量比原工艺有了很大提升，精纺机罗拉部件的质量问题得到彻底解决，而且单件加工时间由 35 分钟缩短到 45 秒钟，提高工效 47 倍。该项目属无切削加工新工艺新设备，在纺机制造行业和国内均属首创，1986 年获纺织工业部科技成果二等奖，我本人获得了 700 元的最高奖励，这是我在工厂工作 22 年间得到的最高奖赏。

在两条自动生产线和罗拉冷轧设备设计制造获得成功的影响带动下，上世纪 70 年代末在经纬纺机厂掀起了一个技术创新的高潮，在铸工及其他生产车间先后搞成了"铸造小系自动线"、"电镀自动线"（两条）、"煮黑自动线"、"罗拉孔加工自动线"、"锭盘自动线"等六条自动生产线，使工厂纺机生产的自动化水平和劳动生产率进一步提高，劳动条件大大改善。

以上八条自动线和罗拉冷轧设备正常投入生产，使工厂棉精纺机的整机质量大大提升,加上我后来任厂长时,工厂实施了"质量否决",并狠抓了全面质量管理,因此经纬纺机厂的主导产品 FA502 精纺机质量全面创优,1985 年获得国家银质奖,产品信誉大大提升,并带来良好的经济效益。

以上产品创新、两条自动生产线和罗拉冷轧设备每年为工厂增创经济效益 1600 万元,四次技术创新带来的价值应该说是很大的。

我给大家讲我的技术创新实践的目的是让同志们今昔对比,知今日环境之良好、条件之优越,然后奋起,立志把企业的技术创新工作抓紧抓好,干出成绩来,为企业作贡献,为建设创新型国家作贡献。

二、技术创新的切身感受

我在工厂先后 7 年从事技术创新工作,冒了许多风险,吃了不少苦,但受益匪浅。首先是磨炼了意志,养成了不怕苦不畏难的做事习惯,同时在实践中学到了许多实际知识,特别是提高了做事的本领,对技术创新工作也深有体会。

1. 从事技术创新工作需要有"敢冒风险的精神"和"吃苦精神"

技术创新是一项开创性、开拓性、挑战性、冒险性的工作,是在走一条前人没有走过的路,这条路上布满了困难、矛盾、挫折与失败。从事此项工作,就意味着主动承担了责任与风险。因此,搞技术创新一定要不怕担责任,不怕担当风险,不怕困难,不畏挫折,不怕失败,搞不成不怕别人笑话(我把它叫"六不怕"精神)。

2. 从事技术创新工作需要有"批判精神"和"否定意识"

一般来讲,技术创新都是在原有技术基础上进行的,原创、首创是比较少的。因此首先要对传统工艺和原有的技术、装备提出质疑,进行批判,看到其缺点、毛病、不足和落后之处,该否定的坚决予以否定,该提升的坚决予以提升,从而对其改造、弥补、完善、提升、革新、创新。

3. 选题很重要,选题决定技术创新的方向

一般来讲,应该选择核心竞争力技术、关键技术、不过关技术、落后技术、严重影响产品质量的技术、超前技术等。选题时切忌拣软的、容易吃的、简单易行的去搞,因为这样不会有大的建树和大的作为与贡献。我在经纬纺机厂搞的两条自动生产线和罗拉冷轧设备都不是工厂安排的项目,都是自己主动选择的,是自找的。但由于选择的是工厂的核心竞争力技术,因此得到了工厂方方面面的支持和帮助。

4. 技术创新要以相应的科学技术理论做指导

技术创新是开创性的事业,依靠一般性的知识和普遍性原理,是难以攻下难关的。技术创新特别需要新鲜的科学技术理论、前沿理论、尖端技术作指导。比如我搞的"棉精纺机罗拉冷轧设备",没有刀具不进行切削加工,全靠冷轧成型,是一种新技术新工艺,当时机械制造中很少应用,工程技术人员对它都很不熟悉,大学里的"金属工艺学"中只有简单的介绍和论述。当时我本人也不知道该怎样入手,于是找到了无屑加工的专门论著,学习了轧制机理、轧制工艺、钢材的塑性变形机理等,搞清了原理以及轧制工具的选择、变形量大小、轧制力选择等,随后进行工艺试验,根据试验结果进行新设备设计,一次获得成功。我深切体会到科技理论的重要,理论确实是行动的指南。技术创新实践中要认真学习科学技术理论,用以指导创新实践。

5. 技术创新需要借鉴

如前所述,当年我们在搞"棉精纺机罗拉冷轧设备"的设计过程中,由于借鉴了美国公司小模数齿轮轧制设备,较快地完成了该设备的总体设计,而且设备的使用效果也非常好,因此我认为搞技术创新借鉴前人的创新成果非常必要。

6. 创新型人才是技术创新的灵魂

没有创新型人才就没有企业的技术创新。什么样的人才是创新型人才呢?据我观察,创新型人才的突出特点是:(1)有知识懂专业;(2)敢想敢干有开拓进取精神,有创造性思维,所谓有胆有识;(3)思维敏捷,容易产生灵感；(4)不畏难不怕苦,有坚强的意志；(5)不固执、不盲从,虚怀若谷,容易吸纳别人的意见和建议。创新型人才就像企业的领军人物一样,是一种非常稀缺的人才资源,所谓"千军易得,一将难求",企业要从众多的人才资源中精心遴选,特别是企业领导人要高度重视创新型人才的选用。

7. 要创建技术创新团队

随着经济的快速发展,各行业、各领域的技术已发展到一个很高的程度,各种新工艺、新技术、新材料、新设备层出不穷,创新不易。另一方面技术创新是一项极难的工作,正常情况下靠一个人或几个人很难攻下技术难关,因此企业要组建"技术创新团队",依靠群体的力量去攻关去创新。"技术创新团队"的人才需要配套,一般应有搞工艺的、搞产品设计的、搞设备的,也要有工人参加。重大技术创新项目要组建产学研结合的"技术创新团队","技术创新团队"一定要选配好高明的领军人物。

8. 企业要营造一个尊重知识、尊重人才与尊重革新、创新和创造的人文环境

环境很重要,环境好比气候土壤,良好的环境出人才、出成果,环境不好留不住人,更留不住创新型人才。要构建激励机制,对技术创新作出贡献的要实行奖励,作出重大贡献的要给予重奖。赏以兴功,罚以禁邪,赏罚严明是管理之要。

9. 国有企业长期积累的爱国主义精神、主人翁精神、奉献精神、为人民服务的精神是我们的优良传统,不仅不能丢,而且应该进一步发扬光大

10. 要全面创新企业的发展机制

发展机制是企业在经济利益驱动下,不断创新谋求发展的机制,是企业创新技术、创新产品、改进工艺、改善经营管理的一种机制,它决定着企业第一生产力的状况,决定着企业的发展后劲,是核心竞争力的推进器。创新发展机制:(1)制订方针目标明确、措施有力的发展战略和发展规划;(2)构建创新体系,增强自主创新能力,加快创新步伐,提升创新水平;(3)对企业进行全面技术改造;(4)构建管理研究机构,加强管理研

究,创新管理,提升管理水平,实现管理现代化;(5)处理好企业内部的分配关系,防止分配过度向经营者倾斜,调动广大职工的积极性。

11.要构建企业的创新体系

资本和创新是现代企业发展的两大动力源,我国企业现在基本上是靠资本引擎推动的,这是难以持久的,而且是必然要落后甚至是要被淘汰的。因此,我们要下决心加强"创新动力源"的建设。加强创新动力源建设,首先要构建企业的自主创新体系:(1)建立加强科技信息中心和信息网络;(2)建立加强技术创新中心、产品研究所、工艺研究所等;(3)创建以企业为主的产学研结合的创新模式和运行机制;(4)建立加强试验研究基地、中试基地;(5)创建企业集团的技术创新中心或科研院所;(6)改革创新体制,将现有的官办的科研院所成建制地并入有条件的大型企业或企业集团。

最后我向我们的技术创新工作者赠三句古词以资鼓励:(1)"独上高楼,望尽天涯路";(2)"衣带渐宽终不悔,为伊消得人憔悴";(3)"蓦然回首,那人却在,灯火阑珊处"。这是宋代大诗人晏殊、柳永、辛弃疾在三首著名词作中的三句词。第一句是说要勇攀高峰,登高望远;第二句是说要努力奋斗,身体消瘦了也不后悔;第三句是说经过努力,必然会有所得,必然会得到成功。

附:

(一)蝶恋花 晏 殊

槛菊愁烟兰泣露,罗幕轻寒,燕子双飞去。明月不谙离恨苦,斜光到晓穿朱户。

昨夜西风凋碧树,独上高楼,望尽天涯路。欲寄彩笺兼尺素,山长水阔知何处。

（二）蝶恋花　柳　永

伫倚危楼风细细,望极春愁,黯黯生天际。草色烟光残照里,无言谁会凭阑意?

拟把疏狂图一醉,对酒当歌,强乐还无味。衣带渐宽终不悔,为伊消得人憔悴。

（三）青玉案·元夕　辛弃疾

东风夜放花千树,更吹落,星如雨。宝马雕车香满路。风箫声动,玉壶光转,一夜鱼龙舞。

蛾儿雪柳黄金缕,笑语盈盈暗香去。众里寻他千百度,蓦然回首,那人却在,灯火阑珊处。

企业改革与发展

关于企业内部改革的探讨 [*]

目前,企业改革已经迈出了可喜的一步。改革给企业带来了新的生机和活力,但同时出现了一些新情况和新问题。我觉得在当前形势下,对企业改革来一个再认识是很有必要的,以进一步搞清企业究竟为什么要进行改革,企业改革的主要内容及主攻方向是什么,改到什么程度就算基本解决问题,等等。认识提高了,我们就可以总揽全局,增强自觉性,减少盲目性,就能进行创造性工作,在企业改革的伟大实践中建功立业。

一、企业改革的内部原因

我认为企业改革的内部原因,主要有七个方面的问题:

1. 企业领导制度中存在着党政不分的状况。厂长对生产经营和行政管理无权无力负责,于是官僚主义、瞎指挥、盲目决策的弊病就不可避免地产生了。责权不清、决策迟缓、指挥不灵、效率不高,严重制约着企业的发展。在旧的经济体制下,企业基本上没有什么经营职能,充其量是完

＊ 原载山西省人民政府办公厅《参阅材料》1985 年 12 月 21 日。

成国家指令性计划的生产机器。这种领导制度在前几年尚能勉强应付,而今企业一旦转轨变型,就完全不适应了。因此,企业领导制度的改革就成了必须首先解决的全局性的问题。

2. 企业分配中的平均主义。职工干多干少、干好干坏一个样,端铁饭碗,吃大锅饭,搞平均主义,严重影响着生产力的发展,构成了生产发展的瓶颈。表面上看来,问题很好解决,按劳分配,谁贡献大,谁就应该多得,实际执行起来,谁都说自己劳动态度不错,技术水平不低,对企业贡献不小,调升一次工资就是一场大风波,实质上这个问题难度最大。实物量、货币量容易计量,质量就比较难于计量,尤其是对于复杂劳动、脑力劳动的价值如何评价与考核就更为困难和复杂了。因此,要真正克服平均主义,贯彻执行按劳分配的原则,就需要解一连串的"管理方程式"。

3. 干部职务终身制,工作质量不高。企业的干部,尤其是领导干部,坐"铁椅子",搞职务终身制,埋没、压抑了不少有真才实学的人。当干部,搞领导工作,不能坚持"优胜劣汰",缺乏上进心和进取精神,这是我国企业缺少生机、活力的重要原因。企业的干部、领导干部没有明确的工作质量标准和严格的考评办法,奖惩不明,工作质量不高,造成企业的各项管理工作四平八稳,运转缓慢,拖拉扯皮,服务质量差。推行干部聘任制,搬掉"铁椅子"以后,解决干部的考评、奖惩、任免,就成了十分紧迫的任务。

4. 企业的大而全结构,使企业的社会负担沉重、领导精力分散,严重削弱了企业的经营管理工作。我们的许多大中型企业,实际上是"企业社会",不仅管生产经营,而且还要管教育(初等教育、中等教育乃至高等教育)、住房、医疗、子女就业、民事、福利、社会保险,等等。使企业的社会负担沉重,企业领导人精力分散,结果严重削弱了企业的经营管理工作,与发达国家的现代化企业相比,我国的大中型企业就像一个体重有二三百斤重的大胖子,行动迟缓,步履艰难。

5. 多年的生产型模式,带来管理体制上的高度集中和经营职能的薄弱。旧经济体制下的指令性计划一统到底,统购包销、统收统支等等,造就了企业的生产型模式,企业变成了简单的生产机器,再加上管理体制高度集中,分厂、车间、工段、班组,成了这台机器上的部件和零件,拨拨转转,消极被动,责、权、利相分离,大家统吃企业的大锅饭,这是企业缺少生机活力的又一个重要原因。生产型模式带来的另一个直接后果是企业坐下来等饭吃,经营机能十分薄弱,基本上是封闭式的,没有健全的经营机构,耳目闭塞,市场信息不灵,市场情况不明,缺少独立生存和自我发展的能力。此外,对物流和资金流的管理很薄弱,物流不畅,积压浪费严重,消耗大,成本高,资金也没有管好用活,周转缓慢,综合反映就是企业的经济效益不好。世界经济已经发展到国际化阶段,企业之间的国际交往日趋频繁,这是企业进步的强大外力,但我国企业与国外企业的交往则很少,这是封闭型的又一特征,随着对外开放的发展,这方面的工作必须上去。

6. 企业新产品开发和技术进步缓慢。企业的开发体制应包括产品开发、工艺开发、智力开发和经营管理开发。但在旧的管理体制下,企业普遍存在着四轻四重的偏向:(1)重生产轻技术;(2)重产值产量轻质量;(3)重一线轻二、三线;(4)重当前轻长远。究其原因,主要是企业开发方面的管理、技术力量薄弱且分散,形不成拳头。没有强有力的领导和严密的组织、协调,技术人员要完成一项新产品、新技术、新工艺、新材料、新设备,既当设计员、工艺员,又当采购员,一个项目就是一次马拉松式的长跑,没有特殊的耐力是坚持不下来的。于是就造成企业不能全面协调发展,产品更新换代的周期很长,技术进步缓慢,技术原动力不强,企业发展缺乏后劲(后劲主要来自开发)。

7. 质量管理薄弱,产品质量、工程质量、服务质量不过硬。长期以来,由于社会的总需求远远大于社会的总供给,客观上造成"萝卜快了不洗泥的卖方市场"。这样一种经营环境,加上我国的商品经济很不发达,企业的质量意识、质量行为没有在激烈的竞争环境中得到陶冶与锤炼,使企业内部基本上是简单地依靠增加产值、产量来求取经济效益的增长,也基本上按劳动的数量进行分配(绝大多数企业搞的是超产奖、超额奖)。这样,职工就不能从关心自己的切身利益上来关心质量,企业抓质量就缺乏经济动力和群众基础。由于这些主客观原因,推行全面质量管理的效果就不能理想。

以上七个方面,是当前企业管理中存在的主要问题,是企业缺少生机、活力和后劲的主要原因,也是企业改革的主要课题。

二、企业改革的主要内容

根据企业内部在管理上存在的基本矛盾和经济体制改革的要求,我认为企业改革应包括以下主要内容:

1. 企业领导制度的改革

推行厂长负责制是企业领导制度改革的中心内容,其关键是党委、厂长、职代会各有什么样的职责和权限,要有法的规定和制度保证。决策程序及决策机构应尽快建立并使之完善。这里,最关键的是书记和厂长思想上的合拍,都不争权夺势,不计较个人的名利、得失,互相支持,互相补台,互相谅解,这样一来事情就好办了。

实行厂长负责制后,厂长如何用好权,建立起强有力的生产经营指挥系统是一个重大课题。根据企业领导体制的发展规律,应自觉地向专家领导集团过渡。大家都知道,从17世纪第一次产业革命开始至今,国外企业领导体制的演变,已经经历了四个发展阶段:第一阶段是家长制的领导方式,老板是企业的所有者,同时也是企业的经营者,一切都由老板说了算,凭老板的经验进行管理,这是初级阶段;第二阶段是"硬专家"主宰的经理制领导,所有权与经营权分开,老板只分享红利,经理从精通本行生产过程的工程技术专家中选拔;第三个阶段是"软专家"主宰的经理制领导。企业的经理由有经营管理专业知识的职业"软专家"担任,这些人除熟悉生产技术外,对于企业的经营管理、市场学、财务管理、国际贸易等都有精深的研究,管理才能超过了"硬专家";第四阶段是专家集团领导。随着现代生产和科学技术的高度发展,管理愈来愈复杂,光靠职业"软专家"个人的领导能力是远远不能适应的,于是大企业的最高领导层形成了专家集团,形成最高决策层,与此同时,出现了大批的"智囊团"、"思想库",标志着现代领导体制已经发展到一个更高级的阶段——由"软专家"为主组成的领导集团。我认为这种演变是生产力发展的必然结果,是不以人的意志为转移的。

2. 企业分配制度的改革

企业内部分配的根本问题是企业内部各个劳动组织和劳动者个人劳动量的计算和考核问题。这是单位、部门、个人利益分配的基本依据,这里还有个对各单位、各部门地位和作用的评价问题,用"微积分的办法",先确定个人的"岗位系数"和"实绩系数",在此基础上用综合、积分的方法,确定"群体岗位系数"和"群体实绩系数",这是一种思路。对复杂劳动、脑力劳动应逐步确定权、责、工作质量标准、考核及奖惩办法,积累渐进,尽可能地定量化、规范化,在此基础上搞出真正体现按劳分配原则的工资奖励制度。

3. 企业组织人事制度的改革

首先要推行干部的聘用任期制,革掉干部职务终身制;其次应该花大力气制订干部职务的岗位职责、岗位系数、工作质量标准、逐级考评的办法,力求做到情况记载分明,奖惩分明,也可试行软指标硬下,试行逐级下达工作任务书或搞干部的"工作任务承包"。还应在搞好工资奖励制度改革的基础上,严格执行奖勤罚懒,端掉职工的"铁饭碗",坚决克服躺下来吃饭的问题。

4. 企业管理机构的改革

(1)进行专业化改组,解决大而全、小而全的问题。根据现实情况,我们应该走分散管理的路,否则"大锅饭"的问题不好解决,基层生产单位的积极性很难调动起来,内部的活力很难增强。同时还会因小失大,使主要领导者将精力集中在当前生产上,对重大问题无暇相顾。专业化改组是企业发展的必然趋势,在专业化生产方面也大体上经历了原始专业化、门类专业化、产品专业化、工艺和零部件专业化四个发展阶段,总的趋势是分工愈来愈细,专业化程度愈来愈高,技术愈来愈精,质量愈来愈好,经济效益愈来愈高。组建分厂、专业厂、工艺和零部件协作厂,同时推行经济承包责任制,搞"模拟的独立核算,自计盈亏"。

(2)划小核算单位。在进行专业化改组的同时,必须相应解决划小核算单位的问题。否则企业内部的物资、劳务、技术、资金的流通和协作问题不好解决,单位之间不好结算,甚至无法结算。解决的办法是首先搞好基础管理工作,尤其是定额、原始记录、在制品管理,在此基础上制订内部价格和流通手段,再建立企业内部的"信用中心"、"结算中心"或"内部银行"。

(3)逐步完成三个系统的建制。企业生产型模式造成的另一种弊端是企业的生产、准备和开发打混仗的状况,其结果是一线紧张忙乱;二线松散,准备工作不济;三线荒芜,开发迟缓。从现象看,许多生产技术问题发生在一线,其问题的根源却在二线、三线,这就酿成企业生产的不良循环。在企业管理机构改革中,应下决心把企业的管理技术力量作三线部署,形成三大管理系统,即:一线生产,二线准备(包括计划、生产、设计、技术、工具、设备、动力、原材料供给等);三线开发(进行产品开发、工艺开发、智力开发和经营管理开发,包括引进技术设备的消化、吸收、创新)。

5. 企业经营管理体制的改革

(1)加强国内外市场的调查、预测和分析,相应建立这方面的机构。

(2)强化企业的经营职能,建立健全经营机构。

(3)编制企业的经营计划。

跳出旧体制下生产技术财务计划的圈子,面向用户,面向市场,端正经营思想,确定企业的经营方针、经营策略,认真编制经营计划并严格执行。

(4)建立健全企业的经营决策系统,实现决策的科学化、民主化。

(5)加强物流、资金流的管理。

狠抓节能降耗、降低成本,加强资金管理和经济核算,加速资金周转,提高企业的经济效益,这两大系统的基础工作要加强。管理体制要改革,要分级分权管理,建立各级责任制,克服吃"物资大锅饭"和"资金大锅饭"的弊端。

6. 企业开发体制的改革

(1)大型企业、联合企业要创造条件,建立技术开发中心,集中精锐力量,研制开发新产品;搞好国外先进产品、技术、设备的消化、吸收、创新;试验研究新技术、新工艺、新材料、新设备。

(2)大型企业、联合企业要建立健全职工培训中心(教育中心),搞好智力开发。

(3)建立机构,研究现代化管理的理论和方法,逐步推行现代化管理。

7. 企业质量管理体制的改革

加强全面质量管理,建立质量保证体系的工作必须抓紧抓好,当前应着重解决好质量与分配的关系,真正使质量与工资、奖金挂起钩来,提高质量就有了经济动力和群众基础,事情就好办了。在推行质量保证体系方面应推行质量问题上的首长负责制,以便把质量问题摆到各级领导重要的议事日程上来。

三、企业改革的性质、难度和部署

1. 性质、难度

企业改革是十分复杂的系统工程,它与经济管理的大系统息息相关,受大系统的支配、影响和制约,企业系统内部要解决基本制度问题(领导制度、分配制度、组织人事制度等);管理原则、管理机构、管理幅度、管理层次问题;经营管理体制问题;开发体制问题等;同时还要处理好党、政、工三方面的关系。这里既有生产力方面的问题,又有生产关系和上层建筑方面的问题。矛盾是多方面的,关系错综复杂,难度很大,表现在:(1)高负荷下的技巧。由于物资缺乏,生产资料供应紧张,人们的消费需求旺盛,职工思富心切,造成绝大多数企业生产任务十分饱满,生产压力很大。

（2）高难度的结合。计划体制要与市场机制相结合,物质文明建设要与精神文明建设相结合,等等。（3）千军易得,一将难求,科技人才缺乏,管理人才更缺乏。（4）人的问题很费力,理想纪律教育任务艰巨。此外,人们习惯势力的扭转,需要有个过程。（5）提高企业素质的问题要与改革同步进行。（6）旧体制、旧模式的强大惰性。（7）新颖性,没有先例,缺少经验,需要勇敢地探索,需要进行创造性劳动。

2. 改革的部署

（1）企业改革所需要的时间。既然企业改革所要解决的是复杂的系统问题,并且难度很大,因此企业改革不能速成、速胜,不可能一蹴而就,要有长期作战的思想准备,用三五年时间解决重大关系问题,在理顺关系以后再花费一段时间巩固、充实、完善。

（2）改革的部署。企业改革需要有一个总体设计,从厂情分析出发,研究制订企业的发展战略及企业改革的全面规划。在此基础上制订分阶段的实施计划,一个阶段集中解决一两个（或两三个）重大问题,分清轻重缓急,有计划有步骤地、一步一个脚印扎扎实实地把企业改革推向前进。

重视无形资产增值，提高企业竞争能力[*]

随着我国商品经济的发展，无形资产问题已引起企业界、经济界的关注。无形资产的建立、积累和增值是企业资产建设不可忽视的一个重要方面。对此，我们应该深入地研讨，广泛地宣传，卓有成效地推进。

一、有形资产与无形资产是企业腾飞的两翼

企业资产由有形资产和无形资产两部分组成。有形资产是可触知的、物质上有形地存在的动产和不动产。通常以实物或货币形态存在。它又划分为固定资产（如场所、建筑物、房屋、设备、设施等）和流动资产（如原材料、能源、半成品、成品、流动资金、存款等），它是企业进行正常生产经营活动必不可少的物质技术条件，它在一定的生产周期内多次地或一次性地将自身的价值转移到产品或服务中去，以此满足社会新的需要。

无形资产是指在一定的时间内有效的、价值可以衡量的权益，是一种

---

　　* 原载《决策参考》1989 年 9 月 2 日，《中国机电工业》1989 年第 9 期，《山西经济报》1989 年 8 月 3 日，《机械管理开发》1989 年第 4 期。

主要以文化观念形态存在的资产。如企业形象、企业知名度、企业信誉（主要是产品信誉、经营信誉、服务信誉）、企业领导者声望、职工素质、发明、创造、专利、商标等。它是无形的，但确是一种客观存在，在其建立、积累和增值过程中，凝聚着管理、技术人员和广大职工的智慧和创造力，是技术劳动、生产劳动和管理劳动的结晶，所以无形资产是有价值的。它能使企业扩大市场占有率，增加产销量，提高质量，改善服务，降低成本，增加盈利；它能像其他商品一样标价出售，所以无形资产又具有使用价值。它始终存在于生产和再生产过程中，是联结生产者和购买者之间的一种无形的桥梁和纽带。可见，无形资产本身就是企业十分重视的经营成果，是构成生产力的重要内容。对无形资产的高度重视，是商品经济发展的重要标志。商品竞争在很大程度上是无形资产实力的较量。一些规模小、经济实力不强的企业，往往利用自己在无形资产方面的某种优势，在竞争中取胜，后来居上。因此，现代企业把无形资产的积累、增值看成是生死攸关的大事。在这方面，优秀的企业家是不遗余力、不惜工本的。企业的软件投资、开发费、宣传广告费、经营活动经费等在生产成本中所占的比重愈来愈大。

有形资产和无形资产是企业腾飞的两翼，是缺一不可的。它们相互结合，相互依赖，协调动作，促使企业生产经营不断发展。同时，资产增值又是企业经营的重要目标之一。一般来说，企业的经营成果主要表现在三个方面：一是物质产品或服务的质量和数量，以及由此带来的经济效益；二是有形资产和无形资产的不断增值；三是技术、生产、经营管理方面的人才成长。这三种力量的合力就是企业的经济实力和竞争力。具备了这些能力，企业就能向更高远的目标进击。

二、一翼不丰是产品经济给我国企业造成的"先天性缺陷"

我国由于长期受自然经济、产品经济的束缚，商品经济观念和竞争意识十分淡薄，人们普遍不重视无形资产问题。企业自身如果认识不到无形资产能够转化为巨大物质力量，不愿意在这方面多投入、多下工夫，就会严重制约商品经济的进一步发展和生产力水平的提高，阻滞企业的发展。时至今日，仍有为数不少的企业仅仅把眼睛盯在投资、基建、生产上，而不注重经营开发和无形资产的建设，结果企业像一只独翅的鸟，不能在天空腾飞，只能在地上某一角落里觅食，苟且生存。这种一翼不丰的状况是产品经济给企业造成的"先天性缺陷"。我们应该转变观念，自觉地加强企业无形资产的建设，使这嫩弱的一翼尽快丰满强劲起来，以便在商品经济的广阔天地里任意翱翔。

三、应有计划地抓好企业无形资产建设

企业无形资产的建设是一项复杂的管理工程，它涉及到企业的经营思想、经营战略、方针目标、人才培育、技术开发、市场开发、售前售后服务等许多方面。所以企业应结合发展战略、发展规划的制订和年度经营计划的编制，对无形资产建设作出全面系统的安排。要完成好此项工程，应着重抓三个环节：

1. 着眼于"内涵培育"和企业素质的提高。企业的无形资产建设不能虚张声势，必须务实。一是要搞好企业智力资源的开发，十分重视各类人才的聚集、培养和使用，充分调动管理技术骨干和广大职工的积极性和创造力，形成强大的人才力。二是要搞好企业的技术开发（产品开发和工艺开发），集中最优秀的技术人才和管理人才，建立、健全技术开发系统，不断改进老产品，创制新产品，并提高产品质量；不断推广应用新工艺、新技术、新材料和新设备，搞好引进消化吸收和创新，提高工艺技术水平；不断进行技术改造，改变现有的生产技术条件，形成强大的开发力和技术力。有了强大的人才力、开发力和技术力，新的发明、创造、专利、商标、优质产品就会不断涌现。三是要搞好企业的经营管理开发，应用当代管理科学和科学管理的优秀成果，提高经营管理水平，形成强大的经营

力;认真抓好对国际国内两大市场调查、分析、预测,有的放矢地开拓市场,实现企业经营目标、技术经济实力和市场需求的动态平衡,使整个无形资产建立在可靠的基础之上。

总之,企业无形资产的建设要以良好的企业素质作后盾,以企业的产品力、资产力和人才力作保证。

2. 重视商品的广告宣传和完善经销网络。在国内市场上,好产品竞争不过低劣产品,大中企业败于小企业、乡镇企业的现象屡见不鲜,除了体制、政策上的原因之外,就是许多大中企业"官商"、"坐商"作风严重,不善于广告宣传,不善于搞市场调节,原材料购不进,产品销不出,两头薄弱。这些企业应尽快建立一支强有力的经销队伍,建设自己的信息网、商情网和销售网,大力搞好广告宣传、售前售后服务,及时捕捉市场信息,适时调整产品结构和生产计划。这样就会大大提高企业的知名度和信誉度。

3. 塑造良好的企业形象。从某种意义上讲,无形资产问题是塑造企业形象的问题。企业形象首先是企业领导者的声望,企业领导者应该有自己的职业道德规范,在企业内对同事、下级和广大职工要真诚、民主,同舟共济、同甘共苦,形成向心力和凝聚力。对外要讲职业道德,对社会负责,重信誉,信守合同,不强人所难,也不乘人之危,要有企业家豁达大度的风范,以其知识、魄力、业绩和道德给人以可信赖感,为自己也为企业树立好的声望,使人们愿意与之协作共事。其次是塑造整个企业的良好形象。要把建立优良厂风作为重要目标,内部团结和谐、求实创新、开拓进取、文明礼貌;对外遵纪守法,重合同守信用,建立良好的公共关系,履行社会职责,真心诚意地为用户服务。如此,坚持不懈,一以贯之,企业的路子就会愈走愈宽。

纵论企业改组[*]

近年来,随着经济体制改革的实行和有计划商品经济的发展,企业之间的横向经济联合有了很大发展,专业化协作引向深入,一批企业集团相继涌现。企业组织结构的变化,反过来又推动了改革和经济的发展。但是,这种变化遇到了思想观念、管理体制、政策法规等方面的巨大障碍,到了非采取断然措施不可的时候。本文拟就此陈述见解,以期引起企业界、经济界和各级政府的重视。

一、我国企业的三大问题

总的说来,我国企业在技术、经济和管理方面存在三大问题。

1. 新中国成立 30 年我国实行的产品经济,造就了企业的"生产型模式",致使企业的经营机制很弱。企业的生产缺少市场导向,经济上吃国家大锅饭,不能自主经营、自负盈亏、自担风险和自求发展。内部职工端铁饭碗吃企业的大锅饭,缺少利益机制,积极性创造力远没有调动起来。

* 原载《山西经济报》1989 年 11 月 28 日,《改革先声》1990 年第 1 期。

一言以蔽之,企业缺少生机和活力。80年代以来,随着经济体制改革的逐步推行,企业改革在全国范围内蓬勃开展,几乎所有企业先后进行了领导制度、管理思想、管理体制、管理组织以及基本制度等方面的配套改革。初步完成了向"生产经营型"和"经营开发型"的转变,经营机能、开发机能大大增强,因而呈现出前所未有的生机和活力,为国民经济提供着丰富多彩的物质保证。这方面存在的主要问题是企业改革限于内部关系的变革,企业相互之间的关系触动不深,企业组织结构的变化不大,"大而全"、"小而全"的格局依然如故。因此,专业化生产很难组织起来,规模经济能力、规模效益也就难以实现。

2. 企业的技术手段落后,主要是产品、工艺、设备、设施、装备等较陈旧,不适应生产和企业发展的需要,企业技术素质差,生产力水平低,经济效益不佳。80年代以来,国家对技术进步和技术改造给予极大重视,制订了许多优惠政策(如税前还贷、财政扶植、分类折旧、优惠利率等),投入了巨大的人力、物力和财力,1979年至1986年全国投入更新改造资金2440亿元,相当于前26年的1.7倍,共完成技改项目30多万个。技改的蓬勃开展,使企业获得了三个方面的好处:一是为企业带来了巨大的经济效益。1979年至1986年因技改新增产值1302亿元,新增利税287亿元。二是为企业开发、生产新产品创造了物质技术条件,促使产品的品种、质量、水平和出口创汇能力有了很大提高。三是极大地提高了企业的技术素质,厂房破旧、工艺落后、设备陈旧、生产条件差、生产环境恶劣的状况大为改观,工人劳动强度大大减轻。企业的技术力量大大增强,生产力水平有了很大提高。但是,也应该看到,由于政策上的不配套、不协调,技改同时也带来了比较大的问题。主要是相当多的技改项目没有着眼于生产力要素的合理流动和优化组合,在旧格局中填平补齐,盲目布点,低水平重复,一定程度上助长了企业的"大而全"、"小而全",反而不利于企业的改组、兼并、归并和联合,并造成财力、物力的很大浪费,投资效益不够理想,产生了逆效应。这是值得我们高度重视的问题。

3. 企业组织结构极不合理,已严重地阻滞了企业乃至整个宏观经济的发展。概括来讲,由于产品经济模式,僵化的管理体制以及传统农业文化的影响等原因,新中国成立40年来,我国企业基本上是在追求自成体系、自我完善的"大而全"、"小而全"的生产方式。在激烈竞争的世界商品经济舞台上表现出"一盘散沙"、"庄园式生产"、"城堡经济"的浓厚色彩。这种状况带来了严重后果:一是造成资产存量的巨大浪费。从许多企业的实际情况来看,约有20%～30%的固定资产闲置不用,有的甚至已经变成一堆废铁。军工企业的情况则更为严重。1987年,全国工业固定资产9158亿元,按此比例,闲置浪费的约有1830亿～2750亿元,这不能不说是社会财富的巨大浪费。二是构成技术进步的巨大障碍。多头对外,重复引进;盲目布点,重复投资;技术管理力量分散,重复研制;技术上相互封锁、掣肘,社会主义优越性难以发挥,等等,都与这种"一盘散沙"状态有直接关系。三是形不成群体优势和规模经济能力,经济效益低下。我国企业基本上是在一种孤立、分散的状态下各自奋斗,经济上的合力很弱,产品水平、批量、成套一直上不去,只能靠廉价劳动力获取微薄利润。四是缺少抗衡力量,难以参与国际竞争。在国际商品经济的角逐场上,我们基本上是单个企业与国外的大集团、大公司相较量,这无异于一个小孩子与一个重量级拳手对阵,焉有不败之理。

因此,企业组织结构优化的问题,已经到了非解决不可的地步,需要我们转变观念,调整政策,突破三不变的桎梏,引导企业朝着社会化、专业化、集团化的正确方向前进!

二、专业化、股份化和集团化
是企业组合之大势

现代经济一个十分重要的特色是:分工愈来愈细,专业化程度愈来愈高,技术愈来愈精,生产效率愈来愈高,生产规模愈来愈大,经济效益愈来愈好。这里核心是一个专业化生产的问题。专业化生产伴随第一次产业革命而生,已经历了四个大的发展阶段。第一个阶段叫原始专业化,国民经济按纺织、采矿、冶金、机器制造等大体进行行业分工。第二个阶段叫门类专业化,各大行业的内部按门类划分并组织生产,如机器制造业划分为蒸汽机、内燃机、汽车、机床、造船、飞机制造等。分工细化,质量、效率显著提高。第三个阶段叫产品专业化,即按产品组织生产、建立企业,如汽车制造业发展为重型车、轻型车、轿车、微型车、专用车等产品专业化的制造工厂。第四个阶段叫工艺和零部件专业化,即按量大、面广的工艺,如铸造、锻造、热处理、电镀、工具、包装等发展企业;同时也按零部件设厂,组织专业化生产,分工进一步细化,生产规模急剧扩大,质量、效率空前提高。我国基本上停留在产品专业化阶段,向工艺和零部件专业化方向前进,受到思想观念、管理体制和企业组织结构方面的严重阻滞,成了生产力水平进一步提高的瓶颈。

综而观之,现代商品生产是以生产的社会化为基础的。生产的社会化,集中表现为生产的高度专业化和与之相适应的密切、广泛的分工协作。生产的专业化协作,给生产规模的扩大和生产效率的提高创造了条件。进而给生产工艺技术的现代化开创了可能的前提。因此,有计划有步骤地推行专业化改组是发展有计划商品经济的必由之路。

随着科技进步和商品经济一日千里的发展,企业、企业集团的生产规模愈来愈大,对资金的需要量也愈来愈大。花费几十亿、几百亿元投资建厂的事屡见不鲜。大生产和巨额资金需求与个人、集体所掌握的资金又非常有限,形成了一对十分突出的矛盾。于是股份制经营便应运而生。一种新型的企业组织和经营管理制度出现了。还由于价值量能够穷尽所有的生产力要素,科学技术、劳动力、厂房、设备、地皮等都可以以价值来衡量,股份制经营十分有利于企业的生产力要素的流动和重组,有利于资金的筹集,显示出强大的生命力。在实践中,股份制以极其迅猛的速度和规模发展。50年代以来,随着劳动生产率的迅速提高和职工收入的大幅度增加,以及"利益共同体"观念的促使,又出现了股份化的趋向,工业发达国家的有些企业60%~70%的职工都拥有股份。日本松下电器产业集团的创始人松下幸之助,只不过拥有该集团全部股份的3.8%(1977年状况）。资本的分散，股份化的推行，又大大地促使所有权和经营权分离。总之，股份化成了现代经济的另一个重要特色。这里需要特别指出的是，股份制并不是资本主义所特有的，而是商品经济和社会化大生产的必然产物。它本身并不具备特定的经济性质，其经济性质取决于社会生产方式和主要持股者，因而它可以适用于不同的社会制度。我国的问题在于找到适合中国国情、适应有计划商品经济和公有制的股份制形式。不应简单地把它视作资本主义的东西而拒之门外。

与股份制相伴而生的是企业的集团化。集团化是现代经济的又一个重要特色。严格说来，现代企业的主力阵容是以群体的面貌而不是个体的面貌出现的。形象地说是一种"葡萄状结构"，以产品（或工艺协作）为枝干将若干企业连接起来，成为休戚与共的利益共同体。这一方面是利益机制使然，使生产力要素最佳组合，充分发挥效应。另一方面又是激烈的商品竞争的必然结果，集团首先形成强大的经济实力，不为小挫所动，不为小难所阻。集团带来了群体优势，在拓展市场、开发产品、组织专业化生产、经营销售、优质服务等方面形成强大的合力，一种强大的竞争力，在这样一种物质基础上，形成一种顽强拼搏的"团队精神"，物质力量转化为精神力量。

综上所述，专业化、股份化和集团化乃是企业组合之大势，也是现代经济发展的基本趋向。在改革和治理整顿的实践中，我们应该把产品、产业结构和技术结构的调整与企业组织结构的调整有机地结合起来，做到以改组求发展，求效益。

三、确立改革、技改、改组三策并举的企业战略，把企业改组作为治理整顿中的一件大事来抓

改革、技改和改组是我国企业发展的根本大计，三个方面的工作都应该尽力做好。改革、技改已有相当进展，并取得很大成效，积累了不少好

的经验。企业改革的问题,应以整体优化、提高效益为主要目标,进一步深化、细化、配套。当前应重点抓好承包经营责任制和内部经济责任制的进一步完善。企业技改应着眼于结构调整,特别是产品结构的调整,优化投资方向,加强项目的实施管理,努力提高技改的微观和宏观效益。企业改组,应该说仅仅是开了一个头,"十个集团九个空",大体上都停留在松散联合的水平上,当前整顿治理已初见成效,生产降速,过旺的需求得到控制,整个经济运行趋缓,这对企业组织结构的调整来讲是一个难得的契机。我们应抓住机遇,狠抓企业改组,为日后经济发展奠定基础。具体来讲,应重点抓好四件事:

1. 坚决地迈开专业化改组的步子。不走专业化改组的路子,我国企业便难以跳出低水平重复低素质循环的旧轨,资产利用率、劳动生产率、质量水准和经济效益也就难以有大的提高。目前的问题,一是企业受地区、部门所有的禁锢;二是生产受协作环境的制约,协作配套件往往不守合同、不保质量、不按期交货,以及运输困难、成本费用偏高等,迫使企业不得不自求配套,结果小铸造、小锻造、小热处理和小电镀、小加工、小工具遍地开花,但效用发挥得又很差,造成人力、物力和财力的巨大浪费。降速、整顿治理给了我们一个良好的契机,现在到了迈开专业化改组步子的时候了。关于零部件专业化,一是龙头企业、优势企业要上品种、上质量、上成套、上批量实现规模经营,然后择优定点,扶植小而专企业搞零部件的专业化生产。二是在联合体、企业集团内部按专业化原则,进行生产调整,尽可能不重复布点、重复生产。三是对量大面广的标准件、通用件组织社会化大生产,把那些批量小、材料消耗大、生产效率低、产品质量差的厂点坚决地关掉,对那些领导班子强、管理较好、职工素质较高的企业给予大力扶植。关于工艺专业化,一是对新上的铸、锻、热处理和电镀、工具等要严格控制,尽可能不搞全能厂。对已有的厂点在能源、税收、环保、技改方面严加限制,不允许自由发展。二是在中心城市运用行政手段关闭、撤销一批任务少、耗能高、质量差的厂点;同时择优扶植任务较重、耗能低、质量和效率较好的厂点,适当投入,组建一批铸造中心、锻造中心、热处理中心、电镀中心和模具中心等。使这些工艺协作中心在生产能力、质量、成本、信誉方面形成比较优势，使"大而全"、"小而全"企业感到工艺协作比自己干有利，从而起到釜底抽薪的作用。从总体上讲，专业化改组是一项十分复杂的管理工程，不可能一蹴而就，要有一个比较长的过程才能实现。首先需要有规划，在全国、部门和地区有一个统筹安排。其次在实施过程中需要综合经济部门和行业管理部门紧密配合协同动作，特别是要有倾斜政策，财政、税收、信贷、技改等方面要有扶植和照顾措施。

2. 突破三不变的羁绊，推动企业集团大发展。企业集团出现后，可以说是一片颂扬之声，非难者寥寥，但当它要真正实行资产经营一体化时，设障、抱腿、釜底抽薪者比比皆是，步履十分艰难。这里关键是权本位思想作怪，主管部门的领导者把企业视作自己的"领地"，生怕缩小"势力范围"，陈腐观念成了主要的路障。事实还说明，前些年的企业层层下放并不成功。企业放下去之后，地区性的小环境并没有随之而改变。地方主管部门无力解决大中型企业能源、原材料、协作配套、销售、商情等方面的问题，只是增加了诸多"小婆婆"，其他方面的干预、摊派多了，无关痛痒的检查多了，关卡多了，办事更加慢了（当然也有管理服务得好的）。现在必须痛下决心，突破三不变的羁绊，对于跨地区、跨部门的企业集团，其主要成员企业该收的收上来，该划的划过来，有计划地实行改组、归并、兼并和联合，使生产力要素围绕产品目标重新优化组合。关键是隶属关系的突破，社会主义的全民所有制为什么不能改变隶属关系？这岂不是对社会主义优越性的否定？财税渠道的问题主要是一个财政包干、上缴基数的调整划转问题，通过有关财税部门的算账、协商不难解决。所有制关系也完全可以找到变通的处置办法。三不变的问题解决后，再辅以计划、财政、信贷等方面的扶植措施，企业集团就一定能够很快发展起来。

在组建、发展企业集团时，应形成两支主力队伍，一是国家级企业集团，所谓经济战线上的"国家队"。它由国务院专业管理部门直接领导，将国内有强大实力的企业组织联合起来，形成群体优势和规模经济能力，但又不搞垄断经营，使其在国内市场上发挥骨干、主导作用，同时又积极参与国际竞争,在实践中培植与世界强手抗衡的经济力和竞争力。在社会主义制度下大型企业全为国家所有,这应该是不难做到的。二是建立省、市级企业集团,所谓经济战线上的"省(市)队",由省、市直接领导,将省、市管辖范围内有较强实力的企业组织联合起来(当然也应该允许外省、市的一些企业参加进来,不应当地区封闭,画地为牢),也让其积极参与国内、国际两大市场的竞争,这样两支队伍构成我国企业的主力阵容,牵引带动一大批中小企业(包括一些集体、乡镇企业)逐步克服我国企业散、低、差的状况。当然一些有条件的地区和中等城市也可以建立自己的企业集团。

3. 精心搞好股份制试点。社会主义企业股份化,是实现社会化大生产、发展有计划商品经济的需要,也是企业组织专业化生产进而实现集团化的重要的财产组织形式和管理制度。许多试点企业的实践已充分说明,它有广泛的适用性和旺盛的生命力。当前应认真总结这方面的成功经验,并进一步搞好试点工作,特别是应当重点抓一批大中型企业的试点。

当前由于旧体制正在改造,新体制尚未建立,现行的许多政策、法规和管理制度不适用股份经济,所以部门、地区和国务院有关机关应制定一系列变通或过渡性的办法以利试点工作推行。亟待解决的问题是:(1)在股份制试点企业实行利税分流,把所得税率降到35%,国家再按国有股份分取"红利";(2)建立适应股份制企业的成本管理制度、财务制度和经济核算制度,以利企业处理好经济关系和搞好利益分配;(3)尽快建立资产评估机构、会计事务所、证券公司、交易所等机构,逐步形成统一的股票、债券市场;(4)尽快制订股份公司法、证券交易法(试行)等有关法规,将股份制纳入依法经营的正确轨道;(5)加强对股份制企业的引导和宏观管理。

我国企业的股份化要走一段比较长的路,要有一个在实践中探索、试验、改进、完善的过程,一蹴而就是不现实的,一哄而起也是要不得的,但应允许各种不同形式的试验,然后总结、提高,逐步向规范化过渡。

4. 把产品结构、产业结构和经济结构的调整与企业组织结构的调整有机地结合起来。当前我国经济的治理整顿，说到底是一次大调整。通过调整产品结构、产业结构和经济结构，解决总量失衡的问题，这是治本良策，也是实现我国经济良性循环的必由之路。对于这一点，我们认识得愈来愈清楚了。但是这三大结构与企业的组织结构又是紧紧地联在一起的。在什么基础上发展适销对路产品，增加有效供给呢？是继续在旧的企业格局中重复投资、低水平重复，还是有效组合、挖掘潜力、适当投入，形成新的产品优势；在什么基础上限制长线产品的生产，淘汰高耗能、高耗材、高污染、品质低劣产品的生产？是各级财政继续扶植、保护落后，还是坚决地把该关的企业关掉、该并的企业并掉、该破的企业破掉；对于目前各企业的闲置、积压、浪费的资产存量和智力、人力资源，是让它们继续封闭在"大而全"、"小而全"的角落里烂掉、荒废，还是让它们流动起来、使用起来，发挥应有的效用。毫无疑问我们应作后一种选择，把企业组织结构的调整作为结构调整的重要内容，统筹规划，合理安排。建议国务院行业管理部门、各省市在三年调整时期，结合发展规划的制定，围绕重大产品的发展目标，在认真进行调查研究、分析论证的基础上制定出企业改组、组建发展企业集团的计划、规划和实施意见，分步推进。

以专业化改组为主要内容的企业组织结构的调整，股份制的试点和进一步推行，企业集团的组建和大力发展，是紧密相连的改革和发展大计，应予全面构思统筹安排。

搞活国有大中型企业问题的思考[*]

　　搞活国营大中型企业的问题,成为全党全民共同关注的热点话题,企业界、经济界、政界也就此展开了热烈讨论。搞活国营大中型企业的问题(以下简述为搞活企业问题),关系着我国全民所有制企业的生存发展,关系着社会主义制度优越性的发挥,关系着国家的兴衰存亡,因此,引起普遍关注是理所当然的。但是,我觉得"热度"和"深度",特别是"深度"还有点不够。缺乏深度,不能上升到理论高度,就很难形成方针政策方面的意志和决心,也就很难有力有效地促使这一问题得到解决。

　　企业界、经济界关于搞活企业问题的研究和讨论,气氛是热烈的,有诉说,有呼吁,有呐喊,有针砭,有矛盾揭露,有深层次原因探讨,有对策建议等等。但也有些"王婆卖瓜",各强调某一个方面,谈现象多,究实质少,众说纷纭,莫衷一是。我觉得这里有一个前提条件没有解决,即企业搞活的标准是什么?没有标准就很难比较,没有比较也就难以鉴别。以下先就标准问题——"好瓜"的问题,陈述浅见。

---

　　* 原载《党校论坛》1991 年第 8 期;1991 年在全国"经济体制改革与发展研讨会"上宣讲。

一、企业搞活的标准

企业是国民经济的活的细胞,是社会生产力的主要担当者,是社会生产力系统中的一个基础环节,是生产力与生产关系的重要结合部,同时也是经济基础与上层建筑的重要结合部。因此,这个标准首先应该是生产力标准,改革不适应、不完善、不配套的生产关系,使之与生产力的发展相适应,从而极大地解放生产力;其次,还应有一个实践标准,即企业的活力表现为劳动生产率的大提高和经济效益的大增长,让人可以明明确确地用综合经济指标来衡量、来比较、来评价,而不是自我标榜、自我吹嘘;最后,这个标准应该体现上层建筑对经济基础的反作用。没有与社会主义的公有制相适应的为集体、为国家的观念与道德,公有制是难以存在并发展的。建设社会主义之所以比搞资本主义更难十倍、百倍,其关键难点就在于此。据此,我们提出一般的比较标准。

1. 高效率

利益机制形成,广大职工的主人翁意识确立,积极性和创造力被充分调动起来,工作效率显著提高。即高效率(解决效率问题之日,便是社会主义全民所有制企业改革成功之时)。

2. 高自主

自主经营、自负盈亏、自我发展、自我约束,因而具有很强的市场竞争能力和应变能力。即高自主(政企分开、两权分开的标准)。

3. 高效益

在价格基本合理的前提下,经济效益显著提高。即高效益(实践标准)。

4. 高后劲

技术进步、产品发展、资产增值、装备得到更新和改造,发展后劲更足。即高后劲。

5. 高觉悟

广大职工有较高的政治觉悟和职业道德。即高觉悟（思想标准）。

这"五高"体现了生产力与生产关系，经济基础与上层建筑的相互适应、协调和相互促进，体现着微观经济活动的良性循环，体现着有中国特色的社会主义。

除了按一般标准衡量企业的活力以外，还应该有个现实的实体标准，跟谁作比较呢？跟企业自己的过去比，总是在增长、在发展，很难找到差距并说清问题；跟乡镇企业、集体企业比，政治、经济、社会大环境、大政策相同有可比的一面，不同税赋、不平等竞争也有诸多不可比的一面；跟发达资本主义国家的企业比，从战略讲，可以而且应该比，主要是比发展速度，这是可比的一面，由于生产力水平不同，起跑线不同，不应该进行绝对量和质的比较，这又是不可比的一面。尽管如此，在横向上我们还是可以树起两面镜子来，内比活力较强的乡镇企业、集体企业，外比发达资本主义国家的企业，主要与其比发展速度。这是具体的比较标准（实体标准）。为了深入研究问题，我们还是应该以现象作为入门的向导。

二、我国企业的运营现状

今昔对比，改革开放十年来，我国企业的生机和活力是空前地增强了，主要表现在：确立了一些比较好的制度，比如厂长负责制、承包制等；经营机制大大增强，并有了一定程度的经营自主权；大锅饭、铁饭碗开始被打破，广大职工的积极性被空前地调动了起来；技术进步、技术改造进展较快、较好，企业的物质技术条件大大改善；广大职工和企业领导干部思想解放，观念更新，改革开放和发展意识增强了；等等。与旧体制下的状况比，这不能不说是巨大变化。但航船刚刚起锚，质的飞跃还远远没有实现，改革有待深化，现实中的许多问题发人深思。

应该说我国绝大多数国营大中型企业并没有搞活，难道不是这样吗？请看：

1. 低效率运行

社会主义的按劳分配原则并没有落到实处。平均主义在 80 年代初曾一度受到冲击,现在又开始复归,重新居于支配地位,工资是铁的,奖励是大体平均的,主人翁意识、主人翁行为还仅仅是一种美好的愿望,为社会主义现代化建设无私奉献忘我劳动的人还只是极少数,估计有 5% 左右吧! 大多数职工并没有把企业看成是"自己的",认为不要白不要,不拿白不拿,当老实人吃亏,离"当家做主"还有相当距离;消极、懒散、出工不出力、拖拉、扯皮的现象还相当普遍;如此等等。这就必然造成工作效率不高,劳动生产率低下,即低效率运行。

2. 低速度前进

企业依然是受制于许多"婆婆"的小媳妇,一步三回头,步步都艰辛。企业的生产销售计划、用工计划、内部人事安排、产品定价、工资形式和奖励分配办法、产品出口和技术设备引进、在建技改项目决策、银行贷款获取等等,几乎都无法自主决定,都需要艰难地、煞费苦心地往返乞求、奔波。不少问题,特别是基建技改项目的确认,要经历"马拉松式的长跑",十几遍、几十遍地去请示、汇报、审批,五六个月立项的情况是罕见的,一两年就算比较快了,有些较大的项目奋斗三四年,五六年,甚至七八年。项目确定了,国际国内市场情况发生了变化,"雨后送伞"、"马后炮"的事屡见不鲜。诸如此类,不一而足。所谓大权旁落,只能低速度前进。

3. 低效益循环

生产、技术、经济、管理和体制方面的诸多制约因素交互作用,经济效益低下,即低效益循环。

4. 低水准经营

企业"大而全"、"小而全",社会负担极其沉重。企业除了生产经营任务而外,还要管生育、教育、住房、医疗、就业、婚配、福利、民事、养老、送丧、抚恤等等。企业对职工要一包到底,死而不已。除此而外,企业还要应付来自各个方面各种名目的会议、检查、评比、社会摊派等,真是负重如牛,即低水准经营。

5. 低后劲发展

企业的自我积累能力弱,发展投入不足。技术的引进、消化、吸收和创新及产品开发进展不够快,设备更新改造欠账较多,造成工艺落后、设备陈旧、资产增值缓慢、发展后劲严重不足,即低后劲发展。

6. 低水平意识

从广大职工的思想境界来看,为什么劳动、为谁劳动的问题还很不明确,建设强大国家的精神动力不足,敬业意识不强,职业道德较差,等等,即低水平意识。

这"六低"构成企业的消极面、困难面,它帮助我们客观地揭示了企业内部和外部不同层次的矛盾和问题。

三、企业不活的机理探讨

企业不活是多方面原因造成的,既有历史原因,也有现实原因;既有内部原因,也有外部原因;既有主要原因,也有非主要原因;既有深层次原因,也有浅层次原因。我们在全面系统分析的基础上,搞清主要的矛盾系统,以把握企业改革、发展的基本方向是十分重要的。我认为从总体上讲是以下六个方面的原因。

1. 历史原因

众所周知,我国是在半封建半殖民地的基础上建设社会主义的,原来的工业基础相当薄弱,商品经济极不发达,宏观微观经济的管理经验以及技术管理人才都十分缺乏,经济秩序和经济环境也极不完善。一言以蔽之,社会主义初级阶段的生产力水平,决定了企业生产经营的初级水平。世纪差距不可能在短时期内得到解决。

2. 基本制度方面的原因

基本制度主要是所有制形式、分配制度和组织人事制度。这是企业现实生产关系最主要的方面,是各种经济条件中的决定性因素,"它构成一条贯穿于全部发展进程并唯一能使我们理解这个发展进程的红线"。

（1）关于所有制形式。社会主义的全民所有制和集体所有制，是保证社会公平和社会进步的基础和前提，这是必须肯定的。按理说这种社会存在应当"决定"出职工的主人翁意识来，但事实则不然，这是为什么？正如马克思所说"每一个社会的经济关系首先是作为利益表现出来的"，这里缺少了一个"现实的利益结合部"，全民利益与个人利益的关联是抽象的、模糊的、不确定的，这就不能使广大职工从关心自己的切身利益上来关心重视企业的生产经营。目前构成物质动力的"利益机制"相当薄弱，于是松散、懒惰等一切消极现象从这里产生了。另一方面究竟谁代表全民？所有权关系也是含糊不清的，无人真正对全民负责，侵蚀全民资产的现象也发生了。社会主义全民所有制的不确定性、不完善性在这里显现出来了，这是企业不活的深层次的原因。企业改革的战略性任务之一在于找到一种现实的所有制实现的具体形式。

（2）关于分配制度。比起所有制形式来，对生产力的影响，分配制度有更直接的意义。企业内部的所谓分配不公，不是矛盾的主要方面。吃大锅饭、搞平均主义才是问题的症结所在。平均主义首先表现在工资、奖励与职工劳动质量和数量的关联度很小。二是为企业和社会创造较高价值的技术劳动和管理劳动长期保持很低的收入，极大地挫伤了工程技术人员和管理人员的积极性和创造力。三是由攀比效应造成的"企业的超分配"，即职工实际收入的增长远远地超过其劳动生产率的增长（统计表明工业全员劳动生产率增长 2% ～3%，而职工实际收入增长在 20% ～30%），这样下去每年新增加的国民收入将被分光吃尽，甚至寅吃卯粮。这种微观超分配事实上已极大地影响整个社会的分配格局。四是福利主义愈演愈烈，大锅饭愈吃愈排场，愈吃愈讲究。以劳保和福利为名，总厂、分厂、车间向职工免费发放各式各样的生活必需品，如帽子、衣服、裤子、鞋子、手套、提包、白面、大米、粮油、白糖、茶叶、鸡、鱼、猪肉、水果等等，应有尽有。公费过年过节已是司空见惯，利润流失，积累减少，穷吃、吃穷，不言而喻。

平均主义是对社会主义按劳分配原则的全面否定，它从另一侧面瓦解着构成物质动力的"利益机制",从根本上瓦解着生产力的发展。企业改革的战略性任务之二在于彻底地打破"大锅饭",克服平均主义,实现按劳分配,解放生产力。

(3)关于组织人事制度。企业内部,人与人之间按照生产力发展的要求相互结合,构成一定的劳动组织和管理组织,使生产经营得以健康向前发展。但是,我们的组织人事制度没有能够提供这种充分的组织保证。企业干部,尤其是领导干部,坐"铁交椅",搞职务终身制,一方面压抑、埋没了不少有真才实学的人才,另一方面形不成"优胜劣汰"的竞争机制,于是产生了安于现状、墨守成规、不求进取、官僚主义、不讲效率、不注意工作质量等消极现象。在劳动制度方面,多年来,工人端"铁饭碗",拿"铁工资",进得来,出不去,大伙儿共吃一锅懒饭的局面难以改观。由于待业保险等社会保障条件没有形成,加上对社会安定的政治考虑等因素而搁浅,人们熟知的"三铁"已经形成阻碍生产力发展的组织原因。企业改革的战略任务之三在于切实地改革企业的组织人事制度。

3. 运行机制方面的原因

运行机制主要包括经营机制、发展机制和约束机制。三种机制的合力构成企业发展的重要原动力,即竞争力,它是企业活力的外在表现。

(1)关于经营机制。经营是管理的核心,经营是商品经济赋予企业的特定功能,它使企业生产与市场及社会需要发生联系,具有生存和发展能力。经营所追求的是社会需要、企业经营目标和企业能力三者之间的动态平衡。经营机制不强主要表现为经营观念淡薄,市场竞争意识不强,应变能力较差,购销两头薄弱。因此,造成企业不能从满足市场需求中获得好的经济效益。

(2)关于发展机制。发展机制主要是指企业的开发、开拓能力。开发是企业为了提高生产技术水平和服务质量,获得良好的技术经济效果,利用当代科学技术的最新成果,研制产品,改革工艺,改善服务,开发智力,改进经营管理的一种机能。开发一般分为产品开发、工艺开发、智力开发、经营管理开发。开发是企业技术动力的源泉所在。不遗余力地从事开发事业,是现代企业的一个重要特色。但是,我国企业的开发能力、开发机制更显得薄弱,主要是开发意识弱,开发投入不足,体制不顺,力量不强,管理不善,条件不佳,进度不快。造成企业严重缺乏后劲,难以在激烈的市场竞争中居于优势地位。

(3)关于约束机制。约束机制是企业自身的一种调控机制,具体为预算约束、市场约束和法律约束,它是企业生存发展的基本条件。我国企业的约束机制还基本没有形成,因此就出现化公为私、偷漏税款、截留利润、寅吃卯粮、消费膨胀、积累减少、市场丢失、行为失准等一系列消极现象。并且屡查屡犯,常纠不正,成了一种"弹簧症状"。约束机制之所以长期不能形成,其根本原因仍然在于产权关系不明,企业和职工的利益主体地位没有确立,当然就浪费不在乎,乱花钱不心痛。另外,有关的法律法规没有建立起来,或者有法不依,违法不究,法律约束软化。强化企业约束机制已是势在必行。

竞争力不强(即合力不强)是企业缺少活力的重要标志。其本质原因,一是旧的经济体制的制约,优胜劣汰的市场竞争环境没有完全形成;二是企业自身的运行机制较弱。增强竞争力必须坚持市场发育与企业运行并重的原则。

4. 素质方面的原因

企业素质主要包括技术素质、管理素质和职工素质。三种素质是企业生产力系统的基本要素,它们相互结合、相互作用,直接影响着企业的运营效率和质量。管理素质又反映生产过程中人与人之间的相互关系。属于生产关系的范畴。

(1)关于技术素质。技术素质一般以两种形态存在:一是智力形态(软件),即人对科学技术知识掌握和运用的情况,它构成企业的无形资产,如商标、专利、发明、工艺、技术、信誉、知名度,等等。二是实物形态(硬件),即工具、装备、仪器、仪表、场所、环境、动力系统、控制系统、信息系统等,它是企业完成生产经营任务的技术手段。随着生产高度专业化、社会化、自动化,技术的作用愈来愈重要。有了高的技术便有高质量、高效率、高效益,商品竞争实质是技术的竞争。这方面的主要问题是投入少、技术进步不快、工艺落后、设备陈旧,直接制约着生产力水平的提高。

(2)关于管理素质。管理方面的主要问题,一是领导制度尚不健全有力,"三驾马车"往往难以形成合力;二是管理体制尚不顺畅,集权与分权的问题、管理幅度问题、管理层次问题、决策问题还没有解决好;三是管理组织、机构重叠臃肿、人浮于事,难以高效运转;四是以经济责任制为核心的规章制度尚不健全;五是育人、用人、管人的问题尚待改进提高。

(3)关于职工素质。职工是企业生产力系统中的主体性要素,也是唯一具有能动性的要素。在一定的物质技术条件下,它居于主导地位,起支配作用。职工素质主要是指职工的身体素质、文化素质、科学技术素质和思想素质。职工素质不高是多种因素造成的,核心问题是有效的激励机制(包括物质的、荣誉的、地位的、精神的等激励)还没有完全形成。因此,职工奋发向上、积极进取的精神不够充沛,松懈了对自身的要求,思想、知识、能力提高不快。商品竞争归根到底是人才的竞争,提高职工素质也属当务之急。

5. 企业组织结构方面的原因

企业"大而全"、"小而全"表面看来似乎是企业自身的问题,实质是社会生产力布局的问题,是办企业的方向造成的问题。小生产观念浓厚,商品经济和社会化大生产很不发达的我国,受苏联产品经济模式的影响,造成这样一种企业组织结构格局。其严重弊端一方面在于企业的社会负担极其沉重,企业领导精力分散,严重削弱了生产经营工作。与发达国家的现代化企业相比,我国国营大中型企业就像一个体重二三百斤重的大胖子,行动迟缓,步履艰难。另一方面是专业化生产很难组织起来,规模经济能力、规模效益难以实现。这就严重地制约着企业的发展。企业的改组、兼并、联合和集团化势在必行。

6. 外部环境条件方面的原因

企业的外部环境条件主要包括经营环境、社会环境、政策环境和改革环境。总体来讲这四个方面有改善,有反复,不宽松,不协调,不尽如人意。

（1）关于经营环境。一是价格极不合理，未能形成公平竞争环境条件，造成企业间严重的苦乐不均。二是生产资料、技术、劳务、资金、资产、人才等市场体系很不成熟、很不完备，极大地制约着企业的生产经营活动。三是流通不畅，直接影响生产和销售。四是资金供给严重不足，企业缺少经济血液，有的已处于停产、半停产状态。五是国家对个体经济、私营企业、乡镇企业、集体企业税赋轻、干预少，对其经营手段也不作限制，同时引导管理不够，导致低水平重复，与国营企业争原料、抢市场。由于不公平的竞争，形成一种"小鱼吃大鱼"的态势。

（2）关于社会环境。社会环境总的来说是好的，安全、稳定。主要问题，一是社会保障系统没有建立起来，因此，该破产的企业不敢破产，包袱由国家长期背着，生产要素也难以流动，此外企业内部的一些改革措施如劳动优化组合难以实施。二是如前所述企业的社会负担过于沉重。

（3）关于政策环境。政策环境总的来说是比较好的。问题在于各项政策衔接配套不够，有些政策甚至相互撞车、掣肘，因而有关政策的整体功能不够强有力，政策的贯彻实施不够理想。

（4）关于改革环境。改革的大政方针是明确的。问题是对企业改革的深层次问题研究得很不够，当然办法就不多，于是"深化改革"变成一种乏力的号召，大有裹足之势。相应的企业改革的目标模式、总体设计、实施步骤也就跟不上来。宏观指导、政策导向也显得不够。因此，企业改革这一关键环节尚处在一种自发状态，出路在于向自觉状态的转变。

以上六个方面构成搞活企业的主要矛盾系统，它们相互渗透、相互依赖、相互作用、相互促进，推进企业向前发展。紧迫的任务在于完善与生产力发展的要求不相适应的生产关系以及上层建筑，能动地把企业改革推向前进，这是搞活企业的根本出路。

四、搞活企业的对策、措施、建议

根据对企业不活机理的认识，提出以下对策、措施、建议：

1. 加快企业基本制度改革的步伐

（1）发展完善承包制、租赁制，加速推行股份制。承包制是现实的选择，符合我国国情，有生命力。它所规定的"包死基数、确保上缴、超收多留、欠收自补"的原则，让企业和职工有一块看得见的经济利益，形成了一定的"利益机制"，企业的物质动力增强了，因此职工的主人翁意识和劳动热情有所增进。目前关键是要建立科学的指标体系，严格考核，从制度上解决企业行为短期化的问题。全员抵押承包有利于"利益机制"的强化，应加以推广。租赁制也是一种较好的形式，同样能够形成一定的"利益机制"。但是国家不能只收租金不计其他，也须有资产增值、技术进步、技术改造等其他方面的考核条件。

股份制是现代企业资产组织管理的一种有效形式，它绝不是资本主义所特有的。它产生于社会化大生产，对资金的需求量很大，而个人掌握的资金又十分有限，于是就产生了这样一种筹集和运用资金的方式。它是社会化大生产的产物；又由于价值量可以穷尽所有实物量，它又十分有利于生产要素的流动和优化组合。因此，它在商品经济的发展中有明显的优越性。在我国推行股份制，国家控股，企业和职工个人参股，其现实意义在于有了一个"现实的利益结合部"，也即形成一个国家、企业和职工三者利益紧密结合的"利益共同体"，极大地增强了企业的"利益机制"，使广大职工从关心自己的切身利益上关心重视企业的生产经营，同时，必然极大地增强职工的主人翁意识和主人翁行为，积极性和创造力会焕发出来，企业活力的增强不言而喻。但是，与其他任何事物一样，它必然带来一定的消极因素，比如不可避免地出现金融投机和食利者阶层，在社会主义制度下，这是完全可以规范和限制的。

（2）以克服平均主义为核心目标，改革分配制度。首先要改革现行工资制度，许多企业的实践说明，岗位工资、计件工资、定额工资、结构工资等是比较好的工资制度，较好地体现了按劳分配的原则，应积极加以推广。其次现行的奖金分配办法必须改革，使其真正与劳动的质量和数量挂钩，并继续搞好质量否决权，切实体现奖勤罚懒、奖优罚劣。加强奖金的宏观调控已是势在必行,建议国务院颁布《国营工业企业奖金管理条例》;最后是下决心解决"脑体倒挂"的问题,为技术劳动和管理劳动注入新的活力。这里,一需要决策者的勇气;二需要把道理向工人同志讲清楚,以免由此引起思想混乱;三需要坚决煞住攀比效应和福利主义倾向,职工的实际收入一定不能高于人均利税(或劳动生产率)的增长幅度,这要作为一条铁的分配纪律确定下来,并严格付诸实施。否则它将酿成一场新的"经济灾祸"。关于"工效挂钩",不能把效益等同于利润,也应建立一个包括质量、成本、利润的指标体系。

(3)以搬掉"铁椅子"、端掉"铁饭碗"为核心目标,改革组织人事制度。一是推行"干部的聘用任期制",坚持德才标准,注重实绩考核,能上能下,优胜劣汰。二是继续实行优化劳动组合。

2. 全面系统地改革企业的运行机制

增强竞争能力和应变能力是改革企业运行机制的中心目标,因此在经营机制、发展机制和约束机制发展完善的设计中,都要十分注意两种能力的培育和增长。

(1)强化经营机制。一是树立商品经济观念,端正经营思想,确立正确的经营原则;二是认真制订经营战略、经营目标、经营方针和经营策略;三是搞好经营计划的编制、实施与调整;四是加强经销力量,健全经营机构;五是重视对市场的调查、分析、预测与开拓;六是搞好科技信息、经济信息与市场信息的捕捉、加工和利用;等等。

(2)强化发展机制。一是树立强烈的发展意识,苦心从事发展事业;二是加强开发力量,建立健全开发机构;三是理顺开发体制,加强开发管理;四是下决心增加开发投入;五是改善开发的物质技术条件;六是增强开发的激励机制,重奖(精神的和物质的)对开发做出突出贡献的人员;等等。需要特别指出的是,发展的关键是要增强企业的自我积累能力,因此,必须处理好积累与消费的关系。

(3)强化约束机制。一是强化预算约束,国家、企业和职工三者利益关系要有硬性规定(法的规定);严格执行如前所述的铁的分配纪律。二是强化市场约束,面向市场,坚决地执行"以销定产"的经营方针。三是强化法律约束,加强法制观念和法制纪律,坚决纠正有法不依、执法不严、违法不究的倾向;尽快制订经营法、奖金管理条例等企业法规;企业内部制订生产、技术、财务、组织人事等方面的厂规、厂纪(可以叫做企业立法)。

3. 在全面提高企业素质上下真功夫

全面提高企业素质是搞活企业的治本措施之一,此项工作须持之以恒、常抓不懈,主要是根据企业自身的情况以及改革发展的要求,制订出素质标准、工作要求和措施办法,定期进行素质评价,不断推动。提高技术素质应以发展产品为核心目标,强化开发机制,加速技术进步和技术改造。管理落后是企业的关键问题之一,提高管理素质应加快管理制度、管理组织方面的改革步伐,积极推动管理现代化。提高职工素质,即一要形成引导职工奋发向上的激励机制,使素质高、贡献大的职工在工资、资金、职位、荣誉等方面都优于素质差、贡献小的职工;二要严格要求,在这里还应特别注重提高经营者素质,建立优秀管理人才得以重用的干部制度,并对现在的经营者进一步培养、提高。

4. 以专业化改组为主线,大力推动企业的兼并、联合和集团化

生产专业化是现代企业发展的必由之路,是企业实现规模经济能力和规模效益不可替代的生产组织形式。因此企业组织结构的改革,应以专业化改组为主线。改革中要创造社会条件,促使那些产品方向不对、无法生存下去的企业破产,要引导优势企业兼并劣势企业。企业的各种形式的经济联合应鼓励其发展,但不应滥用公司、企业集团的名称。把握住经济纽带(主要是资产纽带、产品纽带、工艺协作纽带和技、工、贸结合纽带),大力推动企业集团的发展。企业集团应该是企业的利益结合体,而不应该是别的。快马是赛出来的,一个十分重要的问题是,我国企业一定要积极主动地参与国际经济大循环,走出国门与发达国家的企业搞联合,宁愿从做配角、小伙计开始。同时,到第三世界国家去开创事业。这样我们就必然在激烈的国际竞争中得到陶冶与锤炼,活力一定会大大增强。

5. 为企业创造一个公平竞争的外部环境条件

（1）关于经营环境。一是价格体系的改革应适当加速，逐步取消价格"双轨制"；二是建立统一开放的市场体系的步伐应大大加快，以尽快形成优胜劣汰的市场竞争环境；三是大力加强流通工作，货畅其流，启动市场；四是下决心尽快解决"三角债"、"多角债"问题，缓解资金矛盾；五是对个体经济、私营企业、乡镇企业和集体企业加强引导和管理。

（2）关于社会环境。一是尽快建立社会保障体系；二是采取切实有效措施减轻企业负担。

（3）关于政策环境。一是解决好政策的衔接配套；二是对政策实施加强监督和检查。

（4）关于改革环境。一是对企业改革的深层次问题加强调查研究；二是加强对企业改革的宏观指导和政策导向。

搞活企业是一个历史过程，不可能一蹴而就。否认过程就是否认矛盾，否认矛盾是违反辩证法的。首先，搞活企业的过程是一个发展生产力的过程，技术进步了，生产条件改善了，产品结构优化了，就会能动地改造整个企业，促使企业改善经营管理并提高自身素质。其次，搞活企业的过程是一个发展完善生产关系的过程，一种适应生产力发展的新型生产关系不是一项具体的工业工程，而是一项牵涉面极广的复杂的社会系统工程，需要探索、试验，难免曲折和反复，也需要全面推动，因此就很费时费力。再次，搞活企业的过程也是一个塑造新型上层建筑的过程，新观念、新思想、新品质、新道德的培育需要正确的政治路线、良好的党风和社会环境，需要实践和创造。这更是一项十分艰难的社会工程，完成起来更加不易。这一切决定了搞活企业的历史进程。但这个目标也并非可望而不可及，只要运筹有方，经过全党、全国人民特别是广大企业职工奋发努力，就可以在不太长的历史时期内完成此项光荣而艰巨的任务。

实施"产品战略",推动我国经济全面发展[*]

产品(本文所谈的产品主要是指工业产品)以其自身特有的属性满足人们物质和精神生活的需要。产品是人类物质文明的标志。产品水平代表着社会的生产力水平。蒙昧时期的渔猎产品,代表了原始社会的生产力;铜器时代的农牧产品和手工业产品代表了奴隶制社会的生产力;近代的汽车、轮船、飞机等产品代表着工业化时代的生产力;电子信息等高新技术产品代表着现代社会的生产力水平。

产品一进入市场便成了商品。人们除了离不开阳光、空气和水,便离不开商品。人类各式各样的经济活动都是围绕产品和服务转的,高度重视产品和服务,是现代物质文明的重要特色。

一、产品与科学技术

从本来意义上讲,人们日益增长的物质和精神生活的需要,推动着产品的发展,而产品的发展又推动着科学技术的进步。众所周知,计算机和

---

* 原载《经济管理》1993 年第 11 期。

许许多多电子产品极大地推进了微电子科学的长足发展。但是，科学技术的发展，反过来又大大提高了产品的设计制造技术，并孕育出许许多多的新产品。产品和科学技术相互促进，创造了灿烂的人类文明。产品是科学技术的结晶，没有现代科学技术做后盾，产品的品种难以发展，质量难以提高。在很大程度上，离开发展产品，去搞纯粹的应用研究，则科学技术也难以有大的发展。

二、产品与企业

企业（本文所述企业主要是指工业企业）的各个生产环节中，产品起着决定的作用，"产品图纸"就是命令，从直接支配生产这一点来讲，它的权威比厂长（经理）还要大，或者说连厂长（经理）本人，在某种程度上也受产品的摆布。我们甚至可以说企业的一切生产经营活动都是围绕产品转的，产品决定工艺、工装和设备，产品决定生产组织和劳动组织，产品决定供销、财务等等。比如帽子工厂，它的一切生产、技术、经济和管理活动，都是围绕帽子转的，帽子左右一切。可见，产品是企业运转的轴心。同时，产品也是企业的饭碗，企业靠产品吃饭，靠产品为国家作贡献。企业有了产品优势，才会有经济效益优势。

总体而言，产品是企业的产儿，企业引进、研制、开发了产品，并依其谋取生存发展。但同时应该看到，产品对企业也有着强大的改造作用，一种高水准的新产品上马，可以全面提高企业的制造水平、经营管理水平和整体素质，并可造就出一大批优秀的技术工人和科技管理人才，把整个企业带入一个新境界。产品推动着企业的发展。产品在微观经济中的地位和作用是显而易见的。

现实而言，我们的许多企业消化吸收和自己研制、开发产品的本领很差，可以说它们基本上没有"生育能力"或"生育能力"很弱，结果使自己生产经营的产品几十年一贯制，长期停留在低水平线上，市场竞争能力很差，经济效益很低，严重缺乏发展后劲。这是企业发展机制不强的集中表现,也是经营机制转换迟缓的本质原因。这一问题如不从根本上加以解决,搞活搞好企业就是一句空话。

三、产品优势与经济优势

从我们的整个工业经济来看,十分突出的问题是经济效益不佳。经济效益不佳,原因是多方面的,生产关系、经济体制、运行机制和人的积极性方面的问题正在着力解决。从生产力角度看,一个相当普遍的问题是产品落后,具体表现为:初级产品多,深加工及高新技术产品少;低档产品多,中高档产品少;滞销、平销的产品多,畅销的产品少;小批量产品多,有规模经济能力的产品少;亏损、薄利的产品多,厚利产品少;内销产品多,外销产品少。这"六多六少"说明我们的产品结构是极不合理的,代表生产力水准的产品水平是低下的。

市场竞争,说到底是商品竞争。由于缺少商品优势,我们在国际国内两大市场的激烈竞争中处于不利和劣势地位。我们付出的代价并不低,但我们得到的却很少。严峻的现实告诉我们:现代社会、现代经济,产品落后一切落后,没有产品优势,就不可能有经济优势。先进优良的产品既可以解决微观经济的问题,也可以解决经济总量、经济结构、产业结构和经济素质的问题,并且还可以极大地推动整个社会的科技进步。产品在宏观经济中的能动作用也是十分清楚的。因此,我们必须确立"产品战略",把引进、研制、开发优势产品,形成比较经济优势,作为推动我国经济迈上新台阶的根本任务来抓。

四、产品战略

"产品战略"是说我们要把产品发展作为企业发展和整个经济发展的战略性任务来抓,要高度重视,倾注全力,持之以恒。具体来讲,主要是:

1. 把发展"四大产品"作为战略目标。"四大产品"即高新技术产品、拳头产品、名优产品和出口创汇产品。高新技术产品是以电子信息产品、生物技术产品、新材料、新能源产品、精密重化工产品为代表的技术密集产品。此类产品一般都有极高的经济效益,并能够牵引带动科学技术的发展;拳头产品指能够大批量生产,有规模经济能力和规模效益,能够辐射、带动一大批企业,能够形成自己的优势和特色的产品;名优产品就是通常所说的优质名牌产品,产品品质优良,知名度、信誉度很高,竞争力强,在两大市场上畅销。名优产品也可能就是拳头产品;出口创汇产品就是在国际市场上有竞争力,能够赚取硬通货的产品。我们应把发展"四大产品"作为全国、各行业、各地县经济上新台阶的核心目标,作为牛鼻子,引进、科研、技术改造、设备更新、人才培养等各项技术经济活动都围绕发展"四大产品"来进行。这样,就能够比较快地形成产品优势和经济优势。

2. 实行"拿来主义",高度重视产品的引进。一种新产品,特别是高新技术产品的研制、开发绝非一朝一夕的事,它们是无数科技人员,在一定的环境条件下,经过长期辛勤劳动的结果。某些复杂的产品从选题、试验研究到商品化,需要几年、十几年,甚至几十年开发期。并且还要有雄厚的资金、人才实力和良好的物质技术条件。目前,后进国家和地区实现超越发展的一条共同经验是对新产品、新技术、新工艺、新材料和新设备不惜重金引进,实行"拿来主义"。日本在六七十年代高速度发展,创造世界经济奇迹,亚洲"四小龙"异军突起,都得益于这一点。我们应借鉴这一成功经验,坚决地实行"拿来主义",首先是结合自己的实际,大力从国外引进新产品和各类先进产品,使之尽快形成生产能力,并商品化,借梯上楼。同时,我们还应重视资金、技术和人才的引进,搞全方位的引进和拿来,这样,我们的产品水平和经济实力就会有一个大的提高,我们的发展步伐就会大大加快。

3. 坚持市场导向,着力抓好产品结构的调整。产品结构的调整,是产业结构和经济结构调整的基础和前提,也是改善经济素质的根本措施,在发展产品的过程中,要十分注意产品结构的调整和优化。产品结构调整必须坚持市场导向的原则,一方面对两大市场适时进行分析、调查、预测,按照市场所需,组织安排产品的研制、开发、生产和销售。另一方面要以新产品的新花色、新品种、新款式、新功能和新用途来引导消费,创造新需求、新潮流和新市场。具体来讲,一是要抓好产品的开发性调整。除从国外大力引进新产品和各类先进产品外,要加速新产品的研制、开发,促进科技成果商品化,使"四大产品"占有越来越大的比重。二是要抓好产品的适应性调整。对现有产品按照市场需求情况,不断进行分类排队,对适销对路产品开足马力生产,对平销产品适度生产,对滞销积压产品限制生产,对淘汰落后产品坚决停止生产。通过积极进取的产品结构调整,使新产品、新产业迅速成长起来,使新的骨干产业充实壮大起来,进而实现整个经济的结构优化、素质改善和效益提高。

4. 企业要建立强而有力的开发系统,加速新产品开发。企业的发展机制是其经营机制的动力源,发展机制薄弱是经营机制转换迟缓的根本原因之一。发展机制集中表现为企业的开发能力(产品开发、工艺开发、智力开发和管理开发)。这里存在的主要问题是领导不力、关系不顺、机构不全、队伍不强、投入不足、管理不善、效果不佳等一系列问题。在这样的条件下,即便我们不惜重金搞引进,也难以消化吸收并创新,也难免落后。因此,我们的企业应下决心解决"生育、养育能力"的问题,建立、健全自己的开发系统,加速新产品的研制开发,并大力推广应用新技术、新工艺、新材料和新设备。这里需要系统解决问题,加强领导,理顺体制,健全机构,充实加强队伍,大幅度增加科技开发投入,加强开发管理,建立严格的项目责任制,特别是要重奖有突出贡献的科技管理人员,形成强有力的激励机制,等等。如此,我们的企业就能真正插上科技翅膀,就会在市场经济的广阔天地中自由翱翔。

5. 大力促进科技成果商品化。我们的高等院校、科研单位和企业的不少科研成果长期停留在试验室里,难以商品化。这里既有体制和管理方面的问题,也有资金投入不足的问题。我们应采取治本措施,下决心解决科技成果商品化的问题。一是以产品为纽带,建立产、学、研利益共同体,形成一大批科技先导型企业。二是多形式、多渠道筹集资金,增加科技投入,加快试验研究工作的步伐。三是通过发展完善承包经营责任制,解决企业行为短期化问题,使其高度重视产品的更新换代、技术进步和技术改造问题。

五、产品战略的实施

实施"产品战略",根本问题是企业要唱好主角,不能等、靠、要,不能望难却步,而是要积极进取,创造条件上。当然,经济管理部门、科研单位、金融部门以及其他有关部门要形成共识,大家共同为企业形成产品优势和经济优势提供支持和帮助。具体来讲,大家应合力抓好四方面的工作:

1. 精心编制产品发展规划。发展战略和发展规划是发展的眼睛,企业要在对两大市场调查、分析、预测的基础上,把握好产品发展方向,按照企业经营目标,分别轻重缓急,对新产品的发展,生产一代,试制一代,开发一代,预研一代,梯次推进。同时,围绕发展品种,提高质量,扩大规模,筹划安排好引进、技改、基建、人才培养等方面的工作。各地县、各行业结合区域经济和产业经济的发展,也应精心编制其发展战略和发展规划。两个方面的战略和规划要衔接好。

2. 多形式多渠道筹集发展资金。发展产品需要大量的资金投入,企业的自有资金往往难以满足,要通过引进资金、银行贷款、职工集资、发行股票债券等多种形式、多种渠道来筹集资金。产品的研制开发所需的费用,一定要通过建立新产品开发基金来解决。

3. 建立风险投资。许多产品,特别是某些高新技术产品,一旦研制开发成功,批量生产投放市场,其经济效益是相当可观的。但往往因技术或市场变化等原因,导致产品研制开发的失败,前功尽弃。因此,对新产品的投入风险是很大的。解决这一矛盾,迫切需要建立社会的风险投资。

企业利用风险投资,产品发展获得成功时,要负担高额利率。反之,当企业在这方面遭到失败时,可以既不付息,又不还本,不会由此而导致企业破产。总体而言,这种投入机制对新产品、新技术的发展是非常有利的。

4. 建立严格的责任制,实施项目承包。长期以来,企业对产品研制开发的管理是十分松散的,无人负责,抓而不紧、奖罚不明的状况十分普遍。许多新产品上马的基建、技改项目三四年、五六年甚至七八年都搞不上去,成了"胡子工程",往往是项目上去了,市场情况变了,产品没有销路了,造成人力、物力、财力上的巨大浪费。因此,企业需要建立严格的项目责任制,定项目负责人,定完成期限,定经济指标和工作质量标准,定奖惩,并且最好是实行项目承包。这样,就会大大加快项目的实施,加快产品发展的步伐。

全面创新企业"六大机制"，
切实转变经济增长方式*

企业作为社会主义市场经济的主体,必须与市场接轨,创新机制,增强活力,以市场为导向组织生产经营。目前,国有大中型企业存在着体制不顺、制度不新、机制不活、管理不善、装备不良、包袱不轻、资金不足、环境不佳等问题,这些问题集中表现在机制不活上,而机制不活的根本原因是缺乏适应市场经济的内在发展动力。解决这个问题需要从强化企业的动力机制和运行机制入手,建立健全企业的利益机制、激励机制、竞争机制、经营机制、发展机制和约束机制,这是企业实现两个转变的根本保证。

一、全面创新企业利益机制,正确处理
所有者、经营者、劳动者的利益关系

在发展社会主义市场经济过程中,正确处理好所有者、经营者、劳动者的关系,实现三者利益的有机结合,是建立健全企业利益机制的中心环

---

　　* 原载《经济工作通讯》1996 年第 13 期。

节。恩格斯指出：世界上一切经济活动都是为了经济利益，没有经济利益也就无所谓经济活动。企业的根本特征是从事商品生产和经营，利益是其存在和发展的首要条件。利润最大化是企业的最主要的经营目标。不追求利润，企业就失去了存在的必要。从企业内部看，企业对利润的追求又可分为企业的投资者（所有者）、经营者和劳动者对各自经济利益的追求。投资者以追求更多的投资回报为动力，经营者以期望获取经营劳动的更多利益为动力，劳动者则以个人得到更多收入为动力。这是客观的经济规律，只有遵循这一规律，才能完善企业的利益机制，规范企业的分配行为。企业的利益分配要坚持工资总额的增长不高于利税的增长，个人收入的增长不高于劳动生产率的增长的原则。用这个原则来衡量，就不能超分配。决不能以吃国家资本来提高个人所得。对职工来说，就是要把个人收入的提高建立在提高劳动生产率的基础上。除了对工资总额进行规范化管理外，企业领导的分配行为也必须规范化。现在确有一些企业一面在亏损，一面在铺张浪费。这几年，企业的不规范行为，企业经营者的隐形收入始终困扰着企业，影响了企业活力。因此，必须把职工的利益和企业的利益捆在一起，在一条船上航行。在建立现代企业制度的过程中，所有者的代表要通过法定的机构进入企业，在企业内形成所有者、经营者和劳动者的正常关系，使所有者的利益得到保障，使劳动者的权益得到维护，使经营者的权利受到保护，形成一种有利于增强企业活力的利益关系。

二、全面创新企业激励机制，充分调动
职工的积极性、智慧和创造力

企业管理的主要任务之一，就是要调动职工的积极性，提高工作效率，实现企业的经营目标。从一定意义上讲，积极性就是一种生产力。发展社会主义市场经济，必须开发人的能力，充分发挥人的积极性和创造力，使每个人都切实感到力有所用，才有所展，劳有所得，功有所奖，自觉

地努力工作。在具体工作中,必须把对企业整体的激励与对企业职工个人的激励结合起来,同步推进。从企业总体来讲,对企业激励的关键是搞好产权制度改革。当前,我们进行的产权制度改革对企业整体的自我发展具有重要的激励功能,法人财产权的确立意味着产权的主体利益和责任区间的界限明确化,产权主体利用产权来谋求自身利益时,产权的持久性会使产权主体更多地追求长远利益,由此会产生强有力的激励功能。从微观层次来说,要从责权利结合上,提高企业职工对国有资产的关切度。在企业内部建立激励机制,通过目标激励、强化激励、支持激励、榜样激励、荣誉激励、竞争激励、领导行为激励等多种激励途径,调动职工的积极性、智慧和创造力。要坚持物质激励和精神激励相结合的原则,坚持以精神激励为主。如果仅仅使用物质激励,职工的积极性是不能充分发挥出来的。当今西方经营管理有方的成功企业,大都推崇"以人为中心"的管理方法,致力于培养企业精神,以激发人的内在动力,培养人的积极性和创造力。为了保证物质激励和精神激励的有效性,必须制定科学可行的激励目标。群体奋斗目标作为一种期望值,在期望概率适当的情况下,对群体具有一定的激励作用。期望值一经群体认可,就产生了精神驱动力。因此,管理者要善于提出并制定既鼓舞人心又切实可行的企业目标,使职工看到企业的美好前景,激发职工对美好未来的追求和向往;同时善于把企业的大目标分解成企业所属部门及个人的奋斗目标,并帮助制定其达到目标的有效步骤和方法,从而发挥出职工最大的创造力。

三、全面创新企业竞争机制,大力
增强企业职工的凝聚力

系统论主张用政治、经济、文化全方位的观点看待经济运行机制,既注意市场的调节,又注意政治的调控和文化的调适,强调对人的尊重和提高人的科学文化素质。我们是社会主义国家,人在生产中应当不只是获取利益的工具,而是生产本身应当成为直接满足人的非经济需要和自我价值实现的工具。实现职工自我价值的根本途径是创新企业的竞争机制,没有竞争就不能发展;没有竞争企业就会停滞,职工就会懒惰。要坚持企业内部竞争和外部竞争的统一,把内部竞争作为促进工作的重要手段。把外部竞争作为促进企业内部竞争的推动力量。从外部来讲,要把产品品种质量作为企业竞争力的动力源,把产品的价格作为企业竞争力的推进器,把产品售前售中售后的服务工作作为提高企业竞争力的重要手段。就企业内部而言,要把岗位技能竞争、职业道德竞争、工作贡献竞争和个人利益竞争有机地统一起来,促进社会主义精神文明建设,使企业内部职工在社会主义劳动竞赛中获得竞争利益,实现自身价值,实现岗位技能的提高和职业道德的升华。要在坚持遵守道德与法律的前提下开展竞争,反对任何不正当竞争。在现代社会,即使在现代资本主义社会,如果一个企业不顾社会规范,不择手段,唯利是图,最终也必将为社会所淘汰。要坚持尊重知识、尊重人才,鼓励企业职工为技术革新和技术改造多做贡献。特别是在企业各层次领导班子的选拔上一定要坚持一看公论、二看政绩的原则,使之更有利于全体员工钻研业务,提高素质,增强内部活力,推动管理向高水平发展。

四、全面创新企业经营机制,不断提高企业的经营生产力

概括地说,企业经营机制决定企业的活力,企业的活力是企业经营机制的反映。形成企业强大的经营生产力是企业改革的重要任务。过去在计划经济体制下,习惯于只问生产,不问资产;只讲企业的生产规模,不讲企业的资产负债结构;只顾向企业索取,不考虑企业资产的补偿、更新与增值。反映在企业管理上,是着重资产物质形态的运营和供产销的循环,而较少关注资产价值形态的变化,忽视资产资本金的保值、增值和资产总体结构的优化;着重于产值、产量的增长和生产规模的扩大,见资金就要,见项目就上,而很少考虑资产收益率、资本金利润率和投资回报率。特别

是长期以来只重视产品经营,忽视资产经营和资本经营。再加上条块分割的管理体制和价格体系的扭曲,使得企业中的国有资产存量凝固化,增量也难以根据市场需求做最佳配置;使国民经济各部门、各行业、各企业之间,一方面资产大量闲置,物不能尽其用,而另一方面,需要重点发展和扶持的,生产能力又严重不足,"瓶颈"制约十分突出。从根本上讲,这是企业经营机制不健全、生产关系未理顺、资产经营和资本经营恶化的结果。因此,我们必须在实现企业制度创新的同时,从根本上构建新的经营机制。在坚持政企分开的前提下,完善企业内部的生产关系,理顺企业内部管理体制,实事求是地进行经营模式和经营制度的创新,实现国有资产的有效运营,使国有企业从传统体制下资产的实物管理转变为价值管理,从静态管理转变为动态管理。经营业绩的优劣,取决于国有资产运营质量的高低。要使企业真正成为自主经营、自负盈亏、自我发展、自我约束的法人实体和市场竞争主体,其根本点就是要在理顺产权关系的基础上,使企业具有商品生产经营者都应当拥有的全部权利,承担起国有资产保值增值的责任。这样,企业的自主经营,就不仅是经营产品,更重要的是经营资产和资本,实现国有资本的良性循环;企业的自负盈亏就不再是一句口号,而是有法人财产作保障,能够独立承担民事责任;企业的自我发展,就不仅是依赖银行的信贷支持,而主要是资产增值和资本盈利;企业的自我约束,就是通过利益与风险相一致的资产、资本经营责任的约束,解决国有资产、资本经营约束乏力的问题。

五、全面创新企业发展机制,从根本上增强企业发展后劲

企业的发展机制是指企业在经济动力的驱动下,不断创新、谋求发展的机能,是企业发展产品、改进工艺、改善经营管理的一种机制,它决定着企业第一生产力的状况,决定企业的发展后劲,是经营机制的强大推进器。企业在市场经济中经营,犹如逆水行舟,不进则退,企业只有不断地

求发展,才能生存下去。改革开放十多年来,尽管企业发展机制一直比较薄弱,企业仍未摆脱粗放型和速度型的特征。速度高时,企业可以在原有的基础上,扩大生产,利用简单的规模扩张获得效益,日子相对好过,对技术改造和结构调整不重视;当经济收缩期到来时,市场需求减弱、企业技术水平低、应变能力差的特点便暴露无遗,日子当然就不好过了。目前许多企业基本没有"生育能力"或者说"生育能力"很弱,连简单再生产都无法进行。固定资产实物上不能替换,价值上不能得到补偿,企业自我发展、自我积累的财力很弱,不可能履行资产增值的责任,在激烈的市场竞争中必然日趋萎缩。加上企业由于债务负担和社会负担沉重等原因,助长了企业把资金大量用于消费的倾向,使国有大中型企业既无发展的能力,也无发展的动力。因此,转变经济增长方式的现实途径是强化企业的发展机制。国有大中型企业要下决心建立强有力的开发系统,健全机构,充实队伍,增加投入,加速产品的研制开发和更新换代,推进企业的技术进步和技术改造,同时提高企业的积累能力和开发能力,促进企业走上自我发展的良性循环轨道。要增提技术开发费,大力加强企业内部的科技管理,建立严格的科技责任制,加强技术改造的项目管理。中小企业也要有专门机构或专职人员,从事企业的技术进步和技术改造工作。这样,通过技术革新、技术改造和技术管理,把第一生产力真正发展起来。同时,要改变企业内部重消费、轻积累的积习,正确处理积累和消费的关系,在保证适度消费的前提下,要依靠改革的力量、政策的力量、企业的力量和社会的力量解决资本积累问题,否则就难以走出债务经济的怪圈。

六、全面创新企业约束机制,保证国有资产的保值增值

没有约束就不能发展。这是事物发展的普遍规律,企业发展也不能例外。让企业自主经营、自负盈亏,是我国近年来企业改革的中心目标之一。但落实企业自主权,决不是放任自流。如果政府在赋予企业经营自

主权的同时,作为所有权代表的身份不明确、不到位,不建立对国有企业产权的有效约束,没有一个对国有资产的安全和增值负责的机构来监管国有资产,而由经营者任意处置,必然会出现国有资产的管理"真空"。因此,一是要建立健全对国有资产的监督管理制度,特别是要考核资产经营和资本经营的质量和效益。目前,国有企业在产权制度上的主要缺陷表现为最终所有权与法人财产权没有彻底分离。企业没有明晰的法人财产权,也就谈不上自我约束,经营好或坏都与企业自身无关。因此,建立企业约束机制,必须坚持内部约束和外部约束的统一。外部约束主要是指市场和国家的法律、法规对企业的约束。内部约束是指企业因为自身结构、机制发挥作用对可能发生的不合理行为的自觉控制。二是要加强职代会、监事会的作用,落实民主管理和监督。企业领导特别是厂长、经理决不能以经营自主权去压制职工的民主权利。国家要通过法律、法规和利益的制约关系,对企业、企业家在市场经济中的违法行为加以限制和约束。同时,要通过社会公众对企业家的形象进行评价和监督,形成全社会的监督制约机制。二者密切关联,相互影响。企业的自我约束主要有产权约束、利益约束、风险约束。如果企业的产权制度合理,真正地自负盈亏,各方利益制衡,就能形成比较完善的自我约束机制。通过建立现代企业制度可以形成企业的约束机制,形成科学的法人治理结构,形成新型的企业领导体制,使决策权、指挥权、监督权互相补充,互相制约。对企业领导班子既要赋予一定的权利,又要实行必要的监督。在强调落实企业自主权的同时,必须突出强调责任,使政企关系能够最大限度地满足提高经济增长的质量和效益的要求。

增资减债，卸负轻装，
改善国有企业的发展环境*

　　国有企业特别是国有大中型企业是国民经济的支柱，各级政府都要拿出相当大的精力用于搞好搞活国有企业；在搞好搞活国有企业的问题上，又要拿出相当大的精力用于服务国有企业，而服务的重点又应放在千方百计地改善优化国有企业的生存和发展环境上。从这一基点出发，我们山西省以增资减债、卸负轻装为核心，出台了一系列政策措施，在改善优化国有企业的发展环境方面进行了有益的探索。

　　客观地讲，由于历史原因和在改革中国有企业承担的改革成本过大等因素的影响，使得国有企业普遍存在着资本金不足、债务负担过重、企业办社会包袱太大等问题，严重影响国有企业生存和发展。而这种严峻的形势下，作为国家财政收入主要来源的国有企业承担税赋又相当深重，这就从总体上构成了国有企业发展环境不佳的状况。这一系列的问题，使得国有企业目前的资本经营和资产经营状况恶化。1995 年，山西省国有企业的总资产利润率、资金利润率分别是 1.46% 和 3.4%。

---

　　* 原载《求是（内部文稿）》1996 年第 24 期。

针对上述问题,山西省采取了一系列的措施逐步加以解决:

一、多渠道增加资本金,减轻
国有企业的债务负担

一是将省级"拨改贷"逐步改为政府投资或资本金。对 60 户重点企业有省级"拨改贷"的,区别不同情况一次或分步将其改为政府资本金。整体改制的企业,经有关部门核实后,可将原省级"拨改贷"的本金和未收回利息转为国家资本金,资本收益纳入财政预算管理,经批准后分别转作省基本建设基金和技术改造基金;整体改制暂有难度的集团公司或大型企业,"拨改贷"集中用于某一项目,具备与原集团公司或大型企业相对独立、自负盈亏条件的,经协商可按项目依法设立子公司;尚未进行改制的企业,采取增加实收资本的财务处理办法减少长期债务。

二是从今年起,对重点企业的省、地(市)级基建、技改投资,要先投足所需的国家资本金,其余部分再以贷款形式投入。

三是适当提高折旧率和技术开发费的提取比例。从 1995 年起,国有企业可根据自身承受能力,按照"两则"规定逐年提高折旧率。重点企业技术开发费的实际支出不得低于全年销售收入的 1%。

四是对重点企业清产核资中清理出来的呆坏账、潜亏及经营性亏损账等资产损失,经复核后,凡符合国家政策的,相应冲销资本金或资金公积金;亏损企业的省级"拨改贷"暂不转为投资,但在扭亏之前可视情况实行挂账停息,特别困难的经有关部门批准可豁免利息。力争 10 年内将国有企业的资产负债率降到 50% 左右。

二、减税让利、休养生息,减轻
国有企业的税赋负担

首先,在 1995 年规定对试点企业上缴所得税进行一定比例返还的基础上,1996 年将重点企业实际上缴所得税的 15% 返还企业,用于补充流动资金;从 1997 年起,对重点企业上缴的所得税全额返还。

其次,在国有企业技术开发、改造问题上,凡用盈余公积金进行技术开发改造的,新增效益部分上缴的所得税经同级财政部门核实,3 年内全部返还企业;企业在技术转让中发生的咨询、培训、服务所得,年净收入低于 30 万元的,免征所得税;企业用于技术成果产业化、商品化开发的中试设备可实行快速折旧办法;企业开发的新产品自销售之日起,经税务部门审核,由地方财政按照国家级新产品 3 年内、省级新产品 2 年内将新增增值税地方分成的 25% 返还给企业;国家专项投资的技术改造项目的投资方向调节税执行零税率,地方征收的投资方向调节税,用于支持企业技术改造的部分不得低于 25%。

此外,对生产经营确有困难的国有企业可采取分立的办法,分块搞活,分立企业上缴的所得税在一定期限内由财政全部返还,用于清偿债务或弥补欠发的职工工资;优势企业兼并连续亏损 3 年且贷款逾期 2 年以上的企业,可区别情况按程序逐级上报审批,享受缓息、停息、减息等相关的优惠政策;被兼并企业以往的欠税,兼并企业缴纳确有困难的,经税务部门批准可以缓缴,在不欠新税的前提下税务部门要按规定供应增值税发票。对按月预缴所得税确有困难的企业,经税务部门批准,可按季预缴;优势企业收购兼并中小企业,对被收购兼并企业以前年度的经营性亏损性挂账,可视同优势企业的亏损挂账,允许在 5 年内用税前利润弥补;对经营困难、停产或濒临破产企业新办的独立核算企业或经营单位,视经营性质和范围实行 1 至 5 年减免所得税的优惠。

三、加快建立和完善社会保障体系, 减轻企业办社会负担

其一,扩大社会保险的范围,抓紧完善社会保险制度与各项经济改革的配套措施。要在"九五"期间逐步建立和完善养老、失业、工伤、医疗等

各项保险制度。改变银行对保险基金的结算办法，建立健全保险基金经办机构和监督机构，完善规章制度，确保基金的正常运营。企业职工社会化保险管理工作要从以企业为主变为社会保险机构为主，逐步与企业脱钩。凡参加养老保险统筹并按时足额缴纳养老保险的企业离退休人员，社会保险经办机构必须按时足额支付养老金；濒临破产、不能保证最低工资、无力缴纳养老保险费的企业，经批准可以缓缴。缓缴期内由社会保险经办机构向离退休人员垫付相当于当地最低工资80%的基本生活费。超过缓缴期仍无力缴费的，从解困资金中适当支付。

其二，制定优惠政策，加大企业分流富余人员的力度。企业兴办社会服务性单位，实行面向社会安排富余人员和失业人员超过从业人员60%、符合劳服企业条件的，享受劳服企业税收优惠政策。企业兴办劳服企业资金确实有困难的，可从失业保险金中的生产自救费提取部分资金，在有担保的前提下也可予以借款。企业兴办经济实体安置富余人员，使用原行政划拨的场地，符合规划要求的，应允许办理土地用途变更手续，暂不收取土地使用权出让金。新建扩建企业招工，在同等条件下，应优先从本系统中符合条件的富余人员中招收。允许企业将1%的富余人员交社会保险机构统一管理，安排再就业，待业期间暂发生活费。企业富余人员从事个体经营的，工商行政管理部门要在办理经营手续、开设经营场所等方面优先提供方便，并在一定时间内免收工商、环卫等有关费用。重点企业力争在5年内使2/3以上的富余人员得到妥善安置。

其三，加速分离企业办社会职能。企业所办的学校、医院在企业自愿的基础上，可区别情况逐步进行分离。企业所在地有接收能力的，在接收时要将国有资产划拨地方；所在地没有接收条件的，企业所办学校、医院可实行独立核算，所上缴的教育费附加全额返还给企业。

四、对重点企业实行相对封闭式管理，
减轻国有企业的额外负担

对重点企业除法律法规规定的检查外，其他任何单位和部门未经当地政府或授权部门批准，不得随意到企业检查。任何单位和部门不得向企业乱摊派、乱收费、乱罚款，禁止向企业征收法律法规明文废除的各项费用，不得擅自提高收费标准和扩大收费范围；不得以各种名目强制企业赞助、资助和捐赠财物。

五、提高政府部门的办事效率和服务
质量，在全社会形成重视、支持和
服务国有企业的良好氛围

实行政、企"双评"制度，督促政府各部门依法行政。在全面开展国有企业管理评价活动的同时，要求各级政府定期组织企业经营者和管理人员对政府各部门的服务质量、工作态度、办事效率等进行评价，作为考核及选拔任用部门干部的一个重要依据。

结合机构改革，转变政府职能，真正把政府的工作重点转向为企业搞好服务、提供保证上来。各级政府要在思想上、精力上、行动上和社会舆论上向国有企业倾斜，要成为国有企业的坚强后盾，使全社会都把国有企业的改革和发展系在心上，抓在手上，为国有企业创造良好的投资环境、经营环境、社会环境，为国有企业改革和发展的顺利进行提供有力的保障。

努力造就适应两个根本
转变要求的企业家队伍[*]

社会主义市场经济的发展越来越需要一批指挥有方、领导有力的企业家,因此,加强学习,造就一支讲政治、高素质、能够担当跨世纪任务的职业企业家队伍,就成为一项十分紧迫的战略任务。

一、企业领导干部要加强学习

这首先是由我们面临的形势和任务决定的。我国经济已进入了一个十分关键的发展时期,中央提出到 2000 年在我国人口将比 1980 年增长 3 亿左右的情况下,实现人均国民生产总值比 1980 年翻两番的目标;到 2010 年国民生产总值再比 2000 年翻一番。目标是宏伟的,任务是艰巨的。在新的形势和任务面前,社会主义市场经济如何驾驭? 两个根本性转变如何实行? 改革、发展、稳定的关系如何处理? 特别是国有企业自身面临的困难和问题如何解决? 等等,问题确实很多,出路只有一条,最根

---

* 原载《经营与管理》1996 年第 10 期。

本的就是要坚持党的基本理论、基本路线和基本方针,高举改革开放和艰苦奋斗两面旗帜,贯彻科教兴国和可持续发展战略,按照经济体制和经济增长方式两个根本转变的要求,大胆地借鉴人类文明成果,熟练地运用市场经济知识、现代科技和管理知识,组织和集中方方面面的力量和智慧,尽最大的努力,施展最大的才能,扎实有效地开展工作。而要做到这一切,特别要求有一大批指挥经济建设的高素质的企业家。

其次是由国有企业改革和发展的需要决定的。改革开放十多年来,国有企业特别是国有大中型企业在国民经济中的支柱地位进一步巩固。但从现状来看,也存在不少问题,比如:企业活力不足、效益低下,不少企业严重亏损甚至停产半停产,以及企业经营机制、管理制度和方法与社会主义市场经济、两个根本性转变不相适应等。从企业今后的发展来看,又面临着市场机制取代计划机制、短缺经济转向供需平衡经济、关税保护转向与世界经济的融合而带来的诸多经营上的不适应和操作上的复杂性。这必然又对企业经营者的素质提出了更高的要求。

再次是由企业家自身的特殊地位和作用决定的。国有企业改革的实践证明,企业的发展和效益的提高,同经营者的决策水平和管理水平有着直接的关系。从某种意义上说,企业经营者对企业的命运常常起着决定性的作用。只有造就一大批有权威、有能力、会管理、懂经营的现代企业家,国有企业乃至整个社会主义市场经济才会有声有色有序地进行。

最后是由国有企业经营者队伍的现状和国有企业整体素质的实际决定的。在企业改革和发展的实践中,有相当一部分企业经营者通过学习和锻炼,经营管理水平和领导现代企业的能力有了很大提高,大部分同志是能够胜任本职工作的。但同时也必须看到,有的人缺乏事业心、使命感和敬业精神;有的人缺乏与市场经济、与实行两个根本性转变相适应的现代经济知识,缺乏管理企业的本领;也有的缺乏改革开放意识,因循守旧,魄力不够;还有的人置国家人民利益于不顾,以权谋私、中饱私囊、贪污腐败等。这里既有思想认识上的问题,也有方式方法上的问题,还有工作能力和工作作风上的问题,但归根到底是一个素质问题。从中国企业家调查系统最近组织的一项调查显示,在认为不能胜任的企业经营者中国有企业所占的比例高于其他企业,这反映了在目前国有企业压力较大的情况下一部分国有企业经营者能力有限、信心不足,与新的形势和任务极不适应。这些都说明,企业领导干部应带头学习。

二、企业领导干部应当学什么

一要学理论,讲政治,提高领导水平。一个处于执政地位的无产阶级政党,其政治上走向成熟的一个重要标准,就是要掌握和运用马克思列宁主义理论,密切联系实际,制定和贯彻执行正确的路线、方针、政策。因此,不论是哪一级领导干部,也不管是哪一个行业的领导干部,都应当带头学习并熟练掌握和运用党的基本理论,企业领导干部当然不能例外。现在有的同志特别是一些企业的同志,总认为自己是搞经济的,没必要学理论、学政治,只抓实际工作就行了,这是十分错误的。无"的"放"矢"不行,有"的"无"矢"也不行,只看路不拉车不行,只拉车不看路也不行。有些企业领导干部把握不住政治方向,分不清是非曲直,在工作中经常会发生这样那样的偏差或错误,追根溯源,都与缺少学习有关。企业领导干部只有把党的理论不折不扣地学到手,才能正确把握企业改革和发展的方向,高度认识当前国有企业面临的形势和任务,充分发挥企业党组织的政治核心作用,全心全意依靠工人阶级,以高度的责任感和事业心,确保国有资产的保值增值。这就是作为一个企业家首先应讲的政治,也是学理论、讲政治、提高领导水平的目的和意义所在。

二要学经济,讲政策,提高决策水平。宏观也好,微观也好,改革也好,建设也好,决策的好坏直接关系到事业的成败。而决策的好坏首先是由决策者的自身素质特别是决策能力决定的。因此,作为一个成熟的企业家,必须具有丰富的现代经济知识,具备较高的政治水平。当前,随着形势的变化和现代化建设的发展,摆在我们面前不懂的、不熟悉的东西太多了,这就要加强学习,特别是要学习市场经济知识、现代科技知识、法律知识和其他方面的知识,了解世界经济动态,把握世界经济脉搏,掌握市场经济运行规律,同时也必须学好党和国家的方针政策,这样才能实现与本企业实际的有机结合,才能保证不犯或少犯错误。

三要学科学,讲方法,提高管理水平。现代企业的竞争,说到底是人才的竞争。一个企业的管理水平很大程度上决定着一个企业的命运。因此,学习科学的管理方法对于一个企业领导干部来说是十分重要的。从目前我国企业经营者管理素质的现状看,也不容乐观。据有关部门1994年的抽样调查显示,国有大中型企业领导人具有大专以上学历的占80%,而有2/3是从搞技术、学工科转为搞企业管理的,还有相当一部分是从搞党政工作转过来的。另据对40家国有大型企业领导人的抽样测验表明,他们熟悉企业管理的基本理论知识,也具有丰富的企业管理经验,但对资本运营、企业集团与跨国经营、融资投资、证券期货等现代市场经济知识都很缺乏。这也从另一个角度说明了企业领导人加强学习现代管理知识的必要性。

四要学业务,讲敬业,提高工作水平。随着党的工作重心转移,越来越需要在自己的干部队伍中有越来越多的熟悉经济、精通业务的管理人才,以实现加强对经济工作的领导。因此,我们每一个领导干部不仅要成为坚持社会主义道路、艰苦奋斗、联系群众的模范,还要努力学习各种专业知识,成为本职工作的行家里手。企业领导干部更应当如此。试想如果对本职工作业务不熟,对本企业情况不熟悉,对专业知识不懂,对该干什么不该干什么心中没底,又怎么能带出一个好的企业,怎么能算得上一个好的企业领导者呢?如果我们每一个企业领导干部都有执著的敬业精神,干一行、爱一行、学一行、钻一行,那么我们的企业经营者何愁业务不通、素质不高呢?

五要学作风,讲团结奉献,提高组织指挥水平。领导者人格的力量对于企业组织生产经营是十分重要的。企业领导者的威信从哪里来?很大程度上就在于正派廉洁的作风、团结奉献的精神和依靠群众、关心群众、尊重群众的态度。过硬的作风也不是与生俱来的,也是靠学习学来的,在实践中锻炼出来的。现在有些人作风浮夸，脱离群众，排斥同志，在干部群众中怎么能有威信？当然也就不会有好的组织水平和高的指挥能力，也就失去了作为一名企业领导干部的价值和作用。每一个企业领导干部都要牢固树立全心全意为人民服务的宗旨意识、公仆意识，牢记群众观点是马克思主义的基本观点，群众的拥护和支持是我们最大的优势，始终把人民群众的利益放在首位，时刻惦记着大多数的企业职工，特别要惦记着困难职工。要尊重群众的地位，依靠群众的力量，接受群众的监督，一心一意当好人民的公仆，坚决克服官僚主义、形式主义，贴近群众、贴近实际，为国有企业的发展和职工的富裕奉献出自己的光和热。

三、在学习的方法上要力求实现四个转变

一是从被动学习向主动学习转变，克服学习上的懒惰性。有些同志老是借口忙而放松了学习，这实际上还是个"懒"的问题，是个学习的主观能动性不够的问题。只要思想认识上去了，时间总还是有的。所以，我们每一个企业领导干部都要认清形势，明确任务，充分认识在新的形势和任务面前加强学习的重要性、必要性和紧迫性，积极主动地接受新知识、新事物，武装自己，提高自己，以过硬的作风、能力和素质去迎接跨世纪的挑战。

二是从单方面学习向全方位学习转变，克服学习上的片面性。一个名副其实的企业家应该同时是一个思想家、战略家和指挥家。作为一个思想家就应具有对事物较深的理解力和洞察力；作为一个战略家就应具有全局的胸怀和长远的眼光；作为一个指挥家则应当具有高超的领导方法和领导艺术。因此，作为一个企业家必须兼容并蓄各种知识，才能造就出卓越的领导才能。

三是从单纯向书本学习向注重理论实践相结合转变，克服学习上的局限性。不学习不行，只向书本学习也不行。要坚持尊重群众、尊重实践，老老实实向人民群众学习。要紧密联系党的历史经验，联系改革开放

和现代化建设的实践,联系当前国有企业面临的形势和任务以及本企业的工作实际和思想实际去学习。科学的理论和科学的方法,只有联系实际才能真正学懂,也只有联系实际才能真正学好用好。

四是从松散零碎地学习向完整系统地学习转变,克服学习上的粗放性。客观地讲,我们的很多同志还是比较喜欢学习的。但在学习的方法上往往是松散的,而不是集中的;在学习的内容上往往是零碎的,而不是系统的。这就使得学习的质量不是很高,学习的效果也受到很大限制,表现为学习上的粗放性。因此在学习上也有一个由"粗放型"向"集约型"转变的问题。在坚持不懈地搞好自学的同时,各有关部门也应有计划、有步骤地组织大专院校、科研院所以及专业技术力量比较强的有关业务部门,利用一切可以利用的阵地,集中时间对企业经营者进行全面系统的培训,使他们的理论水平、决策水平、知识水平、业务水平和领导水平有一个较大幅度的提高,尽快造就一支政治合格、思想成熟、决策科学、管理精通、业务过关、领导有力的企业家队伍,使他们在国有企业的改革和发展中大展宏图。

搞好资产经营和资本经营，
全面提高国有企业的经济效益[*]

　　国有资产是我国社会主义制度赖以生存、发展、壮大的物质基础。国有资产的形成，是国家长期投资和国家产业资本在经营管理中不断增值、持续积累的结果。抓好资产经营和资本经营，确保国有资产、资本的保值增值，是社会主义市场经济的本质要求，是从整体上搞好国有经济的根本性措施，也是国有企业经营活动的首要目标和核心内容。本文就社会主义市场经济条件下如何看待和抓好资产经营和资本经营谈一些看法。

一、公有制与市场经济的融合，迫切
　　要求我们正确认识、准确把握和
　　高度重视资产经营和资本经营

　　传统的政治经济学认为，资本是能够带来剩余价值的货币，不仅体现增值性的经济关系，还具有剥削性的社会关系，因而在一段时期是回避资

＊　原载《经济工作通讯》1997 年第 12 期。

本一说的。实际上,在社会主义制度下资本是一直存在着的,并且按自身运动的规律不停地运动着。在社会主义市场经济条件下它的地位和作用日益突出,只是由于经济制度的不同它的内涵有所不同罢了。资本主义制度下的资本,是资本家私人占有的资本;而公有制条件下的资本则是劳动人民共同所有的资本,已经由私人资本上升成为国家资本、集体资本。显然它已不具有剥削性,但增值性、营利性的本质属性依然存在。资产增值和资本营利是企业运作的基本原理,是联系企业生产、技术、经济、管理活动的纽带,也是企业的基本经营方式。企业的经营,包括产品经营、资产经营和资本经营。三种经营相互联系,相互依存,密不可分。而资产经营和资本经营,是产品经营的出发点和归宿,是产品经营的真正目的;产品经营只是资产经营和资本经营的实现形式和手段。资本经营通过物化了的资产经营实现产品经营,并通过产品经营达到其增值、盈利的目的。在企业经营的三种方式中资本经营居于核心地位,是目的、是主导、是灵魂。因此,在建立社会主义市场经济新体制的今天,我们重新认识抓好资产经营和资本经营的重要性和必要性具有十分重大的现实意义。

1. 抓好资产经营和资本经营是市场经济的本质要求。市场经济相对于计划经济而言,主要回答的是资源用什么方式配置的问题。市场经济也有多种发展模式,但其共同的也是最本质的就在于市场对资源的配置起基础性作用。在计划经济条件下,由于主要依靠计划来配置资源,生产什么产品要由国家的指令性计划来决定,而生产所需资金也是由国家投入。国家是投资主体,又是运用资金进行再生产的主体,不仅承担了资金风险,而且也承担了产品能否进行交换的"市场"风险,实际上是承担了资产经营和资本经营的全部风险,而企业只要完成国家产品生产计划就行了,毫无资产、资本经营的责任和风险可言,很少从资产、资本经营上考虑问题,钱少了伸手向国家要,亏损了向银行贷款也能维持生存,钱多了存入银行吃利息。因而计划经济下的经济活动主要表现为产品的有计划、按比例生产,这种单纯的产品生产经营行为,是计划经济的必然产物,直接导致了企业只重视产品经营而忽视资产、资本经营的行为取向, 反过来又使产品经营成为无源之水、无本之木, 失去了动力和源泉。同时由于短缺经济的刺激作用、供求关系的尖锐矛盾, 使产品经营上的矛盾掩盖了资产、资本经营方面的问题, 用产品经营代替了资产、资本经营, 使得长期以来资产、资本经营一直在不自觉地盲目地运行。市场经济则不然, 用市场机制作用来配置资源, 使市场主体之间的关系首先是作为利益主体之间的竞争关系, 把他们联系起来的是彼此产品和劳务的交换。这一方面决定了企业作为独立的利益主体与政府在生产经营权上的分离, 企业不可能再躺在政府身上吃"老本"过日子, 国家不可能再为企业承担过多的经营风险; 另一方面也决定了市场机制作用下的竞争是优胜劣汰的实力之争, 是你死我活的利益之争, 实质上就是资产和资本的消长对比之争, 谁能在竞争中获取最大的利润, 使资产、资本增值, 得以进行更大规模的再生产, 谁就可以生存、发展、壮大, 谁就掌握了市场的主动权, 也就成为市场竞争的优胜者; 反之, 就会被淘汰。市场经济的这种优胜劣汰的法则, 必然要求我们抓好资产、资本经营, 由单纯的产品经营向以资产经营和资本经营为主的多元经营转变, 由只重视实物形态经营向高度重视价值形态经营转变, 由静态经营向动态经营转变。因而抓好资产、资本经营是市场经济的本质要求。

2. 抓好资产经营和资本经营是从整体上搞好国有经济的根本性措施。从目前国有企业的经营状况看; 有两方面的特点: 一方面, 国有企业特别是国有大中型企业是国民经济的主导, 是推动经济发展的骨干力量, 是国家财政收入的主要来源。第三次全国工业普查的数据显示, 全国国有工业资产总额和上缴利税额均占到全部工业的一半以上, 其中国有大中型工业企业资产总额和实现利润分别占到全部工业和乡及乡以上工业的40%以上; 但另一方面, 国有资产、资本经营状况又严重恶化。主要表现在: 资产大量闲置与装备严重落后并存; 资金大量沉淀与资本金严重短缺并存; 企业大量负债与资金浪费流失严重并存; 产品大量积压与积累严重不足并存。有关资料显示, 1980 年国有工业企业资产负债率为

78.7%,其中流动负债为48.7%。到1993年这两项指标分别上升到了67.5%和95.6%。1995年全国工业企业的贷款利息支出总额达1907亿元,是企业当年净利润的2.4倍,其中国有大中型企业利息支出额为868.8亿元,相当于企业利润的128%。去年,国有企业亏损面达38%,亏损额达727亿元,盈亏相抵后净利润418亿元,比上年下降42.5%,资金利税率仅为6.77%,比上年下降1.69个百分点。效益是很差的。尽管原因是多方面的,但国有企业资产经营状况不好、资本经营严重恶化是一个主要原因。因此,从整体上搞好国有经济,除进一步搞好产品经营外,要下决心抓好资产经营和资本经营。

3. 资产经营和资本经营是市场经济条件下企业经营行为的核心内容。在传统的计划经济体制下,国有企业受政府直接控制,其行为目标决定于政府的价值取向,体现政府的意志。由这一体制所决定,企业的主要目标是追求产值最大化。在社会主义市场经济条件下,企业作为社会生活中的营利性经济实体,作为市场主体,其经营行为也发生了变化,由过去的听命于上级主管部门的"生产机器",逐步转变为自主经营、自负盈亏、自我约束、自我发展的经济实体,它拥有了法人财产权和经营自主权,同时也要承担全部经营风险。这一方面为企业自主选择经营目标和方式提供了必要条件,另一方面也为企业带来了生产经营的压力,使得企业的经营活动以营利为动力和目标成为必要和可能。在这种情况下,企业必须在生产经营活动中最大限度地创造价值,并在流通和交换中收回投资实现价值增值,进行扩大再生产。使抓好资产、资本经营,追求利润最大化,确保资产、资本增值成为企业经营的首要目标和核心内容。至于生产什么产品,完全是以谋取利润为转移,从而实现作为市场主体的企业的营利目标与作为所有者的国家的国有资产增值目标、作为消费者的社会成员的需求目标以及整个经济社会的发展目标相统一。

二、建立健全与市场经济相适应的企业资产
　　经营和资本经营机制,是抓好资产经营
　　和资本经营的前提条件和首要环节

目前,影响国有企业资产、资本经营的因素很多,主观上认识不清,重视不够;客观上装备不良,资本金不足;宏观上环境不佳,调控不力;微观上管理不严,经营不善。但最根本的还是机制上的原因,突出表现在机制转换迟缓、滞后,抓好两种经营的原动力不足。抓好两种经营需要解决的问题很多,但最根本的是要建立起与市场经济相适应的动力机制和运行机制,为两种经营提供不竭的原动力。

1. 建立健全利益机制。在市场经济条件下,企业的经营活动首先表现为对利益的追求,利益驱动是其生存、发展的基本动力和首要条件。离开了利益机制的作用,企业经营就失去了动力和活力。企业对利益的追求,集中表现在所有者对投资回报的追求、企业对自身利益的追求以及职工对个人劳动报酬的追求。因此,强化企业资产、资本经营利益机制的核心内容应是实现国家、企业和职工三者在利益上的统一,形成一个密不可分的"利益共同体"。即只要抓好了资产、资本经营,不仅国有资产可以增值、企业可以增利,而且职工可以增收,使经营者和职工从关心自己的物质利益上去关心重视资产、资本经营,从而自觉参与并搞好两种经营。当前在这方面存在的主要问题是:投资主体单一,产权关系模糊,国家利益主体不明确(无人真正代表国家);企业留利、经营者和职工收入的多少与资产、资本经营的质量和效益关系不大,没有形成真正的利益共同体。解决问题的办法,一是进一步加快国有企业的改制步伐。改革产权制度,确立企业的法人财产权;引入投资、企业参股、职工入股、股票上市,实现投资主体的多元化;国家利益主体的具体化。依靠完善的"所有者利益实现机制"来增强两种经营的驱动力。二是进一步明确企业的经营自主权,促进企业利益主体的人格化,同时要调整国家与企业的利益分配

关系,使企业留利与国有资产的增值紧密挂钩。依靠完善的"企业利益实现机制"来增强两种经营的驱动力。三是进一步调整企业内部的分配关系,把经营者和职工的收入与资产增值、资本营利挂起钩来,使经营者的收入水平真正体现两种经营的水平,使职工的收入水平能够全面反映其在两种经营中所付出的劳动。依靠完善的"经营者和劳动者个人利益实现机制"来增强两种经营的驱动力。这样依靠全方位的完善的利益机制作保障来增强两种经营的整体驱动力。

2. 建立健全积累机制。资本积累是企业进行扩大再生产的前提条件,没有积累就没有后劲,也就不可能有发展。目前许多企业基本上没有积累或积累很少,连简单再生产都难以维持,国有资产在实物形态上得不到补偿更新,在价值形态上得不到增值。造成这种状况的原因,一方面是长期以来国有企业的税赋一直较重;企业办社会负担沉重;负债经营、负债改造,使大量的利润转为利息;加上各种名目的乱收费、乱摊派、乱罚款等额外负担等等,使得国有企业负担确实极其沉重,缺乏自我积累和自我发展的能力。另一方面则是由于国家和企业利益主体的缺位,无人真正代表国家利益和企业利益,即使是经营者也由于其自身利益未能与国家利益、企业利益捆在一起,再加上在相当一部分经营者中存在的短期行为,使得经营者在维护职工利益的同时,未能同时维护国家利益和企业长远利益,从而出现了积累机制弱化、攀比收入、超前消费、分光吃净、寅吃卯粮等一系列问题,分配过度向个人倾斜。在不少企业,经营者的收入增长过快过猛,从而普遍出现企业中职工收入的增长远远高于劳动生产率和经济效益的增长,即所谓"微观超分配"的现象。消费基金的过快增长,大大削弱了企业的资本积累。这样企业就长期得不到积累,自己拿不出流动资金,技术改造资金也相当困难,就迫使其负债经营、负债改造,一步一步地走进了"债务经营"的怪圈,也就直接影响了两种经营的效益。因此,在依靠改革的力量、政策的力量、社会的力量,千方百计为国有企业增资、减债、轻装提高其积累能力的同时,必须从正确处理积累与消费的关系、解决"微观超分配"问题入手,建立健全强有力的企业自我积累机制。总的原则是:经营者、职工个人收入的增长一定不能高于企业劳动生产率和资本增值率的增长速度,非经营性资产的增长速度不得高于经营性资产的增长速度,相应提高折旧率和大修理费、技术开发费的提取比例,加快更新改造的步伐。同时要加强宏观调控,根据各类企业的不同情况确定与企业经营效益全面挂钩的铁的分配纪律。从机制上确保国有资本积累的稳步增长。

3. 建立健全约束机制。目前国有资产、资本的浪费和流失是比较严重的,其原因主要是经济转轨过程中在行政约束弱化、国家放弃对企业直接控制的情况下,又未能及时建立起企业的自我约束机制。几乎没有任何人或机构对国有资产、资本的安全负责,资产、资本的处置和经营也缺乏有效监督,使得一些企业经营者对国有资产、资本可以随意处置,甚至把国有资产吃掉。要解决这一问题,就必须建立起能够及时检查出偏差、纠正偏差的控制系统,从而依靠强有力的监督约束机制防止国有资产、资本的浪费和流失。一是坚决执行国有资产监管的法律法规,强化法律监督和约束;二是充分发挥政府行政管理部门的职能作用,强化对国有资产、资本的行政监管;三是增强国有企业生产经营的透明度,强化社会舆论的监督;四是强化企业经营者对国有资产、资本经营的责任风险机制;五是加快建立现代企业制度,逐步实行法人持股为主、个人持股为辅、所有者(包括国家股东)最终控制的管理体制和法人治理结构,并充分发挥职工参与民主管理的作用,强化企业内部监督和约束。从而通过机制的作用从多方面保证和推动两种经营的高效运行,确保资产增值和资本盈利。

三、抓好资产经营和资本经营,
进一步搞好国有企业

当前国有企业的资产经营状况普遍不好,尤其是资本经营状况严重恶化,已经直接影响着企业的生存与发展。因此,这两种经营是必须抓好

的,否则国有企业是不可能搞好的。

1.在资产经营方面,存在的主要问题是:大量的国有资产闲置、积压,难以在流动中实现优化重组;国有资产包括无形资产浪费、流失严重,难以保值、增值;固定资产折旧率很低,难以进行适时的更新改造;流动资产严重短缺,难以及时得到补充;资产运营效益不高,资产利润率很低等。针对这些问题,当前抓好资产经营的操作要点,一是盘活资产存量,实现资产重组,以增量带动存量调整。长期以来,传统的体制造成了重复建设、分散投资以及相当一部分企业的存量资产闲置、积压,难以发挥作用,而另一部分优势企业因得不到必要的资金、设备、场地等生产要素则难以扩大生产规模,而要实现生产要素流动重组又十分困难,以致使一些本该被兼并破产的企业长期耗在那儿,直接影响国有资产的经营效益。因此,必须坚持"规范破产、鼓励兼并"的原则,通过关、停、转、包、并、股、卖、破等多种途径,使闲置或低效运营的资产流动、重组发挥效益。同时要把存量调整与增量投入有机地结合起来,用增量带动存量调整。此外,还要积极探索其他一些诸如设备租赁、产权交易等形式,消除资产的闲置、积压,促进存量资产的流动。二是适当提高折旧率,加速固定资产的更新改造步伐。承包制曾对企业的发展起到了一定的促进作用,但在很大程度上也导致了企业的短期行为。承包者只对承包期内的利润负责,很少考虑企业的后劲问题,因而也就不可能拿出更多的资金用于更新改造,造成目前国有企业工艺落后、设备陈旧的状况。因此,加速折旧、加速改造已成当务之急。同时,在今后要尽可能地少铺新摊子,缩短战线,把更多的财力、物力用于更新改造,以更好地发挥资产效益,实现增长方式的根本性转变。三是增加总量、控制比例,着力解决流动资产不足的问题。要通过多种渠道补充流动资产,同时严格控制固定资产与流动资产的投资比例,不能一上项目就把全部或绝大部分投资用于购置固定资产,使得企业一投产就出现因流动资产严重短缺而不得不大量举债所导致的企业资产经营捉襟见肘、先天不足的状况。四是切实加强国有资产的监管,确保国有资产的保值增值。在依靠法律的、行政的、社会的和企业内部的力量对国有资产经营状况进行强有力的监督约束外，要进一步建立健全国有企业指标考核体系，把资产增值率、资产利润率等作为主要考核指标。同时要高度重视无形资产的保护和管理，防止无形资产的流失。五是围绕"效益、效率、节约"抓好资产运营的组织和管理，不断提高资产运营效率，全方位地提高资产运行的速度、质量和效益。

2. 在资本经营方面，存在的主要问题是：资本结构不合理，绝大多数企业资本金很少，有的甚至没有资本金；企业过度负债，资产负债率过高；资金占用不合理，大量资金沉淀、积压，相互拖欠严重；资金周转缓慢，投资回收期长，资金利润率、投资回报率很低等。针对这些问题，当前抓好资本经营的操作要点，一是多渠道增资减债，优化资本结构。①通过提高折旧、大修理费、技术开发费和进行职工募股等形式增加自有资金，同时盘活企业内部资金，主动用自有财力补充资本金和公积金。②要尽快把国家和地方的拨改贷转为资本金。③要对新上项目打足资本金。④要大力引进外部的资金。⑤要积极发展资本市场，通过发行股票、债券直接融资。发展资本市场，至少可以解决两个问题：一来可以多渠道筹措资本金，解决国有企业资本金严重不足的问题，减轻企业债务负担，优化资本结构。二来货币的资本化、资本的市场化必然带来投资主体的多元化，进而形成利益主体的多元化，可以增强企业抓好资本经营的压力和动力，解决国有企业资本经营动力不足的问题。⑥财政要进行适度返还，有条件的地方，可以运用财政资金解决国有企业特别是一些大中型骨干企业资本金不足的问题。二是着力解决资金不合理占用的问题。①要千方百计提高产销率，提高资金运营效率，降低消耗，降低成本，减少资金占用。②要抓好限产压库工作，减少库存积压，在通过政策鼓励、加强队伍、开展促销活动等途径扩大销售的同时，对一些长期库存积压的产品降价、拍卖进行处理。③当前特别是要加大货款回收、清理拖欠和资金管理的力度，对一些优势产品可实行不付款不发货的营销政策，尽量减少消除资金不合理占用。三是努力增加资本积累。学习邯钢经验，实施模拟市场核算、质量成本否决，减少资金占用，加快资金周转，降低消耗，降低成本，从而增加盈利,增加积累。四是切实把追求资本增值作为企业经营的首要目标而贯穿于企业整个经营活动的全过程。五是加快资本周转,缩短投资回收期,提高资金利润率和投资回报率,全面提高资本运营效率和效益。政府要在确保对国有资产、资本实施有效监管的同时,切实转变职能,规范行为,要在健全市场体系、改善发展环境、为企业搞好服务上下工夫,为企业抓好资本经营提供良好条件。要把经营自主权完完全全地交给企业,充分发挥企业的积极性、主动性和创造性,提高资本运营效率。企业则要主动走向市场,面向市场搞好决策,用好经营权,依靠优势产品经营,加快资本周转,提高资本运营效率和效益。

企业要依靠市场机制的作用,依靠改革的力量和企业自身的经营力抓好产品经营、资产经营和资本经营,确保资产增值、资本盈利。

国有企业的必修课*

——研究市场，适应市场，开拓市场

建立社会主义市场经济体制为国有企业的改革和发展开辟了崭新的前景，这是毋庸置疑的。但目前的问题是长期以来习惯听命于政府、看"市长"脸色行事的国有企业还很不适应市场经济，普遍面临着过市场经济关的问题。这就使得研究市场、适应市场和开拓市场成为当前国有企业的必修课程。

一、国有企业面临市场经济的严峻考验

必须肯定，市场经济给国有企业带来良好的发展机遇和积极影响。市场对资源配置的基础作用的逐步发挥，使得国有企业对生产要素的集聚、配置和运用有了效率和效益观念，在生产经营中也有了市场意识和竞争意识。从而导致在目标模式上实现了由追求产值最大化向追求利润最大化的转变；在行为模式上实现了由生产型向生产经营型、经营开发型和

* 原载《光明日报》1997 年 9 月 5 日。

资本经营型的转变；在管理方式上逐步由完成指令性计划的党政"统治式管理"转向自主经营、自负盈亏、自我约束、自我发展的法人治理；在经营思想上逐步由只抓产品经营转向更注重资产经营和资本经营，不断追求资产和资本增值，等等。这些都说明国有企业已在逐步地纳入适应市场经济的轨道并迈出了可喜的步伐，为国有企业在社会主义市场经济条件下的更快更好发展做好了多方面的准备，奠定了一定的基础。

但由于我们的国有企业计划经济的烙印很深，长期积累的问题也很多，因此，当前还很不适应市场经济。等、靠、要的思想在相当一部分企业经营者的头脑中还大量地存在，参与市场竞争的主动性不够，反映出思想观念的不适应；工厂制的管理模式还在有形无形地主宰着企业的生产经营活动，现代企业制度在多数企业中未建立起来或未能真正发挥作用，反映出企业制度的不适应；企业内部的利益机制、竞争机制和激励机制薄弱，经营机制转换迟缓，发展机制很弱，约束机制弱化，反映出机制的不适应；质量差、成本高、浪费大，效率效益低下，反映出经营管理的不适应；"大而全"、"小而全"普遍存在，条块分割，生产规模狭小，难以发挥整体优势和规模效益，同时企业内部机构臃肿，人浮于事，反映出企业组织结构的不适应；产品几十年一贯制，老、旧、过时产品与变化了的市场相脱节而相对过剩、大量积压，反映出产品的不适应，等等。这种不适应性，使得在由"短缺经济"转向供求大体平衡或供大于求、"卖方市场"转向"买方市场"的发展变化中，在与实力强大的"老外"企业和机制灵活的"老乡"企业的竞争中，一贯以"皇帝女儿不愁嫁"自居、靠"涨价效应"维持的国有企业就有点措手不及，一些企业甚至乱了阵脚，集中反映在国有企业出现前所未有的大面积亏损，不少企业在竞争中处于十分不利的地位，停产、半停产甚至破产，相当一部分职工待业、失业，难以再就业，一部分勉强维持的企业也举步维艰，如此等等。这不仅影响到企业自身的经济效益，也影响到国家利益，不仅关系到企业的稳定，也直接关系到社会的稳定。因此，无论从经济还是从政治、社会等方面考虑，国有企业是必须搞好的；在社会主义市场经济条件下，国有企业是必须研究市场、适应市场和开拓市场的。对此,不能有丝毫的侥幸、动摇和迟疑。

二、研究市场,适应市场,开拓市场,全面提高国有企业的市场竞争能力

"外因是变化的条件,内因是变化的根据,外因通过内因发挥作用"。因此,只有适应市场经济的要求,练好国有企业的内功,提高能力,增强实力,才能使国有企业在日趋激烈的市场竞争中"任凭风浪起,稳坐钓鱼台"。这才是国有企业在市场竞争中立于不败之地的关键。

那么,国有企业究竟要练好哪些内功、具备哪些素质才能适应市场经济要求、在竞争中处于优势地位呢? 我认为最主要的应该有这么几点:首先要有相当的规模和实力,所谓以"大"取胜;其次要有质优价廉、适销对路、有竞争力的产品,所谓以"优"取胜;再次要有强劲的开拓市场的能力,所谓以"强"取胜;最后要有对市场的灵敏反应,不断提高应变能力,所谓以"变"取胜。这"大"、"优"、"强"、"变"是国有企业适应市场的"四字经",如何念好这"四字经"? 我认为首先应着力抓好以下几个方面的工作:

一是坚持充分发挥社会主义制度的优越性与发挥市场经济的有效性相结合,全力打好国有企业改组攻坚战,形成国有企业在市场竞争中的群体优势。目前国有企业市场竞争力不够强的原因尽管很多,但力量分散、群体优势没有发挥出来无疑是主要原因之一。使得国有企业与其他企业的竞争特别是与"老外"企业的竞争,往往是以单个国有企业与国外大集团、大企业相抗衡的局面出现,有时甚至是一个国有企业与多个国外企业竞争,"孤军作战",寡不敌众,焉能不败。联合起来才有力量,是一个很浅显的道理,但问题是由于多年来产品经营模式、僵化的管理体制以及封建意识、小农意识的影响等原因,"大而全"、"小而全"成为办企业的定式,"一盘散沙"、"庄园式生产"、"城堡经济"成为一大特色,条块分割、各自为战、"诸侯经济"几乎贯穿于各项经济活动。在这种情况下企业是

难以实现联合的。应该说,社会主义条件下实现国有企业的联合是有条件的,全民所有更有利于国有资产的重组而形成群体优势。因此,当务之急是要站在发挥社会主义的优越性和市场经济的有效性相结合的战略高度,转变观念,突破封锁,促进流动,加速联合,以专业化、股份化、集团化为目标,以国有资产为纽带,尽快组建起一批跨地区跨部门、有适度规模的企业集团,形成以国家级企业集团为龙头、以省级企业集团为骨干、地市级企业集团为后备的梯次推进、全面出击的"联合舰队"阵容。这就使得国有企业以群体的面貌而不是以个体的面貌参与竞争,在开发产品、组织专业化生产、经营销售、优质服务、培育名牌、开拓市场等方面产生强大的合力,形成巨大的竞争力,不为小挫所动,不被小难所阻,这就是群体优势。

二是坚持开发与引进相结合,加速实施"名牌"战略,形成国有企业的产品优势。市场竞争,说到底是商品竞争,没有产品优势的竞争不仅是乏力的,而且最终也是无效的。产品优势是形成经济优势和竞争优势的基础和前提。因此,要增强国有企业的竞争能力,就必须形成自己的产品优势。产品优势归根到底就是要有质优价廉适销对路的产品。鉴于目前国有企业产品结构单一,相当一部分产品老旧、过时、高耗、低质,没有竞争力或竞争力比较弱的实际情况,要形成国有企业的产品优势,就必须对现有的产品结构进行调整。调整的标准只能是市场需求标准,当然也就不应该是对原有产品的"改头换面",必须是脱胎换骨地调整,必须大力培育技术含量高、附加值高、适应时代潮流和发展趋势的高新技术产品;培育能够进行大规模生产、具有规模经济能力和效益、具有自己的优势和特色、带动性强、辐射面广的拳头产品;培育品质优良、知名度高、竞争力强的名优产品;特别是要培育在国际市场上有竞争能力的出口创汇产品等。这就要求我们必须以市场为导向,以先进的技术为后盾,大力推进产品开发和引进,培育一大批质优价廉适销对路的优势产品。产品开发是必需的,因为在市场不断变化、产品更新换代频率不断加快的今天,如果不能连续不断地进行产品研制开发,就会落后,就会受制于人,就不可能拥有和保持产品优势,也就不可能有很强的竞争力,就会丧失市场;产品引进也是必需的,因为高新技术产品的研制、开发绝非一朝一夕之事,需要一个较长的过程,如果不进行高新技术产品的引进,忽视在引进、消化、吸收基础上"站在巨人的肩膀上"搞创新,凡事都要从头做起,要超越发达国家尽快形成自己的产品优势是不可能的。因此,坚持产品开发与引进相结合是非常必要的。为此,一要坚定不移地实施以开发促调整、促提高的战略,建立健全"产学研"一体化的开发系统,形成良好的产品开发机制;二要坚决实行"拿来主义",有计划、有步骤、高标准地进行产品技术引进,形成引进、消化、吸收、创新一条龙的格局;三要加快科技成果商品化,把技术优势尽快转化为产品优势、商品优势,从而依靠具有强大竞争力的优势产品去赢得市场。

三是坚持硬件建设与软件建设相结合,建立健全国有企业根据市场变化能够及时进行自身调节的快速反应系统,形成经营优势。体制不顺、制度不新、机制不活、管理不善、技术不精、装备不良、产品不优、资金不足、包袱不轻、环境不佳等构成了目前国有企业的主要矛盾系统,在这些矛盾和问题中,既有生产关系方面的矛盾,也有生产力方面的矛盾,既有硬约束也有软约束。因此,解决这些矛盾和问题,就必须坚持硬件建设与软件建设相结合。就国有企业适应市场、开拓市场而言,当前的主要问题是企业的管理制度、决策体系、管理组织、经营手段方法等,都存在着对市场变化反应不灵敏的问题,表现为市场信息不灵、决策缓慢、决策失误、购销两头薄弱、管理组织不适应、管理手段方法落后等,使得一些企业在市场竞争中如同"新兵上阵",耳不聪目不明,反应迟钝。这就要求国有企业在进行一系列硬件建设的同时,要适时地建立健全企业管理制度和管理组织,形成"管理、经营、决策、开发"一体化的格局,特别是要抓好信息系统、决策系统、各项管理制度、开发系统和经营销售系统的建设。要搞好这些工作,也有个观念转变的问题,就是要重新审视和高度重视市场调查、分析、预测和产品、工艺开发以及营销工作的作用,正确处理企业内部一、二、三线的关系,把信息、开发和营销工作放在突出的位置,真正做到在思想上重视、制度上健全、管理上加强、人力物力财力上保证。同时要切实加强国有企业决策的科学化和民主化建设,把具有把握方向和决断实行能力、具有良好素质的同志摆到领导岗位上来,把熟悉生产、懂技术、懂经营、善管理的优秀技术管理人才充实到决策层,并建立科学民主决策的制度和程序。做到对市场变化反应及时、经营决策科学适时、产品研制开发超前、营销工作得力,从而形成以市场信息为耳目,以科学决策为大脑,以产品研制、开发、生产和营销为手脚,以工作效率和经济效益为灵魂的快速反应的生产经营系统。与此同时,要认真学习邯钢"模拟市场核算、实行成本否决"的管理方法,把企业管理与市场变化紧紧联系起来,在严、细上做文章,千方百计把产品成本降到一个市场竞争允许的水平,以提高投入产出比,增强产品的竞争能力。这是国有企业提高市场竞争力的一项十分重要的基础性工作。真正实现企业生产、经营、管理、决策、开发等经济活动与市场的全方位对接。

四是坚持有形资产经营与无形资产经营相结合,切实增强国有企业的市场开拓能力,再创国有企业的竞争优势。有形资产和无形资产是国有企业腾飞的两翼,二者缺一不可。但由于长期以来受自然经济、产品经济的影响,国有企业普遍存在着不重视无形资产经营的问题,成为国有企业的"先天性缺陷"。一翼不丰就难以腾飞,这也是影响国有企业市场竞争力的一个重要原因。企业的无形资产主要是指企业拥有的以文化观念形态存在的资产,包括企业的发明、创造、专利、品牌、商标和企业形象、企业知名度、企业信誉、企业精神以及企业领导者声望、职工素质等,它虽然无形,却是一种有价值的客观存在。从一定意义上讲,在市场经济条件下,无形资产在开拓市场、提高竞争力方面具有更为重要的作用。有形资产的经营是一定要搞好的,首先要资产重组,优化存量,以增量带动存量调整,重点解决资产闲置、积压、浪费、流失的问题;其次要适当提高折旧率,加快固定资产更新改造步伐,同时要大力补充流动资产;再次要切实加强国有资产监管,确保其保值增值;最后要大力提高资产运营效率和资产利润率。在重视有形资产经营的同时,必须高度重视无形资产经营。

抓好无形资产经营,首先必须着眼于提高企业素质,高度重视人力资源开发、工艺技术开发和经营管理开发等无形资源的开发利用;其次要精心塑造企业形象。领导要有威望,职工要讲道德,企业要重信誉;再次要大力培育企业精神,开拓、创新、求实、奋进,形成一种推动企业前进的精神力量;最后要高度重视企业的广告宣传,不断扩大企业知名度,要摒弃"酒好不怕巷子深"的陈腐观念,切实加大投入,加大力度,加快建立企业自己的信息网、商情网、销售网、服务网,特别是要建立企业的广告宣传网,加大企业广告宣传的力度,通过广告效应和优质服务提高企业及其产品的知名度。从而使无形资产成为推动企业不断发展的强大力量。

三、要努力开拓农村市场、国际市场和启动住宅市场

在长期以来我国国内市场供不应求的"卖方市场"格局已被打破,出现大部分商品的市场供应趋于饱和状态的"买方市场"之际,大力开拓具有巨大潜力的农村市场、国际市场和住宅市场是必然的战略选择。

关于大力开拓农村市场。我国是一个拥有12亿人口的大国,庞大的消费者队伍70%以上在农村,这是一个最基本的国情,也是一个常识性的商情。近年来,随着农村经济的发展和农民生活水平的提高,农村市场日趋活跃,销售额增长很快,而且许多农村急需的生产资料和生活必需品仍呈供不应求态势,一部分商品甚至严重短缺。因此,我国农村蕴藏着巨大的市场潜力。要开拓农村市场,首先要高度重视农村市场,要扭转重视城市市场、鄙薄农村市场的旧观念,切实转变观念,集中开拓农村市场的注意力;二要认真调查农村市场,知其所需,投其所好;三要有针对性地调整产品结构,搞好专门的研制、开发,为农村市场生产出质优价廉对路的产品;四要建立起有特色的农村销售网络,发展农工贸一体化的农村流通形式,健全组织,充实队伍,拓宽渠道;五要采取适合农村特点的营销手段和方式,加强宣传,搞好服务,扩大销售;六要在组织工业品下乡的同时,积极拓展农产品进城的渠道,实现城乡对接,活跃城乡市场,增加农民收

入,提高其消费能力。这样,通过开拓农村市场,既可有效地缓解农村生产和农民生活急需,又可提高国有工业企业产销率,减少产成品积压,加快资金周转,从而把开拓农村市场作为发展工业的重要出路。

关于大力开拓国际市场。总的来讲,我国是一个以内需为主的大国,但对外贸易也是经济增长的一个重要推动器。特别是在我国国内市场趋于饱和的情况下,大力开拓国际市场具有重大的现实意义和深远的战略意义。要开拓国际市场,一要继续制定和加紧落实鼓励出口的优惠政策,在政策上支持和保护工业产品出口。二要深入了解和精心研究国际市场,包括国际市场的一般特点、国际贸易的一般规则、交易商品行情以及各个地区市场的不同情况,这就是所谓"知彼"。三要根据国际市场需要不断创出自己的特色产品,保持竞争优势。"只有民族的才是世界的",在了解和研究国际市场的同时,也要准确地把握自己的特色和优势,找准突破口,此所谓"知己"。四要在"知己知彼"的基础上采取针对性的措施,包括开发产品、改进工艺、建立销售网络、拓宽销售渠道和改进营销方式、改善服务质量等许多方面,提高我国在国际市场上的竞争力。这里特别强调的是要大力开拓发展中国家市场,这些国家生产力水平不高,经济落后,许多国家依然是"短缺经济",需要大量进口工业品,我国产品的档次、水平能够满足其需要,再加上我国产品价廉,许多产品是完全能够占领发展中国家市场的。

关于启动住宅市场。住宅建设是一个重要的经济增长点,启动住宅市场对于相关产业的发展具有很强的带动性。目前启动住宅市场难度较大,问题和矛盾也比较多,其焦点主要集中在住房的价格上。针对这个问题,国家提出了一系列的减税免费和让利的措施,这些措施无疑是有效的,但从实施效果看并不理想,因为这种让利终究是有限度的,只能治标不能治本,从长远看必须在房地产经营上找出路。鉴于目前我国城乡居民的收入水平依然很低,一般中低收入者虽经数年积蓄也很难一次性购房,因此要学习借鉴国外的住房赊购分期付款的办法,一次售出,10 年、20 年、30 年付清,这样市场就能很快打开。此外房地产开发企业要转换机制,加强管理,提质降耗,彻底扭转住宅建设行业粗放经营的状况,把成本费用大幅度地降下来,使商品房价格适当。这才是治本之策。当然也应有一些其他的配套措施,比如规范住宅市场,制止乱涨价;加快住房制度改革,通过采取对习惯于享受分房者的"断奶"措施"逼"上买房之路,解决好愿意买房的问题;还要不断改进销售手段,引导好住房消费等。通过启动住房市场,带活一大批国有企业。

四、优化环境,提供保障

这里所说的"环境",应包括:

其一,市场环境。规范有序统一完备的市场环境是公平竞争的前提和保证。但由于我国社会主义市场经济体制尚处于初建阶段,市场体系还很不健全。从市场的统一性来讲,地区封锁比较严重,市场被割裂、肢解,难以实现充分完全的竞争;从市场的公平性来看,非经济因素干预干扰太多,难以实现公平竞争;从市场秩序来说,诸如欺行霸市、假冒伪劣、侵权、压价竞销等比比皆是,难以实现有序竞争等。不良的市场环境已成为制约国有企业发挥优势、参与竞争的一个主要障碍。因此,必须强化法律手段、经济手段,对市场运行秩序实施强有力的监控。要坚决清除设置在地区间割裂市场的"路障"、"壁垒",尽快建立起全国范围内统一完备的市场体系;要坚决打击假冒伪劣、商标侵权、投机倒把、欺行霸市、哄抬物价、倾销等不法行为;坚决消除利用行政手段任意干预市场的现象等。从而为国有企业的公平竞争提供良好的市场环境。

其二,经营环境。经过十多年以"放权让利"为主要内容的企业改革,国有企业的经营环境得到了很大改善。但国有企业目前所处的经营环境并不宽松,集中体现在国有企业的经营自主权并未完全得到落实,行政干预依然较多;历史包袱沉重,债务负担、社会负担压得企业喘不过气来;"吃饭"财政使得国有企业的税赋较重,一些地方几乎到了"杀鸡取卵"的地步;特别是"乱收费、乱罚款、乱摊派"屡禁不止,而且愈演愈烈,已成为国有企业的一大公害等。因此，以对国有企业增资减债、卸负轻装为主要内容，进一步优化国有企业的经营环境已成为提高国有企业市场竞争力的重大措施。要把该放的权全部放下去，把该让出的利真正让出去，把该投入的资本金不折不扣地投进去，把该由社会承担的责任和义务让社会承担起来，坚决制止各种名目的"乱收费、乱罚款、乱摊派"，切实减轻企业负担，为国有企业创造一个宽松的经营环境，使其轻装上阵参与竞争。

其三，政策环境。改革开放以来，为了促进非国有经济的发展，国家制定了一系列的优惠政策，这在很大程度上推动了非国有经济的发展，也从整体上促进了国民经济的发展。但从目前的情况看，有些政策本身或有些政策由于操作上的问题直接或间接地导致了国有企业与非国有企业的不平等竞争，非国有企业采取不正当手段与国有企业争原料、争技术、争人才、争市场的现象随处可见，已产生了严重的不良后果。因此国家应本着平等竞争、保护国有企业和民族工业的原则对国有企业和外资企业、合资企业、乡镇企业、个体私营企业等不同性质企业的有关政策进行必要的修订完善，使其更有利于企业间的公平竞争。同时要切实加大执行政策的力度，消除执行中的失误和偏差，不能对国有企业"严"字当头，对非国有企业放任自流，逐步取消在政策上对国有企业和非国有企业的双重标准，通过优化国有企业的政策环境实现平等竞争。

其四，改革环境。主要是指改革的大氛围和改革措施的配套问题。目前改革的大环境是好的，存在的主要问题是改革的措施还不够配套，有的还存在"撞车"现象。目前比较突出也是难度比较大的、与企业适应市场经济关系紧密的，主要是外贸体制改革、金融体制改革和社会保障制度改革等。国家应从有利于国有企业开拓国际市场着眼，从国有企业的实际出发，在加强宏观调控的基础上逐步扩大国有企业的自营进出口权；同时，要千方百计拓宽国有企业的融资渠道，规范资本市场，引导国有大型企业到国际资本市场上去融资等，为国有企业参与国际竞争创造条件。

其五，社会环境。目前大局稳定，社会安定，为国有企业的发展创造

　　了较好的社会环境。在这种条件下,优化社会环境的主要任务,一是建立健全社会保障体系,大力推行社会养老保险制度、医疗保险制度等;二是把企业办社会的包袱尽快接管过来。使国有企业成为真正意义上的生产经营主体和市场竞争主体,从而使其在良好的社会环境中、在公平竞争中不断发展壮大。

全民所有制多种实现形式的思考[*]

　　社会主义全民所有制的建立开辟了人类历史的新纪元。总结 20 世纪社会主义发展的历史经验教训,社会主义在发展中出现一些挫折,并不在于以公有制为主体的社会主义制度本身,而在很大程度上是由于没有很好地探索社会主义公有制的实现形式。社会主义自身的发展,要求我们必须高举邓小平同志建设有中国特色的社会主义的伟大旗帜,多方位、多渠道地探索社会主义公有制特别是全民所有制的实现形式,以实事求是地建设有中国特色的社会主义。

一、社会主义全民所有制实现形式上的单一
呆板抑制了全民所有制的生机和活力

　　社会主义市场经济必然是公有制占主体的经济,这是保证社会公平和社会进步的基础和前提,是全民利益的根本保证。这里不存在剩余价值被剥夺,不存在劳动人民受剥削受压迫。我们必须看到,社会主义全民

<hr />

　　* 原载《中国改革》1997 年第 9 期。

所有制不仅不是当前国有企业存在问题的原因,反而是国有企业在完善了管理体制后可能创造出最富有活力和最强凝聚力的企业机制以及最协调的社会运行机制的根源。市场机制并不排斥公有制,而是要求对公有制的具体实现形式进行大胆的、全面的创新。公有制实现形式上的单一呆板,必然使公有制丧失一定的生机和活力,使社会主义公有制的优越性不能得到应有的发挥。目前的问题主要包括以下几个方面:

一是在观念上把公有制的本质特征与具体实现形式相混淆。社会主义全民所有制是全体人员共同占有生产资料的一种公有制形式,占有主体是全体人民,占有方式是共同占有。多年来在观念上往往把全民所有和国家代表全民混为一体,把公有制等同于国有制,等同于政府所有制,认为公有制占主体就是国有制占主体。特别是近年来在国有企业改革中,从“国”出发多,从“民”出发少,在经济改革的理论思维上忽视了“全民所有”的一面,以至于不敢大胆地探索全民所有制的实现形式。甚至把对全民所有制实现形式上的一些有益探索,如股份制、合作制、股份合作制、租赁经营、委托经营等视为私有化,使企业改革的思路始终围绕“国有”徘徊,使公有制实现方式难以取得突破性进展。长此下去,新的社会主义市场经济体制就不可能建立,现代企业制度也必然形同虚设。

二是全民经济组织中的“所有者缺位”。国家代表全民,但具体到一个生产单位、一个经济组织、一个企业又是谁代表国家,这个问题从全民所有制建立之日起就一直没有得到真正解决。事实上多年来无人真正代表国家,在国有企业内部缺少一个“现实的利益结合部”,全民利益与个人利益关联是理论的、抽象的、模糊的、不确定的。企业的政府主管部门虽然是所有者代表,但并没有真正履行所有者的职责,所有者代表的利益与所有者的利益并不是完全等同的,因而当所有者代表的自身利益能满足时,就不会顾及所有者本身的利益了,甚至不惜牺牲所有者的利益。同样,每个企业的职工虽然都是企业的主人,但每个企业的职工并不是他所在企业资产的全部主人,只是他所在企业资产的一部分主人,部分主人的利益与全部主人的利益也并不是完全相同的。职工所在企业之外的国有资产,同该企业职工更是一种虚幻的关系。所有权关系含糊不清,必然导致广大职工不能从关心自己的切身利益上来关心重视企业的生产经营,使构成物质动力的"利益机制"相当薄弱。于是,松散、懒惰、不负责任等消极现象从这里产生了。无人具体对全民资产真心实意地负责,国有资产大量闲置、浪费、流失或被侵蚀,资产运营效率和效益低下,等等。社会主义全民所有制的不确定性、不完善性比较突出地显现出来。

三是全民与国家之间事实上存在着目标上的差距。全民与财产所有者代表(国家)之间存在着委托—代理关系,从理论上看,全民将财产交给国家,似乎国家最能代表全民利益,最能有效地实现社会福利的最大化。但是国家不是一个全知全能者,它同样面临诸多制约,而且国家在执行行政职能时并非只有实现社会福利最大化的一元目标,至少它还要受到政治和社会等因素的影响。国家所有制从事经济活动一般要考虑到政治原则和政治需要;而资本所有者的行为完全是遵循经济合理性效率性原则,以追求更高的经济效果为核心的。因此,我们必须找到体现社会主义本质特征的经营方式,把所有者代表、劳动者和企业统一起来,使劳动者不仅成为劳动过程的主人,而且能参与剩余价值的分配,逐步掌握生产资料。

四是国有制经济规模过分庞大。公有制实现形式的单一,导致规模庞大的国有企业大量进入一般竞争性产业,使一般竞争性产业过度竞争,造成资源的浪费,并因垄断度提高破坏有序竞争,整个社会经济资源不能按市场机制进行配置,导致宏观经济结构经常性地失调;国有经济的代表者——政府也被迫进入市场,成为市场竞争主体之一,这不仅造成诸多经济问题,而且为腐败现象的产生提供了温床。

上述问题表明,社会主义全民所有制必须由单一实现模式向多元实现模式转变。我们必须按照市场经济的要求,探索全民所有制的实现方式,使企业的组织结构与社会化大生产和现代经济的发展相适应。

二、按照股份化、人格化、层级化的思路
全方位创新全民所有制实现形式

江泽民总书记在中央党校的重要讲话中明确指出："要坚持生产关系一定要适合生产力发展水平的马克思主义基本观点，以是否有利于发展社会主义社会的生产力、有利于增强社会主义国家的综合国力、有利于提高人民的生活水平为标准，寻找能够极大地促进生产力发展的公有制实现形式，一切反映社会化生产规律的经营方式和组织形式都可以大胆利用。"按照江泽民总书记的讲话精神，我们必须重新认识公有制与国有制（事实上是政府所有制）这一传统的公有制实现形式之间的关系，探索公有制与市场经济的有效结合途径，把改造和完善纯而又纯的全民所有制，使之与社会主义市场经济接轨，作为经济体制改革和企业改革的战略性任务之一。

一是加快全民所有制的股份化。股份制是现代企业管理组织的一种有效形式，它是在社会化大生产对资本的需求量很大，而单个资本家掌握的资本又十分有限的情况下，创造出来的一种为人类谋取利益的经济形式，是社会化大生产的产物，是市场配置资源的一种有效形式。股份制加科学、严密、严格的企业管理制度构成的所谓现代企业制度，已在全世界普遍实行。资本主义能够创造人类有史以来灿烂辉煌的物质文明，这不能说与股份制经济无关。对全民所有制实行股份制改造，并与非国有经济进行融合渗透，使之与市场经济相互对接是公有制实现形式的一个现实选择。国家控股（并非全部）、企业和职工个人参股、公众购股（企业股票上市），其现实的意义在于企业内部有了一个"现实的利益结合部"，可以极大地增强企业的利益机制，使广大职工从关心自己的切身利益上关心重视企业的生产经营。同时广大职工既当家又做主，必然极大地增强其主人翁意识和主人翁行为，企业活力的增强是不言而喻的。另一方面，

通过法人、企业职工入股,公开发行股票,企业又可以很快地筹集到大量的资本,解决发展资金严重不足的问题。但是与其他任何事物一样,它必然带来一定的消极因素,比如不可避免地出现金融投机和食利者阶层,但在社会主义制度下,这是完全可以规范和限制的。总之,股份制在社会主义制度下广泛地建立起来之后,广大劳动者必定会以自己的劳动和智慧或资本金作为股份组织起一个命运共同体,积极性、主动性、创造性就会迸发出来,必将有效地实现全民所有制,加快社会主义建设。正如马克思指出的:"股份公司对国民经济迅速成长的影响,恐怕估计再高也不为过。"

二是实现全民所有制的人格化。全民所有制的资产本质上是全民资产,因此,"全民"是国有资产的真正所有者。但由于多种原因,"全民"事实上难以行使所有者职能,造成上面所说的"所有者缺位"。这一事实导致一个严重的后果,即全民所有制资产脱离了所有者的监督约束而处于无人负责的状态。因此,全民所有制企业的根本出路在于改革整个体制,重点在于所有者真正到位,重新界定政府、企业职工、企业经营者与国有企业的关系,真正培育出所有者的代表及机制,实现全民所有制的人格化,通过全民所有制资产转变为全民资本,塑造出人格化的资本所有权主体。在现实的生产过程中,要强调全方位的资本人格化,做到全民所有制资本经营者的利益与全民所有制资本保值增值的目的相一致;全民所有制资本经营者的决策所承担的风险与其自身的利益挂钩;所有制资本经营者的利益关系通过经济杠杆得到调节。现代企业制度强调资本金制度。全民所有制企业建立现代企业制度的过程就是国有资本的人格化塑造的过程。现代企业的法人财产制度、企业财产信托经营制度、企业经营有限责任制度的实施都需要具体的经济行为人来进行,并且只有当具体的经济行为人的利益与全民所有制资本增值的利益相一致时,经济行为人才会站在全民所有制资本的立场上营运。而此时这个具体的经济行为人实际上就成了全民所有制资本的人格化代表。并要求资本的代表者尽量维护资本的完整,在最大的限度内实现最小成本和最大利润的原则;职工的劳动也必须符合资本运作的要求。对一个以资本为核心的经济主体来说，经营者的管理活动是资本运动的必然表现方式，职工的劳动也是资本运动、增值增长的一种手段和方式。从这一意义上说，任何劳动都必须在质和量两方面符合资本人格化的要求。全方位的人格化必将成为中国经济体制改革过程中企业家队伍和劳动力市场形成过程中最基本的理论支点。能否真正用资本人格化精神去看待和解决企业家的任职途径、管理职责和权限，是关系到我国企业家制度合理化、企业家行为规范化的根本问题。

三是推行全民所有制的层级化。要将目前国有产权的中央政府所有、分级管理的格局改变为多种机构并都代表全民行使所有权职能。在改革中可划分中央与地方所有，将地方管理的国有资产明确划归地方所有。在经济学意义上，判断谁拥有资产的最重要依据是看谁拥有剩余控制权或剩余索取权。从这个角度分析，地方政府目前实际上控制了至少大部分剩余控制权，已拥有事实上的地方全民所有制企业所有权，有权处置并已经开始处置地方国有企业。从我国国情出发，应将全民所有划分为中央、省、地（市）、县四级区域民众所有，对全民资产实行分级管理，比较容易操作，中央政府可以把国有企业的部分负债通过产权划归地方政府，让地方政府根据自己的财力解决国有企业的负债问题。明确划分多元全民所有制资产投资主体和层级管理原则后，中央政府可以集中精力理顺中央国有资产管理体系。这样比目前"隐蔽"的多元化管理，更有利于推进国有企业改革工作，更有利于全民所有制资产在行政区域间公平合理的分配。

三、循序渐进地完善和创新全民所有制的现有实现形式

在近年的改革实践中，已经打破了国有制一统天下的格局，探索出全民所有制的一些实现形式，如股份有限公司、有限责任公司、中小企业的

股份合作制、国有民营、委托经营、承包经营、租赁经营等等,而且其实践效果是比较好的,只是不够规范、不够完善罢了,需要我们进一步总结经验,逐步完善、规范、创新和发展。从近期来讲,要注意从以下几个方面完善和规范。

1. 大力发展股份有限公司和有限责任公司

我国经济体制改革的目标是建立现代企业制度,组建股份有限公司或有限责任公司。目前我们的改制效益不明显不在于公司制本身,而是计划经济体制仍然存在,政府机构精简和职能转换长期不到位,各级专业主管部门为维护现有的权力和利益,一般都不愿意把国有企业改为一个真正的股份公司,这已成为企业改革的现实障碍。在发展股份公司过程中,要注重发展机构持股或法人持股,包括企业间交叉持股,要重视大股东的作用,有意识地构造核心股东,这样既能使企业摆脱行政控制,又能做到所有权在位,可以比较有效地解决所有者的监督问题。发达市场经济国家的经历表明,由众多个人分散持股,难以有效监督和约束经营者。个人由于持股的数量很小,只享受公司收益的很小部分,所以就没有动力关心公司的运作。发展持股较稳定、投机性较小的机构股及企业交叉持股、银行持股是有积极意义的。这是发展股份公司和有限责任公司过程中必须注意的一个问题。

2. 对不具备股票上市条件的国有大中型企业实行股份制改造

国有企业实行股份制改造的基本方向是使资本所有者成为企业的主导者,使企业成为资本的载体,并使企业按资本规则行事,实现企业财产的资本化、财产所有权的法人化和企业管理的社会化,向全社会公开招聘企业家来专门从事企业管理,并广泛吸收广大股东与员工参与管理,实现利益分享与风险分散。建立起一套以明晰产权关系为基础,以企业法人财产制度和法人治理结构为核心,以出资者负有限责任、企业由职业企业家负责经营为特征,以适应市场竞争的内部科学管理为保证的现代企业制度。除少数生产特殊产品和属于特定行业的企业可以依法采取国有独资形式外,多数改组企业应通过存量折股或增量扩股的办法,吸收各类法人、外资以及国内自然人的资金入股、合作或互相参股方式,实现股权多元化。对竞争性行业中的企业,国家可以参股,对基础产业、支柱产业中的骨干企业,国家则需要控股。山西上万人的企业——原山西纺织厂破产后,采取职工参股、吸收社会法人股,组建了新凯纺织印染有限公司后,经济效益大为改观就是一个明显的例证。

3. 对国有小企业实行股份合作制

国有中小企业要逐步有序地市场化、民营化、资本化、股份化。所谓市场化就是真正地成为市场的主体,完全自主经营和自负盈亏;所谓"民营化",就是使一部分小型国有企业在通过不同形式和途径的改造中实现国有民营和民有民营;所谓"资本化"就是将其大部分资产包括货币形态的国有资产,由过去的产品经营转化为资本经营;所谓"股份化"是从发展方向看,国有中小企业可走股份合作制道路。股份合作制作为兼有股份制与合作制两种经济形态特点,实行劳动合作与资本合作相结合的一种社会主义公有制企业组织形式,是实现市场化、民营化、资本化、股份化的最有效途径,近年来已在我国城乡大面积推行,在理顺产权关系和推动生产发展方面发挥了积极的作用。山西股份合作制企业自发性地大量涌现,有力地推动了全省的中小型企业改革,促进了国有资产的重组和有效运营。去年以来,山西侯马市又创造了以产权置换为主导的股份合作制形式,他们坚持"产权置换、资本重组、政企分开、盈亏自负"的方针,将中小企业国有资本的三分之一由国家持有,三分之一由职工持有,其余三分之一量化给职工,为全省中小企业改革注入了新的活力。这是小型全民所有制企业实现形式的一种创新,很有推广价值。通过产权置换,全民所有制资本可以得到有效运营。

国企的主要矛盾及改革发展的思路和对策[*]

贯彻十五届四中全会通过的《中共中央关于国有企业改革和发展若干重大问题的决定》，创造性地开展工作，必须首先搞清国有企业存在的矛盾和问题，然后对症下药，有针对性地采取措施，一步一步地把国有企业搞活搞好。应该说国有企业的问题是相当严重的，问题的严重性集中表现在这不是单一的问题，也不是少数几个问题，而是一系列的问题。

一、国有企业的主要矛盾系统

对于国有企业存在的问题，方方面面研究探讨得不少，调查报告、文章、著作、建议、意见、领导讲话层出不穷，可以说是众说纷纭。这说明国有企业的问题是大家普遍关心的焦点问题。《决定》指出，"当前，国有企业的体制转换和结构调整进入攻坚阶段，一些深层次矛盾和问题集中暴露出来。""必须采取切实有效的措施解决这些问题。"那么，国有企业究竟有哪些深层次的矛盾和问题呢？

＊ 原载《人民日报》2000 年 2 月 22 日。

我认为国有企业普遍存在着这样一些矛盾和问题:1. 体制不顺。一是说国有企业赖以生存的经济体制不顺,社会主义的市场经济体制还没有完全建立起来,企业受体制制约。二是说企业内部的管理体制也还不顺,集权与分权的问题没有解决好,影响企业的发展。2. 制度不新。现代企业制度还基本上没有建立起来。3. 机制不活。企业内部的利益机制、竞争机制、激励机制、经营机制、发展机制、约束机制(六大机制)等还比较弱。4. 管理不善。管理落后,管理不强。5. 环境不佳。市场环境、经营环境、社会环境和投资环境都不理想。6. 产品不优。相当一部分产品是老旧过时产品、初级低档产品。7. 技术不精。基本上是落后技术。8. 装备不良。基本上是六七十年代的老装备。9. 资金不足。资本金短缺,生产经营资金、技改资金严重匮乏。10、包袱不轻。背着极其沉重的债务包袱和社会包袱等等。这一系列的矛盾,严重制约着国有企业的生存与发展。对于普遍存在并且反复出现的问题,我们一定要从规律上找原因,从政策上找出路。这些矛盾是在计划经济体制深刻作用影响下积累和发展起来的,是多年的大量重复建设形成的,是长期不注重技术进步、技术创新和技术改造的结果。从这里我们清楚地看到,这是一个复杂的立体的"主要矛盾系统",不是单一的矛盾,也不能简单地一分为二。既然是一个矛盾系统,就应该用系统的办法加以解决。对于国有企业的"主要矛盾系统"我们可以将其划分为两类。体制、制度、机制、管理和环境方面的矛盾,如上述的 1、2、3、4、5,属于生产关系方面的矛盾;产品、技术、装备、资金和包袱方面的矛盾,如 6、7、8、9、10,属于生产力方面的矛盾。这就是所谓的国有企业的两类基本矛盾。不同质的矛盾要用不同质的办法去解决。生产关系方面的矛盾主要是通过改革的办法加以解决,生产力方面的矛盾主要是通过技术创新、技术改造的办法加以解决。改革可以理顺企业内部的生产关系,为企业创造一个良好的体制制度环境和发展环境,解放生产力,促进生产力的发展。但是,改革不能代替技术创新、技术改造,不能代替生产力的发展。当然,技术创新、技术改造更不能代替改革。从这里我们可以看出,改革和技术创新、技术改造是搞活搞好国有企业的两大战略性工程。从这里我们也可以清楚地看到,进一步推动国有企业的改革与发展受诸多因素的制约,特别是受体制、市场和资金的制约。此外,许多问题的解决需要有一个过程,尤其是解决这些问题需要有大量的资金投入,因此不可能速决速胜,要有长期作战的思想准备。政策对头,工作得力,也还需要一个较长的时期。中央提出到2010年,"基本完成战略性调整和改组,形成比较合理的国有经济布局和结构,建立比较完善的现代企业制度",是清醒的、明智的。

二、激烈的市场竞争使国有企业的矛盾激化

上述主要矛盾早已存在,但在计划经济体制下,由于国有经济通过国家计划几乎垄断了整个国内市场,加上严重短缺,产品一般都能销得出去,同时企业在幼年期背的包袱也还不算很重,因此企业经济效益尚好,各种矛盾表现得不明显。改革开放以来我们逐步向市场经济转轨,市场经济给国有企业带来良好的发展机遇和积极影响,特别是市场经济为国有企业的改革与发展提供了强大动力。市场对资源配置的基础作用逐步发挥,使得国有企业对生产要素的集聚、配置和运用有了效率和效益观念,在生产经营中也有了市场意识和竞争意识。在市场经济推动下非国有经济快速发展,国外企业特别是发达国家的优势企业和跨国公司大举进入国内市场,我国经济与国际经济全面接轨。但是市场经济并不是一切都美好,事事都如意,且不说优胜劣汰使不少国有企业停产、半停产,职工待业、失业,发不了工资。这里最突出的问题是国有企业很不适应市场经济,主要表现为五个不适应:一是思想观念不适应,长期形成的等靠要思想严重,竞争意识淡薄;二是企业制度不适应,脱胎于计划经济体制的工厂制与现代企业制度相去甚远;三是机制不适应,经营机制转换迟缓;四是产品不适应,国有企业在六七十年代搞起来的老旧过时产品,完全不适应变化了的90年代的国际国内市场;五是经营管理不适应,经营管理不善,劳动生产率低,经济效益差。当然还有其他种种不适应,但主要是

这五个不适应。这种不适应还突出表现在激烈的市场竞争中,国有企业处于两面夹击的十分不利的地位,与"老外的企业"比,企业制度落后,机制不活,产品技术含量低、性能差,生产规模小,服务差,竞争力弱,接连丧失阵地,甚至一个军团一个军团地败北;与"老乡的企业"比,机制不活,营销意识、营销手段差,企业包袱沉重,成本较高,能源原材料产品、劳动密集产品、中低档产品的市场不断丢失,如此等等。一面是个体强大的大鱼群体,一面是为数众多的小鱼群体,我们的国有企业——这不大不小的鱼群,在顽强拼搏,形势十分严峻。打个比方说,我们的国有企业就像被放归大自然的动物园中豢养的动物,完全不适应生存竞争的生态环境。

总之,市场经济体制条件下,激烈的市场竞争使国有企业固有的深层次的矛盾和问题激化了,突出了。国有企业普遍存在一个过市场经济关的问题,对此我们应该有一个清醒的认识。

三、进一步搞好国有企业的思路和对策

(一)基本思路

既然国有企业存在着一系列的矛盾和问题,那么进一步搞好国有企业的基本思路应该是:综合治理,全面推动,整体创新。修修补补、小打小闹是不行的。具体来讲是:"调整、改制、改组、改造、改善、管理、增资、轻装"。可以简单地表述为"四改"和"一调一管一增一减"。这是进一步搞好国有企业的经济系统工程,也是实现两个根本性转变的重大举措。

"调整"就是对国有经济的布局进行战略性调整,坚持有进有退,有所为有所不为。

"改制"就是企业制度创新和机制转换。

"改组"就是通过企业间的兼并、联合、重组,组建企业集团等形式,进行企业组织结构的调整,实现资产存量的流动、重组,即所谓战略性改组。

"改造"就是以发展优势产品为核心目标,对企业的工艺、技术、装

备、厂房等进行全面的技术改造,从而提高企业的生产力水平。

"改善"就是改善企业的市场环境、经营环境、社会环境和投资环境等外部环境,主要是依靠政府建立健全宏观调控体系、市场体系、社会保障体系、法律法规体系和社会化的综合服务体系,为企业搭起广阔的经济活动舞台。改善就是要解决气候和土壤的问题。

"管理"就是把企业的制度创新、技术创新与管理创新结合起来,强化企业内部的基础管理、现场管理、专业管理、经营管理等。

"增资"就是增加国有企业的资本金和生产经营资金,把资产负债率降到合理程度,帮助企业走出债务经济的怪圈,焕发企业的生机和活力。

"轻装"就是减轻企业办社会的负担,为企业创造轻装前进、平等竞争的环境。

(二)对策措施建议

1. 加快改制步伐。现代企业制度建设要在总结前些年试点经验的基础上,加快步伐。有一定管理基础、经济效益好的国有大中型企业要进行股份制改造,组建有限责任公司或股份有限公司;好的和比较好的国有中小企业可以实行股份合作制改造。所有国有企业都要适应市场,全面创新六大机制(利益机制、竞争机制、激励机制、经营机制、发展机制和约束机制),特别是要加速经营机制的转换。

2. 实施大调整、大改组。实施大调整,坚持"有进有退,有所为有所不为","抓大放小","扶大、扶优、扶强"的原则,"三个一批"分类指导。一是扶植一批,大力扶植:(1)关系国民经济命脉的重要行业和关键领域的国有企业,使其占据支配地位;(2)其他行业和领域管理强、规模较大、效益好的大中型企业和企业集团,使其尽快发展壮大,成为行业排头兵和中坚力量。二是挽救一批,对于有一定管理基础、一定规模、产品方向对头、微利或扭亏有望的大中型企业,要挽救、扶植。对扭亏有望的企业建议实行"旧账暂缓、新账不欠、限期扭亏、逐年还账"的政策,对其有市场、有效益的产品给予贷款支持。三是兼并破产一批,对管理差、产品方向不对、严重资不抵债、扭亏无望的企业,坚决实施兼并、破产。

实施大改组。引导帮助国有企业之间、国有与非国有企业之间,实施合并、兼并、联合、组建企业集团,促进资产存量流动重组。在重组过程中组建发展我们自己的"联合舰队"——大型企业集团。

3. 实施名牌战略,大力发展优势产品。产品是生产力的结晶,是企业的命根子,企业靠产品吃饭,靠产品给国家作贡献,靠"产品武器"参与市场竞争。没有产品优势就不可能有经济优势,可以说产品好一切都好。国有企业的困境,归根到底是缺少优势产品。因此,要实施名牌战略,千方百计地发展科技含量高、性能优良、有市场、有效益的优势产品。通过合资、合作、合营、技术转让等引进先进产品。"产学研"结合研制开发新产品,对老产品进行更新换代等等。

4. 大力推进技术创新和技术进步。发展机制是企业发展产品,改进工艺技术,改善经营的一种机制,这决定着企业第一生产力的状况,决定着企业的发展后劲,是经营机制的强大推进器。但是我国国有企业的发展机制相当薄弱,这是国有企业缺乏后劲、发展不快、陷于困境的又一个重要原因。因此,要下决心花本钱建立企业的强而有力的开发系统,健全机构,充实队伍,增强投入,加速产品的研制开发和更新换代,推广应用新工艺、新技术、新材料、新设备,大力推进技术创新和技术进步。有条件的企业要建立技术中心、产品研究所或其他研究开发机构,建设产学研结合的科技新体制,引导帮助科研单位和大专院校进入企业,建立新型的产学研结合的技术中心。

5. 大力加强经营管理。国有企业普遍存在经营管理不善的问题。这是国有企业搞得不活、不好的又一重要原因。就现实而言,企业的基础管理和现场管理仍相当薄弱,需要进一步加强,同时要大大加强质量管理、营销管理、成本管理、财务管理和人本管理等项专业管理。

企业的经营应该包括产品经营(即生产经营)、资产经营和资本经营,在计划经济体制下,我们只重视产品经营,而忽视资产经营和资本经营,这两种经营的意识淡薄,甚至到现在为止我们还不懂得这两种经营的概念、目标、策略和方法，或者说这两种经营在不自觉地运行，在盲目运行，导致资产经营状况不好，资本经营严重恶化，反过来又直接影响产品经营。我们可以肯定地说，资产经营和资本经营状况不好，产品经营就不可能搞好。

搞好资产经营首先要进行资产存量的重组，以增量带动存量调整，同时解决资产闲置、积压、浪费、流失的问题。二是适当提高折旧、大修费用，加速固定资产更新改造步伐。同时解决流动资金严重不足的问题。三是加强国有资产监管，确保国有资产保值增值。四是大力提高资产运营效率和资产利润率。

搞好资本经营首先要解决国有企业过度负债的问题，多渠道增加资本金，优化资本结构；二是解决资金不合理占用问题；三是要强化积累机制，增加资本积累；四是要追求资本增值；五是提高资本运营效率和效益，加快资金周转，缩短投资回收期，提高资金利润率和投资回报率。

6. 加大投入，加速改造。技术改造是企业的生存工程、发展工程，是一定要搞好的。一是技改要体现产品更新换代、上规模、工艺革新、装备更新和企业经济效益提高，决不能搞低水平重复。二是要加大投入，并提高技改资金的使用效益。三是要加强项目管理，建立严格的项目责任制，实行"业主负责，一定四包"，即定项目负责人，包投资、工期、质量和效益。

7. 要大力增资。国有企业资金空前紧张，已严重制约当前生产经营，因此要千方百计为国有企业增加资金投入。一是要增加资本金。国家和地方的拨改贷要尽快转为资本金，企业要增加积累，增提资本金，通过股份制改造多方吸纳资本金，大力发展资本市场直接融资。二是要增加生产经营资金。企业要管好用活现有资金，盘活存量，节约挖潜，加速周转；银行要增加贷款；企业要自补流动资金。三是要大量筹措技改资金。

8. 要减轻企业负担。国有企业不"轻装"则难以前进。"轻装"一是要逐步把离退休人员交给社会；二是要减员提效，把富余人员分流出去；

三是要把学校、医院、幼儿园、托儿所等社会性服务单位交给社会。

9. 要为企业营造一个良好的外部环境。这是政府要办的事。一是营造一个好的市场环境,建立健全市场体系,使企业所需要的能源、原材料、技术、资金、人才、劳动力等生产要素能方便快捷地从市场得到。同时公平税赋,实现公平竞争。二是营造一个好的经营环境,改善交通、通讯、社会服务,发展各类中介服务机构,使企业的生产经营活动能够顺畅地进行。三是营造一个好的社会环境。除了社会安定稳定,还要扩大保险范围,建立和完善养老、失业、工伤、医疗、生育等保险制度,完全卸掉企业办社会的包袱。当前要坚决制止各种名目的乱收费、乱摊派、乱罚款,减轻企业的额外负担。四是营造一个好的投资环境。实施"四优工程",提供优惠政策、优秀项目、优质服务和优良环境,特别是政府部门要提高办事效率和服务质量,吸引国内外客商来当地投资办企业、搞商务。

10. 国家要对国有大中型企业大量投入。国有企业要生存要发展,就必须进行脱胎换骨的技术改造,修修补补的小改造不行,要大改造。但由于企业多,大改造就需要大量投入。国家作为国有企业的所有者,不为国有企业投入是不行的。而国家又是一个吃饭财政,拿不出钱怎么办?要搞政治体制改革,要走精兵简政之路,庞大的官僚机构不能再存在下去了,大刀阔斧地精简党政群团机构,成百万地压缩党政群团机关工作人员,减少财政开支,腾出资金用于支持国有企业。建议国家和各省市每年拿出一笔资金解决国有企业的资本金;银行呆账准备金还应增加,以尽快冲销企业的呆坏账;另外债转股的力度还应加大。

用改革的精神和市场经济的
办法解决再就业问题*

江泽民总书记在中央党校省部级干部进修班毕业典礼上的重要讲话中强调指出："社会主义的根本任务是解放和发展生产力,中国解决所有问题的关键在于依靠自己的发展,改革开放是发展的强大动力。"改革开放的实践一再证明并将进一步证明:改革是国家和民族的求生之路、发展之路、希望之路,是国有企业的根本出路,也是我们想问题、办事情的基本思路。用改革的精神和市场经济的办法解决再就业问题是我们的必然选择。

一、提高认识,理清思路,把解决再就业问题与深化
企业改革有机地结合起来,无论遇到什么困难
都要义无反顾地坚持企业改革的正确方向

应该说,目前显现出国有企业下岗职工增多的现象是必然的,是改革

---

* 原载《中国劳动》1998 年第 2 期。

深化、体制转换、结构调整、经济增长、质量和效益提高的必然要求和结果，但决不能因此就把目前失业人数增多的问题归咎于改革。很显然，富余人员太多、隐性失业严重是国有企业长期以来一直存在的一大"顽症"，是计划经济条件下长期积累的矛盾在就业问题上的集中反映，以至目前已经成为国有企业发展、经济结构升级的一个绕不过、躲不开的障碍。如果不进行改革，不实行两个根本性转变，不对"大而全"、"小而全"盲目重复建设的粗放经济结构进行调整和优化，不对长期亏损、资不抵债的企业采取兼并、破产等一系列的改革措施，不对企业内过多的富余人员下岗分流，不对臃肿的机构进行撤并，继续让企业吃国家的"大锅饭"、职工吃企业的"大锅饭"，优不胜、劣不汰，只能贻误时机，问题越积越多，路子越走越窄，结构不断恶化，困难日益加深，最终只能被市场淘汰。对这个问题我们必须有清醒的认识。当然，由于计划经济体制的长期影响，很多职工的择业观念还不能适应市场经济的要求，对下岗、再就业还缺乏足够的精神准备，在下岗后的一定时间内又不可避免地面临着收入下降的现实问题，再加上长期缺乏竞争的环境下形成的很多职工知识老化、技能单一、独立谋生的能力不强等客观原因，一些下岗职工"怕"字当头、心有顾忌是可以理解的，但决不能因此就对企业改革产生任何的怀疑和动摇，不能一下岗、一感到就业的压力，就想走回头路。必须看到产业结构升级和富余职工下岗分流的必然性，看到这是我国经济发展中不可逾越的阶段，除此以外别无他路可走。只有积极主动地支持改革并参与改革，按照中央确定的企业改革的方针和原则、江总书记去年5月4日在上海的讲话精神和今年5月29日在中央党校的重要讲话精神，以及朱总理在辽宁考察国有企业时的讲话精神，提高认识，坚定信心，正确处理好深化企业改革与推进再就业的关系，义无反顾地坚持企业改革的正确方向，坚定不移地走"鼓励兼并、规范破产、下岗分流、减员增效、实施再就业工程"的路子，早下岗，早转业，才是既符合国家利益、又符合企业利益、更符合职工长远利益的有效办法和长久之计，才能尽快走出困境。这既是一个必须首先解决好的思想认识问题，也是一个必须把握好的方向问题，必须予以高度重视。

二、远近结合,标本兼治,要特别注重用
市场经济的办法解决再就业问题

改革开放以来,我国的劳动力市场和其他要素市场一样逐步得到了发展和完善,劳动力市场机制初步建立,市场就业的格局基本形成。但劳动力市场在劳动力资源配置中的基础性作用发挥得还很不充分,与社会主义市场经济的要求还相差甚远,难以承担起本应由其承担的社会责任和就业压力,这也在客观上造成了目前不得不依靠行政手段缓解就业压力的局面。因此,社会主义市场经济的发展、国有企业的改革迫切需要与之相适应的劳动力市场。加快劳动力市场建设、强化就业服务已经成为当务之急。当前,一要完善国家政策指导下的市场就业制度,从政策上、制度上实现劳动力市场运行的规范化、制度化;二要加强对劳动力市场建设的统筹规划和管理,保证劳动力市场建设有序、健康地进行;三要不断强化劳动力市场的就业服务功能,改善服务设施和手段,增加服务项目,并逐步拓展服务领域,将就业服务延伸到企业和街道,落实到基层,千方百计提高服务质量;四要坚持掌握就业信息与搞好就业指导相结合,抓好就业服务与抓好就业培训相结合,综合配套,协调进行,不断健全劳动力市场功能,在解决劳动力就业问题特别是下岗职工再就业问题上发挥出应有的作用。

实践证明,在已经建立社会保障体系的发达国家,产业结构的升级主要是通过优胜劣汰机制来实现的,没有完善的社会保障制度,优胜劣汰机制是难以发挥作用的,再就业问题也将成为影响社会稳定的永久性问题。我国传统的社会保障制度不仅是不完善的,而且那种力求由国家和企业包揽下来的福利性社会保障模式,既使国家财政和企业负担过重,又使劳动者缺乏自我保障意识和责任,因而是没有发展后劲和动力的,是注定没有生命力的。因此,必须尽快建立起一套能够增强国家、企业和职工个人

的责任意识的,有稳定可靠的财源支持的,有自我完善和发展的动力与后劲的,与社会主义市场经济相适应的完备的社会保障体系。为此,当前必须按照政事分开,决策、管理、营运、监督分离的原则,加快社会保障制度改革,理顺关系,建立机制,做到"制度统一、管理规范、政事分开、监督有力"。要切实加强失业保险基金的收缴工作,并管好用好,不断扩大失业保险的覆盖范围,进一步建立补充保险和商业保险。同时要着手研究建立预防高失业率的风险基金,加快建立城市最低生活保障制度等。要全面深化社会保障制度的配套改革,包括建立全国统一的企业职工基本养老保险制度、医疗保障制度、住房制度等,使每一个职工都老有所养、病有所医、失业有保险、就业有机会、生活有保障,以解除他们的后顾之忧,为顺利实施再就业工程提供保障。

三、眼光放远,政策放宽,多渠道
分流安置下岗职工

1. 市场调节配置一批。就是要加大投入、加强领导,加快劳动力市场建设,发挥好市场配置劳动力资源的基础性功能,尽快把劳动力市场建设成为再就业的主渠道。

2. 挖掘潜力消化一批。就是要鼓励企业最大限度地挖掘生产潜力,开发新的就业岗位,依靠自身的力量解决好本企业下岗职工的分流安置问题。

3. 整体转产转移一批。对于一些在经济结构调整中的行业性裁员,要采取一系列的政策措施推进其在相近行业、新兴行业间的整体转移,必要时可以注入一定的启动和安置资金,使企业转产不停产,职工转岗不下岗。

4. 培训提高调整一批。劳动部门和其他一些培训机构要对一些不适应企业生产发展要求的低素质职工或一些结构性失业的职工,开展多种形式的培训活动,使其素质得到提高而实现重新就业,培训费用应实行减免。

5. "退二进三"分流一批。要鼓励企业发展第三产业安置职工,在土地管理费及其他各种税费的征收上给予优惠。

6. 互通余缺调剂一批。要不断健全用工信息网络,加强用工信息的交流,发挥行业组织的协调作用,有组织地进行行业间、企业间的劳动力调剂。

7. 开辟领域转岗一批。就是要利用国家鼓励发展旅游、电子信息、居民住宅等新兴产业的契机,大力开发新的生产领域,开辟新的就业岗位,安置下岗职工就业。

8. 拓展门路安置一批。要鼓励下岗职工到集体企业、乡镇企业、个体私营企业等非国有企业中就业,对于接收安置下岗职工较多的各种经济组织,可以根据实际情况给予减免所得税等优惠政策。

9. 自谋职业分离一批。对于与企业解除劳动关系后从事个体经营、合伙经营等自主经营活动自谋职业的下岗职工,经劳动、财税部门审批后,可在税收、工商管理费等方面给予减免、缓缴等优惠。

10. "退二进一"补位一批。对于下岗职工开发农、林、牧、渔业从事第一产业的,在政策上给予一定的倾斜。同时也提倡无专长的城市"农民工"返乡归土,鼓励下岗职工从事"补位"性劳动。

11. 促进竞争轮岗一批。要加大改革力度,建立良好的竞争上岗机制,实现动态上岗,避免一些人长期失业,形成竞争上岗、轮流就业的格局。

12. 以工代赈解决一批。要有针对性地确定一批社会公益项目,专门用于组织下岗困难职工以工代赈,解决其基本的生活问题。

13. 社会保障托管一批。劳动部门和有条件的行业、企业要建立再就业服务中心,对下岗职工进行托管,并提供再就业服务。

14. 重点扶植帮助一批。要按照政府、企业和银行"三家抬"的办法,广泛筹措解困资金,并从地方财政、企业和社会保障基金中各拿一点建立再就业基金,帮助下岗职工渡过难关,尽快再就业。

15. 失业保险暂缓一批。要逐步建立在岗职工个人失业资金账户，并且同比例建立企业失业统筹基金，允许进入成本，以推进失业保险制度改革，减轻职工下岗后的压力。

通过以上各种优惠政策，拓展多种分流渠道，稳步推进再就业工程。

科学发展及新型工业化道路

GONGYE JINGJI
KEXUE FAZHAN YANJIU

"园区经济"探析*

——"经济大棚"构筑新型工业经济平台

"园区经济"在我国已勃然兴起,而且发展的势头很好,充分展现出它的无比优越性,引起世人的广泛关注。目前,"经济特区"和"园区经济"制度已成为我国经济发展的主流,我们应该大力扶植、引导、规范,使之在全面建设小康社会的新阶段更快更好地发展,为国家经济建设作出更大的贡献。同时我们应该对"园区经济"进行深入的理论研究。

一、"园区经济"的发生、发展

上个世纪,二战结束国际气候转晴,美国的高新技术产业蓬勃兴起。50 年代,环波士顿的 128 号公路地区,凭借波士顿大学城的科技、人才集聚的优势,电子信息产业迅速发展起来,形成了繁荣的经济带。60 年代,西海岸旧金山的硅谷地区,依托斯坦福大学、加州大学伯克利分校及旧金山科研机构雄厚的知识资本和源源不断的创新投资,以超常速度发展 IT

---

* 原载《经济日报》2003 年 7 月 8 日。

产业、基因工程等高科技产业,成为举世瞩目的高科技产业基地,"128 号公路经济带"、"硅谷"实质上是一种"园区经济"。

80 年代,我国经济发展的春天到了。1981 年国务院批准在深圳、珠海、汕头、厦门等 16 个沿海城市建立"经济特别开发区",我国由此创立了"经济特区"制度。在"经济特区"大幅度地放宽限制,制定法律和行政法规,制定特殊的优惠政策,营造宽松的经济发展环境,大力招商引资,使这些地方的经济奇迹般地发展起来了。人所共知,深圳二十年前是一个年工业产值仅 9000 万元的小渔村,创立"经济特区"十年多,已变为具有相当经济规模的现代化工业大都市,其他"经济特区"也都获得了长足发展。"经济特区"的大发展,带动促进了区域和全国经济的发展。

1984 年,国务院批准建立第一个国家级"大连经济技术开发区";1985 年,江苏省昆山市在全国率先自费创办"昆山经济技术开发区";1988 年,国务院批准建立"北京新技术产业开发试验区";1994 年,国务院批准中国与新加坡合作建设"苏州工业园"。目前,国务院批准设立的"高新技术产业开发区"已有 53 个,被称为 20 世纪科技产业化方面的重要创举,53 个高新技术产业开发区占仅 705 平方公里,但却创造出辉煌的业绩。2002 年从业人员 349 万人,实现营业总收入 15326 亿元,工业总产值 12937 亿元,工业增加值 3286 亿元,净利润 810 亿元,实际上缴税费 766 亿元,出口创汇 329 亿美元。自 1992 年以来,以上各项指标保持年均增长率分别为 52.1%、52.8%、42.1%、54.5% 和 55.1%,这不能不说是又一个经济奇迹。

在国家级"高新技术产业开发区"的辐射带动下,各地先后创建了若干省市的、地市的、区县的"技术经济开发区"、"工业园区"、"高科技工业园"、"留学人员创业园"、"民营工业园"、"环保产业园"、"生态园"、"农业科技园区"、"工业生态经济园区"以及许许多多专业性的工业园,如"医药工业园"、"化工工业园"、"陶瓷工业园"等等,这诸多的"高新技术产业开发区"、"工业园区"我们可统称为"园区经济"。"园区经济"已成为区域经济的重要增长极,成为吸引外商投资的热土,在国家对外开放、发展外向型经济、调整产业结构方面起到了窗口、辐射、示范和带动作用。

"园区经济"的成功实践,引起了国际社会的广泛关注。目前,日本、韩国和我国台湾省都在积极筹划建立"经济特区"。日本提出"学习中国,抗衡中国",要仿效我国大力发展"园区经济"。日本正在计划建立的有"金融业务特区"、"信息通讯产业特区"、"都市再生特区"、"规制改革特区"、"结构改革特区"等。全日本各县镇已经提出了 900 件"特区"申请,在经济低迷之际,"经济特区"成为日本振兴经济的希望所在。韩国领导人认为,"如果袖手旁观,韩国有可能被日本经济和日益强大的中国经济挤垮"。为此也正在汉城、釜山筹划发展"经济特区"。

"园区经济"实质是在条件优越的划定区域内,精心营造一个优良的"小环境",实施优惠政策,招商引资,发展经济。也可以说是构筑了一个"经济大棚",在这个大棚内提供了温和湿润的小气候和肥沃的土壤,播种的是资金和技术,收获的是丰硕的经济果实。"园区经济"有不竭的动力和无限的生机,呈蓬勃发展之势。"园区"就是现时代的新经济,它集中体现了新经济的所有特征:(1)在优良的小环境内迅速成长的以高新技术产业为主体的新型产业群;(2)科技与经济的有机完善结合;(3)走的是集约发展的路子,而不是我们所走的粗放、分散发展的路子;(4)工业化、城市化、信息化、现代化同步推进;(5)实施清洁生产,发展绿色产业,发展生态经济和循环经济,走的是可持续发展的新路子;(6)政府营造环境,企业创造财富,实现了政企完全分开。

二、"园区经济"的构建

"园区经济"也可以说是经济发展模式的创新,走的是前人没有走过的路子,而且是在这样一块计划经济烙印很深的土地上发展起来的,因此不能沿袭旧轨,必须通过体制、制度、机制、环境等一系列创新实践,探索出一条符合经济发展规律的"园区经济"的新路子。

1. 体制创新。从全国来讲,市场经济体制还是不健全、不成熟的,各类要素市场没有真正建立起来,假冒伪劣泛滥,市场秩序不好,优胜劣汰、公平竞争的机制没有完全形成;游戏规则很不健全等等。"看不见的手"在许多情况下还不够"灵光"。因此,园区首先要创新体制。创新体制一是要确立"市场主导、政府协调"的体制框架,在政府的宏观调控下,充分发挥市场在资源配置中的基础性作用,"两手并用"推动经济发展;二是确立大权集中、小权分散、分级管理、分权而治、结构合理、层级最少、分工明确的管理体制,彻底改变和摆脱我国各级政府集权管理的羁绊;三是彻底铲除计划经济时代管、卡、缚的一套管理办法,铲除衙门作风、官僚习气,建立一套全新的以服务企业为中心的"小政府、大社会"的管理机构,真正做到精干、高效、勤政、廉洁;四是强化行政权力的制约和监督机制,比如建立由企业定期评议政府职能部门的制度;五是建立资金、技术、劳动力、人才等要素市场,使企业在创业和发展实践中所需的各种资源能够在市场中得到。

2. 制度创新。依靠科学、严格的制度管人、管事,这就是现代经济的"法治"(而不是"人治"),因此园区要实施制度创新。制度创新一是确立没有行政干预的经济管理制度,实行彻底的政企分开,坚持政府及有关部门不参与企业经营、不干预企业经营、不妨碍企业经营,但要千方百计地一心一意地服务于企业经营,全方位地转变职能,明确无误地把各种服务职能纳入经济管理制度;二是建立现代企业制度、现代物流制度、知识产权制度、现代中介服务制度;三是建立园区的法律制度,许多园区把立法摆在优先位置,根据当地的实际情况,制定"园区管理条例",将园区的管理纳入法制化的轨道。

3. "集聚效应"集成。信息、技术、人才、资金等生产力要素的集聚,是发展经济的前提,没有集聚就没有产品和生产,就没有企业、没有经济。园区的第一位的优势就在于这种"集聚效应"。"集聚效应"的形成关键在于环境,应形成一个有强大吸引力的优良环境,但同时要有专项目标,建立信息网吸纳科技、产品、市场等各种信息,制定一系列优惠政策吸纳技术和人才,建立银行、证券机构、风险投资、创业投资吸纳资金等,这样就生成了海纳百川式的"集聚效应",为发展创造了极为良好的条件。

4. 发展机制创新。经济发展机制实际上是一种生产力要素融合、转化为经济的机制,有如化学的合成反应。园区使研发、创新、生产、销售良性互动,有机结合,转化为先进生产力,便构成发展机制。园区在生产力要素集聚的基础上,依靠优良的软硬环境引来投资商。这种"引商"就是最好的"催化"。有了投资商,有了生产力要素的集聚和转化,实体经济、虚拟经济就兴办起来了,"园区经济"就发展起来了。

5. 环境系统的创新。环境是经济生命体赖以生长、发育的气候、土壤,是经济生命体的摇篮,从科研、生产到流通,从实体经济、中介机构到服务性企业,各式各样、大大小小的经济体从环境母体中不断地吸取经济营养,才得以发育、成长、壮大,环境优则经济壮,环境劣则经济枯。环境是一种经济资源,环境是一项复杂的"经济社会系统工程"。经济发展的成功实践使人们认识到,一个优良的环境具有磁石般的吸引力,引来了才,招来了商,兴了一方经济,富了一方百姓。环境创新一是要依据气候、区位、资源赋存、生态环境、产业环境等选择好园区的位置;二是要搞好道路交通、通讯、水、电、气、暖、油供应,排污系统、垃圾处理系统等基础设施建设;三是要协调好地价、土地开发等国土资源环境;四是要精心营造好制度环境、行政环境、市场环境、科技环境、法制环境、服务环境、人才环境、诚信环境、人文环境等软环境系统的建设。

三、"园区经济"的体系平台建设

"园区经济"是高度复杂的现代新经济平台,要使之正常运行,必须保证信息流、资金流、物流和人才流的通畅、有效。许多园区的创业实践证明,园区建设必须精心构造行政管理、信息服务、创业服务、生产服务、中介服务、生活服务、法律服务等服务体系平台。

1. 行政管理服务体系。政府在园区建设中处于领导、规划、组织、指挥、协调的主导地位,是"园区经济"的缔造者,建设园区是为了经营园区,发展"园区经济",因此政府又是"园区经济"的总经营者。政府要搞好对"园区经济"的行政服务,服务就是经营。搞好行政管理服务,一是要树立"亲商、安商、富商"的引资理念,全心全意为客商搞好服务,"打造服务型政府";树立廉政意识,让权力在阳光下运行,"打造阳光政府";树立"言而有信、信守承诺"的诚信观念,"打造诚信政府"。二是精心营造一个良好的经济发展环境。三是设立"行政服务窗口"、"联合服务中心"等,实行一个门进出,一条龙服务,搞一站式审批,对项目快审快批。四是搞好跟踪服务、全过程服务、永久服务,企业要办的事要快办、办好,对重点工程实行上门代理办事。五是坚决制止乱收费、乱摊派、乱罚款,制止各种形式的腐败。

2. 信息服务体系。一切经济活动始于信息,经济运行的全过程离不开信息,信息是第一生产力要素,是现代经济的神经,因此信息服务体系建设特别重要。信息服务体系建设,一是构筑情报、电讯、邮政、传真、计算机网络等信息网络;二是建立信息服务中心,为企业提供政情、科技、产品、市场等各类信息;三是园区各类企业要建立自己的信息系统,实现信息化,大中企业、企业集团要建立计算机管理系统(计算机管理、计算机辅助设计、计算机辅助制造、电子商务等)。

3. 创业服务体系。创业服务,一是在园区设立"创业中心"、"孵化器"、"职工培训中心"等,为客户提供信息、咨询、科技、人才、项目、培训等方面的创业服务;二是创设"风险投资"、"创新投资"、"投资担保公司"等,为高科技、高风险项目提供资金支持和担保服务;三是支持帮助大中企业建立自己的"技术中心"、"研发中心"、"产品研究所"、"中试基地"、"试验室"等研发体系,使其增强创新能力,不断开发新产品、新技术、新工艺、新材料、新设备,不断进步,不断发展。

4. 生产服务体系。主要是解决园区内各生产企业的供水、供电、供气、供油、供暖、通讯、联络、联网、工业生活废水处理、垃圾处理等,由于园区是集中发展,因此上述供应系统可以集中统一建设,这样就大大降低了生产成本,形成了"园区经济"的成本优势。

5. 中介服务体系。良好的中介服务是"园区经济"的"催化剂"和"润滑剂",也是园区投资环境的重要组成部分。中介服务种类繁多,涉及社会经济生活的方方面面,主要是解决各类企业必需的税务、质检、金融、证券、监理、担保、保险、资产评估、资信评估、会计、审计、商检、海关、咨询、劳动仲裁、专利、行业协会等等,各类中介服务机构遵从独立、客观、公正和诚信原则,依据有关法律、法规和行业规范提供优质高效的中介服务。

6. 生活服务体系。主要是解决园区行政工作人员和企业职工的各种生活问题,如民居、购物、餐饮、健身、休闲、娱乐、婚姻、子女幼托、教育、家政服务等等。生活服务体系为"园区经济"提供后勤和生活保障,是园区投资环境不可或缺的组成部分,健全的生活服务对园区起着催生、保育的作用。

7. 法律服务体系。法律服务体系为"园区经济"提供法律保障,主要有保安、法律咨询、司法鉴定、律师事务、公证、仲裁、公安、检察、法院等。各类法律服务机构特别是执法部门依据国际国内有关法律、法规、规则提供客观、公平、公正的法律服务。法律服务体系为园区企业提供的法律服务,是园区法制环境的重要组成部分,良好的法制环境是园区经济发展的根本保证。

上述七大服务体系平台有如大厦之基础,是园区经济的支撑体系,有了良好的支撑体系,就能实现"园区经济"的良性循环。从这里我们清楚地看到,"园区经济"是一种"集约发展"的模式,七大体系平台可以在园区内集中建设,也可以在相邻、相近的若干园区合并集中建设。比之于我们在上世纪七八十年代满山遍野地发展乡镇企业,地市为阵、县市为阵的低水平重复、粗放、随意布局布点、分散供给、分散服务的所谓"诸侯经济",大大节省了投资,降低了交易成本,极大地减轻了企业的负担,大大降低了生产成本。同时企业集群发展,良性互动,而且由于集中治理"三废",大力发展绿色产业、工业生态经济、循环经济,生态得以保护,环境大大改善,"园区经济"的经济素质就大大提高,"园区经济"的优越性显而易见。

四、"园区经济"的策划与设计

怎样建设一个好的园区呢？首先要搞好园区的策划与设计。策划设计，一是要端正设计思想，园区建设以满足企业特别是高科技企业的需要为最高标准；二是要精心选址，选择气候宜人、地势开阔平坦、地价适宜、生态环境优美、交通便利、便于协作、配套产业环境良好的地方作为园区的地址；三是要统一规划，合理布局，搞好园区的总体策划与总体设计；四是从当地的实际情况出发，因地制宜，不贪大，不求全，不简单模仿，不低水平重复，不趋同，要创造出自身的特色和品位；五是要着眼长远，适当超前，留有余地，要高标准、高质量、大投入、大产出，不搞"瓜菜代"；六是要着力搞好软、硬环境，特别是软环境的建设；七是园区建设切忌搞假、大、空，目前不少园区搞"大拆大迁大建"，搞"大广场、大草坪、大马路、大立交、大花园"（所谓园区的"五朵金花"），把人居环境作为门面工程，还时不时地冒出许多专门给领导看的形象工程、政绩工程，有的一味地在硬环境上大做文章，非常不注意软环境建设，如此等等，这是要切忌的。

五、园区的经营

建设园区不是最终目的。建设园区是为了经营好园区，发展"园区经济"，以此带动区域经济和城市经济的发展。政府是园区的最大经营者，搞好园区经营，一是要创名牌，搞优良园区，驰名园区，提升园区的竞争力；二是要扩大园区的宣传广告，让国内外广大投资者都知道；三是要降低园区建设成本，以尽可能低的代价去搞园区建设；四是要有专人、得力的人去搞园区经营，特别是要着力搞好引智、招商引资；五是要倾全力搞好园区的各项服务，服务好了，园区的各类企业才能健康地向前发展，才能获得良好的经济效益。

　　"园区经济"是信息化、工业化良性互动的典型,是科技与经济集约发展的好模式。"园区经济"代表了先进生产力的发展要求,走的是可持续发展的新路子,"园区经济"代表着经济发展的未来,"园区经济"就是现代的新经济,我们不要把这一本经念歪。我们应该大力采取各种有效措施,特别是要搞好"园区经济"立法,促使"园区经济"快速、持续、健康发展。

新型工业化要坚持走集约发展的道路*

    新中国成立以来,特别是改革开放的二十多年来,我国工业以超常速度发展,到目前为止我们已建立了完备的工业体系,许多重要工业产品产量居世界前列,基础设施日臻完善,以信息产业为先导的高新技术产业迅速发展,特别是涌现出一大批优强工业企业,工业增加值达 53600 亿元,规模以上工业企业实现利润总额 8150 亿元,可以说是举世瞩目,成绩斐然。但由于我们原来的工业基础薄弱,没有什么原始积累,经济实力不强,人才不济,经验缺乏等,我们基本上走了一条传统的工业化道路(所谓 A 模式),一条分散、粗放发展的路子,这条路子再也走不下去了,现在到了必须全面转轨的时候了。

    我们必须毫不动摇地走党的十六大指引的新型工业化的道路。

一、传统工业化道路的回顾

    为更好地奔向未来,我们应当以极其认真的态度回顾已经走过的路。

---

* 原载《人民日报》2005 年 7 月 30 日。

1. 20 世纪 50 至 70 年代计划经济时期的工业化道路

20 世纪 50 至 70 年代的计划经济时期,我们限制排斥个体、私有经济,实行单一的公有制,同时推行高度集中的计划经济,极大地限制妨碍了市场配置资源的基础性作用,"集中过多,统得过死",整个工业经济缺少生机和活力。在实践中,也曾几次进行了经济体制改进的尝试,提出过"大权独揽,小权分散"、"下放权力,调动地方和企业的积极性",以致"计划经济为主,市场调节为辅"等改革主张,但是,这些改革都未突破计划体制的总框架,而且总的趋势还是朝着强化计划体制的方向演进。

在战略发展上实施了苏联优先发展重工业的战略方针,钢铁、煤炭、电力、石油、机械制造、军事工业、有色金属及化学工业有了长足发展,但轻纺、食品、医药等消费品工业严重滞后,造成整个工业的产业结构严重失衡,1978 年工业产值中重工业占 57.3%,由此带来缺吃、少穿、乏用的"短缺经济"。优先发展重工业战略,使我国的工业化走了一条资本密集型的发展道路,导致农村劳动力转移滞后,也迟滞了农村的工业化。1978 年我国工业吸收的劳动力仅为 5000 万人,比 1952 年增长了 3 倍,而同期工业固定资产却增长了 20.5 倍,大量的人口留在农村,成为隐性失业人口,给未来经济发展带来很大压力。

在增长方式上片面追求高速度(实际上是"速度挂帅"),走的是粗放发展的道路。整个工业靠"高积累、高投入、高消耗"来支撑,1978 年的积累率高达 36.5%,资源利用效率很低,1953 年国民经济能源效益系数是 1310 元/吨,1978 年则下降到 527 元/吨,下降了 60%,能源消耗的增长大大高于经济增长。

在工业布局上,按照计划原则,考虑国家和地方需求,原有工业基础、资源禀赋、交通运输条件、备战国防安全等,在内陆腹地的大、中城市和中西部地区的深山峻岭之中,先后高度分散地安排部署了许多传统产业项目,这些项目完成后形成了大大小小的若干国有企业,构成我国工业化的中坚力量。经济发展条件十分优越的东南沿海地区,除上海等极少数大中城市外,基本没有安排部署大的工业项目。这期间国企存在的突出问题是:布局分散,模仿苏联的厂长负责制,企业制度落后,技术含量低,工艺落后,能耗物耗高,特别是"大而全"、"小而全",企业办社会,使国企一开始就背上了沉重的社会包袱,等等。由于改革效率低下,企业制度、产权关系、机制、经营管理等至今还羁绊着企业的发展。

70年代初,苏南等地放下锄头的农民们创办了乡镇企业,开创了农村工业化的一条新路。随后星火燎原,乡镇企业在全国迅猛发展,村边地头满山遍野,村村点火,处处冒烟。由于当时的农民没有什么"原始积累",只是从脆弱的集体经济中挤出"一丁点资本",因此几乎所有的乡镇企业起点都很低,大都采用落后技术、原始工艺,甚至选用国有企业淘汰的设备,低质量、低效率、高消耗、高污染。但由于当时的"短缺经济",因此乡镇企业的产品还是有人要,乡镇企业还是发展了,有的还迅速壮大了。

乡镇企业分散发展,农民得了近利、小利,但遗留下来太多的问题,有些问题至今还得不到解决,乡镇企业完完全全走了一条分散发展的路。

计划经济时期依靠"高积累、高投入、高消耗"支撑,工业还是大发展了,工业化进程不慢,但我们不自觉地选择了一条分散、粗放的发展道路,这条路给我们带来了一系列的问题,需要我们在今后发展中逐步加以解决。

2. 改革开放至今20多年的工业化道路

改革开放以后,国有经济由于"改制、改组、改造、轻装、减负"以及引进国外先进技术、设备,经营机制转换,生机活力大大增强,实现了规模扩张,产品链延长,产业链延伸,在工业化道路上大大地向前迈进了一步。

包括个体私营经济在内的整个民营经济超常规发展,但是由于初期投入不足,基本上都涉足原始产业、传统产业,起点低,技术工艺落后,设备陈旧(有些个体私营经济涉足高新技术产业,后来发展很好,但这是极少数)。

80年代初,我国经济发展的春天到了。1980年国务院批准在深圳、珠海、汕头、厦门4城市建立"经济特别开发区",在我国创立了"经济特区"制度。1981 年国务院又批准上海、广州、天津、大连等 14 个城市为沿海开放城市。在"经济特区"和沿海开放城市大幅度地放宽限制,制定法律和行政法规,制定特殊的优惠政策,营造宽松的经济发展环境,大力招商引资,使这些地方的经济奇迹般地发展起来了。1987 年国家又相继实施"沿海经济发展战略",这样我国整个东部沿海地区的经济蓬勃发展起来了,形成了"珠三角"、"长三角"和"环渤海"三大经济区,绝大多数高科技产业、新兴产业、新型工业项目都集中在东部沿海地区。与此同时,中西部地区的开发却没有跟上来,因此中西部地区仍沿袭传统产业项目,工业步伐较东部沿海地区慢了许多。这样就造成我国区域发展不同步、不协调,扩大了地区差别。目前国家实施西部大开发战略,将会逐步缩小这种发展差别。中西部地区应实施超越发展战略,不是在传统工业化道路上去追赶东部沿海地区,而是在大开发进程中跨步进入新型工业化道路去追赶。

1979 年至 2003 年期间,在工业经济拉动下整个国民经济迅猛发展,GDP 年均增长 9% 以上,但这期间我们仍沿袭了分散粗放发展的旧轨,能源、资源消耗惊人地增长,我国资源的消耗速度是国民经济增长速度的 2 倍多。

但是让我们感到欣慰和高兴的是,改革开放以来集约发展的好形式在我国勃然兴起。一是我国的高新技术产业高起点、宽领域、超常规长足发展,2002 年全国高新技术产业的增加值 6602 亿元(占 GDP 的比重5.7%),从业人员 694 万人,实现利润 1632 亿元。在发展中展现出技术高超、持续创新、文明生产、高增长、高盈利、高创汇等良好的产业素质。在国家对外开放、发展外向型经济、调整产业结构、发展区域经济等方面,起到了窗口、辐射示范和带动作用,在短短十余年间,迅速成长为国民经济发展中的一支新生力量。二是"园区经济"有了很大发展,1984 年至今国家批准设立的"高新技术产业开发区"已有 53 个,2002 年从业人员 349万人,工业增加值 3286 亿元,营业总收入 15326 亿元,净利润 801 亿元,出口创汇 329 亿美元。自 1998 年以来,以上各项指标保持年均增长率分别为42.1%、52.1%、54.5%和55.1%,这不能不说是一个经济奇迹。在国家级"高新技术产业开发区"的辐射带动下,各地创建了若干省市的、地市的、区县的"技术经济开发区"、"工业园区"、"高科技工业园"、"工业生态经济园区"等等,"园区经济"已成为区域经济的重要增长极。三是"集群经济"发展迅猛,特别是在"珠三角"和"长三角","产业集群"已发展到相当规模,"珠三角"的中山市古镇镇灯饰产品国内市场占有率达60%,成为"中国灯饰第一镇";东莞市清溪镇聚集了全球50多家具有强大竞争力的高科技企业,年产电脑机芯1600万台,占全球份额的30%,居世界各产区之首。在"长三角"以浙江为例,"九五"以来,形成的仅主导产品产值超亿元的"产业集群"就有306个,年产值2644亿元,专业市场4600个,年成交额3200亿元,"集群经济"已成为区域经济的新亮点。

二、分散发展和粗放发展的清算与盘点

1. 关于分散发展。工业是极其复杂的物质生产系统,需要水、电、气、暖、油等各式各样的能源、原辅材料的供应系统,需要垃圾、污水处理系统,需要建立产品销售及售后服务网络,需要各式各样的生活后勤保障,需要名目繁多的中介服务等等,这些都应该集中来搞,因此分散发展是工业经济的大忌。但是,多年来我们基本上走了一条分散发展的道路。分散发展带来了无穷的后患:一是破坏了生态,许多乡企、民企侵占耕地、林地、绿地,侵害破坏了生态系统;二是严重污染环境,原始落后的技术、工艺,土法上马,没有防污、治污设施,因此极大地污染了水源和大气,大量的工业垃圾又污染了土地;三是酿成了"大而全"、"小而全"的企业病。分散发展没有人为企业提供公共物品和公共服务,什么都由企业自己来搞,这样一个企业就是一个小社会,从建厂之日起,企业就背上了生产、生活、教育、住房、医疗、子女就业、民事、福利、养老、送终等一系列社会包袱,而且愈背愈重,直至把企业拖垮、拖死。时至今日,由于种种原因,许多国有大中型企业仍没有从"企业办社会"的阴影下走出来。

2. 关于粗放发展。在分散发展的同时我们又在走一条粗放发展的路。何谓粗放发展？粗放发展的特征是：(1)产品产业选择。产品选择：初级产品多,深加工及高技术产品少；低档产品多,中高档产品少；小批量产品多,有规模经济能力的产品少；内销产品多,外销产品少,产品结构不合理。产业选择：原始产业(如小煤矿、小炼铁、小化工、小水泥、小造纸……),传统产业(传统的煤炭、钢铁、石油、化工、机械、纺织、轻工、医药……)。(2)技术选择：技术含量低,工艺、技术落后,设备落后,最终造成效率低下,产品质量低劣。(3)规模选择：规模普遍偏小,不具备规模经济能力,效率低效益差,竞争力弱。(4)物耗选择：一般来讲不注重消耗,有些甚至不计消耗,因此造成普遍的资源利用率很低、消耗高,严重地糟蹋浪费资源(如全国小煤矿资源回收率只有 10% ～ 15%,即每产出 10 ～ 15 吨商品煤,要糟蹋 85 ～ 90 吨宝贵的煤炭资源)。(5)能耗选择：不注重能耗,有些甚至不计能耗,造成普遍的能耗"畸高"。(6)劳动力选择：以廉为标准,造成劳动者素质低下,限制了企业发展和产业提升。(7)企业制度选择：沿袭旧轨,选择了落后的"工厂制",造成企业制度落后。(8)企业文化选择：不重视企业文化建设,简单模仿,选择了概念化说教式的企业文化,企业文化不先进,缺少文化动力等等。

粗放发展重数量轻质量,重速度轻效益,重生产轻经营,因此造成这些企业发展的速度不慢,但产品质量差、效益差,并且走着一条"先污染、后治理"(往往是只污染、不治理)的路子。这种发展模式持续不断地将许许多多宝贵的能源、资源转化为垃圾和废物,被排放到空气、水体、土壤、植被当中,地球被当作"阴沟"和"垃圾箱"。

分散粗放发展的结果造成了我国工业经济发展中的诸多问题,具体表现为：(1)产业布局结构不合理。(2)产品结构、产业结构不合理。(3)生产的低效率、低效益。2000 年我国制造业的劳动生产率 3.82 万元/人年,为美国的 4.38%,日本的 4.07%,德国的 5.56%。(4)国土资源严重浪费。大量的耕地、良田被不合理侵占,2003 年独立工矿占用耕地 11.17 万公顷(167.55 万亩),比上年增加了 3 万公顷(45 万亩),增长 37%。在全国性土地市场秩序治理整顿中撤销各类非法建设的开发区 3763 个,收回土地面积 5878.4 公顷(8.82 万亩)。(5)资源利用率低,资源消耗畸高。2003 年,我国 GDP 占世界的 4%,但主要物耗中,原油占世界的 7.4%,原煤占 31%,铁矿石占 30%,钢铁占 27%,水泥占 40%,氧化铝占 25%。这样的物耗令世人感到惊叹和忧虑。(6)能源消耗畸高,20 世纪 90 年代中期,我国单位 GNP 的能耗与发达国家比较,为美国的 4.6 倍,英国的 7.2 倍,德国的 8.3 倍,法国的 8.8 倍,日本的 10.6 倍,意大利的 11.3 倍。中国经济是"高耗能经济"难以否认。(7)水资源消耗畸高,工业用水陡增,造成全国水资源全面紧张,2003 年全国工业万元增加值用水量为 218 立方米,是发达国家的 5～10 倍,水的重复利用率为 50%,发达国家已达 85%,目前全国 66.7% 的城市缺水。(8)生态被严重破坏,2000 年全国十大地表水系的综合污染物 COD 年排放量达 1445 万吨,比 Ⅲ类水质要求的 800 万吨容量高出 80.6%。另外森林被过度砍伐,水土流失,江河断流,土地荒漠化,农田遭受化肥、农药、重金属严重污染等等。(9)环境被严重污染,全国 CO_2 排放量的 70%,SO_2 的 90%、$(NO)_x$ 的 67% 来源于燃煤,我国的环境容量是 SO_2 1620 万吨、$(NO)_x$ 1880 万吨,目前均已超标,如不采取措施,到 2020 年 SO_2、$(NO)_x$ 排放量将分别达到 4000 万吨和 3500 万吨,CO_2 排放量将占全球的 17.2%。归纳起来,构成了"六高两低"的中国工业经济,即高速度、高占地、高物耗、高能耗、高水耗、高污染、低效率、低效益。这样下去,显然我国的国土、资源禀赋、能源储存、生态和环境均难以承载。如此进一步推进,必将导致全国性的国土资源危机、能源危机、资源危机、水资源危机、生态危机和环境危机,不转轨难以为继,不转轨就难以实现可持续发展。

三、实施战略转轨——坚定不移地 走集约发展的道路

发展的成绩很大,发展强了国、兴了企、富了民。但发展也带来了许

多问题,有些问题还十分严重,这就是发展的辩证法,我们的任务是要适时研究发展中产生的困难和问题,在今后的发展中逐步克服和解决。人类已经找到了一条可持续发展的路,这是一条新路,一条小路,目前走这条路的还是少数人。我们要引导鼓励多数人、愈来愈多的包括我们的主力军在内的人走这条路。

1. 集约发展的理念

集约发展是在回顾总结传统工业化发展道路基础上提出来的,是在审视发达国家集约发展经验基础上提出来的,是对分散发展、粗放发展道路的彻底否定。集约发展的路不是未知、未来的没有人走的路,而是发达国家先进企业已经走出的我国少数企业正在走的路,集约发展道路的要害:一是科学发展观指导下的可持续发展的路,不吃子孙饭的路,满足人们不断增长的物质精神需求,有利于人的全面发展的路,全面、协调、均衡、可持续发展的路。二是不再沿袭以往随意布局布点的分散发展,而是在人们构筑的环境优良的"经济大棚"中去"集中发展"。三是不再单打独斗地去谋发展,而是按照专业化分工协作的原则组织联合起来的"集群发展"。四是精益发展理念指导下的"精益发展","精益发展"要求"精工细作",不仅把企业做大做强,而且要把企业做精,精益求精,做到技术精、工艺精、人员精、管理精、产品精,从而确保产品高质量,生产高效率,能源、原材料低消耗,环境低污染,经营高效益。五是不再搞急功近利的掠夺式利用资源的短流程生产,而是不断地延长产品链,延伸产业链,不断地提高经济效益的"延伸发展"。六是不再是小打小闹、土打土闹的农民意识,而是追求规模经济能力和规模效益的"规模发展"。七是不趋同、不赶潮流、不凑热闹、不一哄而起,而是立足于自身的资源优势、成本优势、传统产业优势、人才优势、区位优势等发展特色产品、特色产业的"特色发展"。八是不再沿袭传统工业道路下的"资源—产品—废物排放"的线性流程组成的生产方式,而是大力发展"资源—产品—再生资源"的物质资源重复、循环使用的闭环式流程组成的"循环经济"(参见图表一,传统的线性经济;图表二,21 世纪的循环经济)。九是不再迁就照

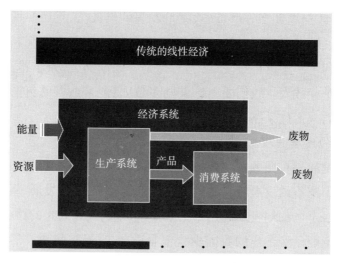

图表一　传统的线性经济

顾落后,而是着眼于人类长远发展,坚决地淘汰落后生产力的"淘汰式发展"。十是不再沿袭传统工业化时代的"机械化—电气化—信息化"的工业化程式,而是以信息技术为先导,大力发展高科技产业,运用高新技术和先进实用技术改造提升传统产业,信息化带动工业化,工业化促进信息化,加速赶超发达国家的"超越发展"。

总而言之,我们可以把集约发展的理念归纳为坚持四高四低原则的发展,即高技术含量、高质量、高效率、高效益;低物耗、低能耗、低水耗、低污染(零污染)的发展。

2. 集约发展的目标模式

我们把集约发展的模式归纳为8种目标模式:

(1)集中发展模式　主要是发展"园区经济"。"园区经济"的最大优越性在于避免了"分散发展"带来的弊端。园区资源集聚、资源共享;基础设施、服务设施、市场网络、公众信息等公共物品共享;共同面对市场,客户资源共享;专业化分工协作,避免重复建设,大大降低了生产成本和交易成本;优胜劣汰,公平竞争,促进发展;共创园区品牌,形成群体竞争优势。发展"园区经济",地方政府的角色应该是着力营造优良的经济

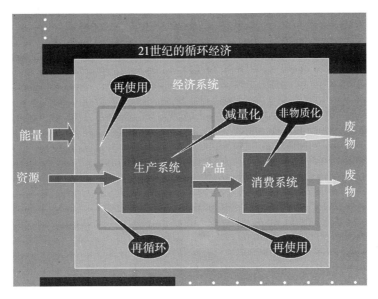

图表二　21 世纪的循环经济

发展环境,政府只为企业提供高质量的公共物品是不够的,政府应高度关注园区的区位选择和产业定位。

　　(2)集群发展模式　"集群"源于生态学,是以"共生"关系生存于同一栖所中的不同动植物族群。集群,共生共荣是中小企业生存发展的最好方式。集群发展表现为"产业集群"、"企业集群"、"集群经济"。人类的专业化生产经历了原始专业化、门类专业化、产品专业化、工艺专业化和零部件专业化这四个发展阶段,目前处在工艺和零部件专业化阶段。"产业集群"是工艺专业化、零部件专业化发展的必然趋势。"产业集群"是按照专业化分工、协作的原则组织发展起来的,其最大优势在于分工精细、技术精湛、劳动生产率极高、消耗低、成本低,同时企业抱团扎堆,共担风险,共拓市场,具有很强的群体优势,因而竞争力很强,效益很好。在许多地方"产业集群"和"专业市场"相伴而生,形成一种"双胞胎经济","产业集群"带动了"专业市场","专业市场"又促进了"产业集群"的发展,良性循环,共生共荣,如绍兴市的服装面料产业集群和服装面料市场年销售收入超过 200 亿元,国内市场占有率达 10%。

目前,许多地方把集中发展与集群发展有机结合,因地制宜,发挥区域优势,创办了许多"产业集群的特色工业园区",这是应该大力倡导的。

我们的地方各级政府应确立"集群发展战略",因为"产业集群"的就业空间很大,能够大量吸纳国企下岗职工和城乡劳动力,同时促进区域经济发展。

(3)精益发展模式 上世纪50年代丰田汽车公司首创精益生产,至今已发展到比较完善的程度。精益生产主要是在复杂的机械制造、航空、航天、仪器、仪表等行业。精益生产消耗较少的人力、空间、资金、资源和时间,制造最少缺陷(乃至无缺陷)的产品,满足客户的需要。核心是要把产品做精做细,精细到使别人难以模仿、难以复制,如此形成独特的优势。如美国的波音公司、欧洲的空中客车公司、瑞士著名的生产磨齿机的MAAG公司等。

目前,国际国内用高新技术改造提升传统产业,主要是提高能源、资源的利用率,减少废弃物的排放,乃至将废弃物无害化、资源化,减轻对环境的污染,实现"传统产业新型化",这是精益发展的现实选择。

(4)延伸发展模式 这种发展模式是工业企业不断延伸产品链产业链,不断增加产品品种,不断扩大产业规模,形成一种大规模高效益的"链式经济",如美国的汽车产业、石化产业和硅谷的IT产业是产业延伸发展的典范。山西省的三维集团,上世纪80年代只有纺织用的维尼纶一种产品,后来依托本省能源、资源优势相继开发了聚乙烯醇(7.5万吨)、白乳胶(3.5万吨)、季戊四醇(0.3万吨)、1.4丁二醇(3.5万吨)、四氢呋喃(1.5万吨)、γ丁内酯(1万吨)等16种产品,形成了比较完整的"乙炔化工的产业链",工业产值由当初的4174万元,增加到目前的7.85亿元,增加了近19倍,由原来的年亏损690万元,到盈利5000多万元。目前他们规划设计进一步延伸产业链,发展煤焦化循环经济。三维集团是国内延伸发展模式的榜样。

(5)规模发展模式 在能源、原材料等行业,产品的社会需要量很大,市场空间广阔,因此应该搞规模经济实行规模发展。有了规模就可以采用最先进的技术和设备,就可以极大地提高效率,极大地降低成本,经济效益自然会好。如我国的神华煤炭集团,2002 年生产优质动力煤 7732 万吨,兼营运输、电力等,年销售收入 258 亿元,利润 37 亿元。宝山钢铁集团 2003 年生产各类钢材 2000 万吨,年销售收入 1204 亿元,利润 131.7 亿元。这些都是规模发展的成功范例。

(6)特色发展模式　这种发展模式主要是依托区域的特种资源、土特产品、传统技艺、特种工艺发展起来的特色产业,并且把它做大,形成一定的规模,形成品牌,使得别人难以照搬,难以模仿,如荷兰的花卉、法国的香水、瑞士的手表、威尼斯的玻璃制品,山西省的煤焦化产业、铸造业、铝工业(铝土矿—氧化铝—电解铝—铝合金—铝型材—铝制品)都属于特色产业。

(7)循环经济发展模式　这是集约发展的最理想的模式,循环经济要求运用生态学规律来指导人类社会的生产活动,它以"减量化、再使用、再循环"为准则,按"资源—产品—再生资源"的循环途径组织生产,这样就可以最大限度地减少能源和原材料消耗,并将生产过程中产生的废弃物变为再生资源重复、循环使用,从而达到经济与资源环境"双赢"的目的。它不是对传统发展模式的简单修补,而是与严重牺牲资源环境的旧的工业文明实行彻底决裂,在促进经济发展的同时,切实提高人类生存发展的质量。"绿色制造"、"清洁生产"、"工业生态经济"都属于循环经济的范畴。循环经济是对传统生产型经济的否定和扬弃,是一场现时代的"产业革命"。循环经济为我们走出了一条可持续发展之路,它应该是我们走新型工业化道路的首选发展模式,我们的各级政府应制订最优惠的产业政策,引导帮助企业大力发展循环经济。

(8)淘汰落后(生产力)的发展模式　从当前工业生产来看,一些小煤矿、小炼铁、小造纸、小水泥、小化工,采用的工艺落后、设备陈旧,因而生产效率很低,产品质量极差,极不安全,特别是严重糟蹋浪费资源,破坏生态,污染环境,属于十分落后的生产力,对国家对整个社会弊大于利,因此应予淘汰。淘汰落后也是一种发展,应当主要运用看得见的手,这在现行体制下比较容易做到。

以上各种发展模式应以信息化为先导为主导,运用数字技术对设计、工艺、生产、管理进行改造,实行计算机辅助设计和辅助制造,推广现代集成制造系统(CAD/CIMS),推行计算机管理和电子商务,使工业化、信息化同步推进。

"地上本来没有路,走的人多了也便有了路"。引导帮助千千万万的企业走集约发展的道路——新型工业化的道路,是我们的神圣职责。

发展新型矿业经济的思考[*]

　　矿业是为经济建设提供矿产资源的基础产业。中国自改革开放以来,矿业经济得以长足发展,有力地支持了社会、经济的全面发展。但由于认识、体制、机制、政策等方面的原因,矿业经济发展滞后于整个国民经济的发展。目前,矿产资源尤其是能源资源严重短缺,矿产品对外依存度过高,已影响国家的经济安全。同时,由于矿业经济的分散、粗放发展,带来的负面影响日渐突出。为了实现经济的可持续发展,矿业经济必须走集约发展的道路。

一、发展新型矿业经济的迫切性和必要性

1. 矿业经济发展现状

　　中国的矿产品产量、消费量居世界前列,原煤、钢、十种有色金属和水泥产量居世界第一位,磷矿石和硫铁矿产量分别居世界第二位和第三位,

　　* 本文为太平洋经济合作委员会(PECC)第三届"国际矿业经济与环境保护论坛"演讲论文。

原油产量居世界第五位。2002 年全国共有大型矿山 489 座、中型矿山 1075 座、小型矿山 14 万个（其中国有矿山 7679 个）、从业人员 907 万人、矿业产值 4542 亿元、提供原油 1.67 亿吨、天然气 327 亿立方米、铁矿石 2.31 亿吨、磷矿石 2301 万吨、十种有色金属 1012 万吨，为经济建设提供了比较充足的能源和原材料。20 世纪 80 年代中期以来，多种经济成分的矿山企业迅猛发展，但大多数是就地开采，分散和粗放发展。

据统计，2003 年山西共有各类矿山企业 8734 个，从业人员 112 万人，矿业及相关制品业总产值占全省 GDP 的 40%左右。其中，煤炭产业是山西最重要的支柱产业，2004 年，全省共有煤矿 3826 个，煤炭产量 4.93 亿吨，占全国煤炭总产量的 25.2%；煤炭出省销 3.55 亿吨，占全国煤炭净调出量的 70%以上；煤炭出口 4397 万吨，占全国煤炭出口总量的 52.35%。全省煤炭销售收入 1189.58 亿元，煤炭行业上缴税金 175.42 亿元，占全省的 37%。煤炭行业拉动全省 GDP 增长 5%。

2. 传统矿业经济的特征与弊端

首先，矿产资源无偿占用，资源浪费极其严重。其次，小矿山严重破坏生态，污染环境。山西承受着环境和生态破坏带来的巨大压力。由于过度开采，山西省 16 个城市主要污染物浓度均高于国家二级标准，有 13 个城布居于"全国 30 个空气污染严重的城市"之列。再次，形成严重的地质灾害。由于煤炭开采，山西省地下采空区已达 2 万多平方公里，占全省面积的 1/7，部分地面塌陷严重，已经发生地质灾害的分布面积达 6000 平方公里，灾害范围波及 1900 多个自然村的 95 万人；有 30 万亩水浇地全部沦为旱地；每年 10 亿吨的水资源横遭破坏（每吨煤开采造成 2.48 吨地下水消失）。据山西省农科院研究员马子清测算，近二十年间，山西生态环境破坏和恶化造成的经济损失价值高达 1112 亿元，占同期 GDP 的 18.32%。环境污染与生态破坏不仅造成了巨大的经济损失，也降低了经济发展质量。山西省社会科学院副院长董继斌认为：如果计算环境污染损失，山西省每年新增 GDP 基本上都被抵消了。第四，矿山规模小，技术含量低，掠夺式开采，资源浪费惊人。据统计，山西近 4000 个乡镇煤矿，

2004 年生产煤炭 1.82 亿吨,耗费煤炭资源达 12.13 亿吨,平均资源回收率为 0.15,年浪费资源 10.31 亿吨,价值损失约为 2000 亿元(每吨价值按 200 元计)。第五,安全生产条件差,事故多。2004 年全国百万吨死亡率为 3.081(美国 2004 年百万吨死亡率为 0.027)。第六,劳动强度很高,生产效率低下。美国 2004 生产煤炭 10 亿吨,煤矿用人 10 万人,全员生产效率 1 万吨/人·年,中国国有重点煤矿 2004 年全员效率 419 吨/人·年,是美国的 1/23。第七,矿产品单一,造成许多有用的副矿、共生矿产资源被丢弃浪费。

归纳起来,中国矿业经济的发展呈现出高速度、高物耗、资源高消耗、高水耗、高污染和低效率、低效益。中国的能源储存、生态和环境均难以承载,发展下去必将导致严重的国土资源危机、矿产资源危机、水资源危机、生态危机和环境危机。因此,不实现矿业经济集约发展就难以实现可持续发展的总体目标。

二、矿业经济集约发展的理念

要以市场为导向,以相对优势的矿产资源为基础,优化开发利用矿种结构。要实施科技兴矿战略,推广先进适用的技术和工艺,提高采选回收率及矿产品质量。要加快重点大型矿井技术改造,对依法开办的小矿进行技术改造,提高矿井回采率,淘汰手工开采和穿洞式巷采等落后的开采方法;要鼓励对非金属矿产开发利用的科技攻关,依靠科技解决矿产品加工中的超细粉碎、特种熔融、表面改性、高纯提取等关键技术,不断提高非金属矿产的深加工水平。调整与优化矿产品结构,加快矿产品的综合开发利用,使高质量、高科技含量、高附加值的矿产品比例显著提高。要调整与优化矿山规模结构,减少生产矿井数,扩大单井生产规模,提高产业集中度。鼓励矿山企业依靠科技进步和创新,推广应用先进适用技术,提高资源利用的技术水平,研究开发矿产品深加工技术、贫矿和难选冶矿利用技术及节能降耗技术。要鼓励矿山企业研究开发伴生、共生矿产的综合开发利用技术,提高综合开发利用效益。要鼓励矿山企业开展对"三废"综合利用的科技攻关、技术改造。要推进节能降耗,不断提高单位能源、单位矿产资源的国民经济产出率。要发展矿产品深加工技术,新能源、新材料技术,节能、节材、节水、降耗技术和工艺,降低资源消耗水平。

三、矿业经济集约发展的目标模式

1. 规模发展模式。能源、原材料行业产品的社会需要量巨大,市场空间广阔,应大力实施规模发展。有了规模,才能采用先进技术和装备,才能提高机械化自动化程度,才能建立完善的安全保障系统,才能有规模效益。如山西大同煤矿集团公司以大同、宁武煤田的 890 亿吨煤炭资源为基础,整合了太原以北的主要动力煤生产企业,成为中国最大的动力煤生产基地,2004 年产煤 5358 万吨,销售收入 170 亿元,居中国煤炭企业第 2 位。

2. 综合开采发展模式。要鼓励矿山企业依靠科技进步和科技创新,提高资源综合利用水平。一是实行综合勘察、综合评价、综合开发、综合利用;二是鼓励支持矿山企业开展"三废"(废渣、废气、废水)再利用;三是鼓励支持矿山企业对低品位、难选冶、尾矿、副矿及二次资源回收利用;四是大力发展次生资源,比如煤矿开采的同时开采利用煤层气、高岭土、硫铁矿、锆石、正长石、镓、锗等。

3. 延伸发展模式。这种发展模式是矿山企业不断提高矿产品加工深度,不断延伸产品链、产业链,不断增加产品品种,不断扩大产业规模,形成一种大规模高效益的链式经济。如山西焦煤集团公司以该集团公司为核心企业,吸纳山西中、南部地方骨干煤焦企业和潜力大、有规模优势的民营焦化企业组建了山西最大的企业联合体——山西焦煤集团;同时,又与山西焦化集团公司进行资产重组,成为中国最大的煤、焦、化延伸经营的联合企业。又如山西三维集团,20 世纪 80 年代只有纺织用的维尼纶一种产品,后来依托本省能源、资源优势相继开发了聚乙烯醇、白乳胶、季戊四醇、1.4 丁二醇、四氢呋喃、Y 丁内酯等 16 种产品,形成了比较完整的"乙炔化工的产业链"。主业产值由当初的 4174 万元增加到目前的 8.5 亿元,提高了 20 倍;由原来的年亏损 690 万元,发展到年利税 2.53 亿元。

4. 集群发展模式。对于一些埋藏分散、矿源不大、品位不高的小矿点、"鸡窝矿"可采取分散采矿(群采矿)、集中选冶的方式。如山西晋东南许多山区县、乡分散埋藏许多小铁矿(群众称窝子矿),不具备规模开采条件,应引导帮助个体私营搞群众采矿,然后分片集中起来建设大中型选冶矿点,以提高资源利用率,提高质量,提高效率,增强竞争力。

5. 循环经济发展模式。这是集约发展的最理想的模式。循环经济要求运用生态学规律来指导人类社会的生产活动。它以"减量化、再使用、再循环"为准则,按"资源——产品——再生产资源"的循环途径组织生产。这样,就可以最大限度地减少能源和原材料消耗,并将生产过程中产生的废弃物变为再生资源重复、循环使用,从而达到经济与资源环境"双赢"的目的。它不是对传统发展模式的简单修补,而是与严重牺牲资源的旧的工业文明实行彻底决裂,在促进经济发展的同时,切实提高人类生存发展的质量。

6. 淘汰落后的发展模式。坚决关闭私开矿及布局不合理、采选技术落后、严重浪费资源的小矿山。淘汰落后也是一种发展。淘汰落后应当主要运用行政管理手段进行,在现行体制下容易做到。

工业企业要积极履行社会责任，
为构建社会主义和谐社会作贡献[*]

今天，山西省工业经济联合会和全省九家大行业协会在这里联合召开《山西省工业企业社会责任指南》发布会，同时举办"企业社会责任论坛"。这是我省工业行业协会贯彻落实党中央提出的以人为本、经济社会全面协调发展的科学发展观，走符合国情、可持续发展的现代化道路，建设社会主义和谐社会的具体举措，这本身就是工业行业协会社会责任的体现。这次新闻发布会的召开和论坛的举办，标志着我省工业企业履行社会责任进入了共同承诺和集体履约的新阶段。

一、企业社会责任的主要内容

企业群体是创造物质财富、推动社会进步具有强大经济实力的社会公民，是市场经济的主体，在经济社会发展中起着至关重要的作用。企业

群体进行物质生产、物质交换所需的各种资源，包括人力资源、土地资源、行政资源、智力资源、能源及原材料以及各种服务均取之于社会，因此，积极履行社会责任是企业回馈社会的方式，是理所当然的。

企业的社会责任，主要包括两方面的内容：一是在企业内部，要制定正确的发展战略，加强内部管理，推进技术进步，提高经济效益，增加社会财富，为出资者创造利润，为员工提供就业岗位并创造安全的生产条件，提高工资福利待遇，依法保护其合法权益，构建各利益主体之间的和谐关系。二是在企业外部，要诚信守法，为社会提供安全有效的各类产品，维护债权人、供应商和消费者权益，保护生态环境，节约能源原材料。同时还应支持和赞助社会公益事业，扶贫救困，实施社会救助等。从法理角度讲，企业社会责任也可分为两个层面，依法经营、照章纳税、信守合同、保证质量、安全生产、关爱职工、保护环境等，国家均有明确的法律要求，是企业的法定责任，企业必须严格履行；而扶贫济困、社会救助则是企业的道义责任，企业应从实际出发，量力而行，尽力而为。总起来看，企业履行社会责任要正确处理六方面的关系，即企业与国家的关系，企业与投资者的关系，企业与消费者的关系，企业与生态环境的关系，企业与职工的关系，企业与社会公众的关系。这些关系处理好了，就能为和谐社会建设作出重大贡献。

我国企业有着负起社会责任的优良传统，多年来在增加就业、保障供给、关心职工福利等方面作出了重大贡献，今年以来在南方诸省冰雪灾害和汶川抗震救灾中，企业慷慨捐赠、大力救助，作出了很大贡献。但在计划经济体制下，企业担负社会责任变成了企业办社会，既阻碍了企业经济效益的提高，也不利于社会事业的发展。今天我们倡导企业履行社会责任，并不是要企业继续将职工的住房、子女教育、职工医疗和养老等社会问题全部包揽下来，而是强调在市场经济条件下，按照国家法律法规为职工缴纳社会保险费用，承担相应的社会责任。因此，企业履行社会责任和企业办社会有着本质的区别，不可混为一谈。

二、企业社会责任的山西特色

为了全面贯彻落实科学发展观,增强工业企业的社会责任意识,强化承担社会责任理念,推动企业和行业协会履行社会责任,中国工业经济联合会会同十家全国性工业行业协会于2008年4月2日在北京发布了《中国工业企业及工业行业协会社会责任指南》,并举办了社会责任高层论坛。

山西省工经联和工业行业协会还要制定《山西省工业企业社会责任指南》,主要是考虑到山西工业企业履行社会责任形势更为紧迫,责任更加重大。山西属能源原材料工业为主导的超重型结构,高危险、高耗能、高耗材、高污染企业多,生态恶化、矿难频发,企业在保护职工安全、减少资源消耗、维护生态环境方面的责任更重;山西作为国家的新型能源和工业基地,肩负着保障国家能源需求和原材料供应的重任,在当前能源供应紧张的形势下,山西工业企业履行社会责任有着特殊的意义;另一方面,我省矿山企业大多分布在贫困山区,在扶贫济困帮助贫困山区解决饮水、办学、修路和发展社会公益事业方面应承担更多的社会责任。实践证明,不顾生态、社会成本的快速发展是难以为继的,只有良好的社会、生态效益才能带来长久的经济效益。省委省政府提出要走内涵发展、集约发展、高效发展、安全发展、和谐发展的新路,建设绿色山西、节约山西、平安山西的任务,为我省企业履行社会责任指明了重点和方向。

因此,我们在制定《山西省工业企业社会责任指南》过程中,突出山西的省情,要求企业履行社会责任,把节能减排、推进生态文明建设、安全生产和保证国家能源需求作为重点。强调各个企业都要采用新工艺新技术,淘汰落后工艺和技术,减少污染物的排放,大力发展循环经济,着力推进传统产业的改造提升;强调企业特别是矿山企业要把安全生产放在首位;强调建设新型能源和工业基地,发展替代能源,保障国家能源需求。

三、充分认识企业履行社会责任的重大意义

今年,是我国改革开放三十周年。三十年来,在党中央、国务院的领导下,我国的经济体制、经济增长方式和社会结构发生了深刻的历史性变革,带来了巨大的发展活力,促进了经济的高速增长,取得了举世瞩目的成就。随着改革的深入,企业管理水平和创新能力不断提高,经济实力、经营活力和市场竞争能力日益增强。

但是我们也应当看到,在剧烈的社会变革中也蕴涵着深刻的社会矛盾:随着经济的高速增长,工业企业既创造了巨大的物质财富,但也消耗了大量的自然资源,造成各类资源全面紧张,酿成生态破坏和严重的环境污染,导致人与自然的空前不和谐;在社会层面,随着社会结构、社会利益格局发生深刻变化,贫富差距越来越大,不稳定因素增加;随着经济全球化进程,贸易摩擦增多,是否履行社会责任成为国际社会对企业评价的重要内容。所有这些,对经济社会的可持续发展、对企业的生产经营,都带来了新的挑战。

在国际国内新的形势下,党中央适时提出建设民主法治、公平正义、诚信友爱、充满活力、安定有序、人与自然和谐相处的社会主义和谐社会的要求,努力形成全体人民各尽其能、各得其所而又和谐相处的局面。建设社会主义和谐社会,需要增强公民、企业、各种社会组织的社会责任。党的十七大指出,要引导人们自觉履行法定义务、社会责任。胡锦涛总书记在 2007 年中央经济工作会议上明确提出:"既要继续健全企业激励机制,也要注重强化企业外部约束,引导企业树立现代经营理念,切实承担起社会责任。"

由此可见,认真履行社会责任,是企业贯彻落实科学发展观、实现可持续发展的客观要求;是企业树立良好形象、增强竞争力的客观要求;是顺应经济全球化进程、参与国际经济交流合作的客观要求;是党中央、国务院以及全社会对我们工业企业的殷切期盼和要求。

四、企业履行社会责任的组织与实施

中国工经联发布《中国工业企业及工业协会社会责任指南》后，国务院领导高度重视。温家宝总理4月17日在徐匡迪会长呈报的《关于中国工业经济联合会在京召开"社会责任高层论坛暨社会责任指南发布会"有关情况的报告》上批示："请克强、德江、岐山同志阅。"张德江副总理4月19日批示："引导和推进企业肩负起社会责任，是经济社会发展的需要，也是企业自身发展的需要。中国工业经济联合会积极倡导此项工作，并联合发布《责任指南》，具有十分重要的意义。建议工业和信息化部、国资委支持中国工业经济联合会将此项工作广泛深入地开展好。"根据张德江副总理的批示，由中国工经联和工业行业协会负责企业社会责任工作，这使行业协会推进企业社会责任工作增强了信心，也对政府部门支持行业协会做好这项工作提出了要求。因此在《山西省工业企业社会责任指南》中，我们明确，工业行业协会要把企业履行社会责任作为行业管理的重要工作来抓，这是我们在社会责任工作上的一项创新。

在山西省工经联和全省九大工业行业协会的共同努力下，《山西省工业企业社会责任指南》今天发布了。但《指南》的发布仅仅是开始。广而言之，凡有人群、有社会行为发生的地方就需要有管理。企业履行社会责任是一个涉及面极广的社会行为，一定要有管理。只是发布不抓落实就必然流于形式，任何工作、任何方案无论多么完美，关键是要落实。

关于企业社会责任的组织与实施主要有四个方面：

第一，企业是履行社会责任的主体，要义不容辞地负起社会责任。要牢固树立社会责任意识，把履行社会责任工作纳入公司治理，落实到生产经营各个环节，逐步建立和完善企业社会责任指标统计和考核体系。有条件的企业要定期向社会公众发布社会责任报告，接受社会公众的监督。

第二，行业协会及其联合组织是联系政府与企业的桥梁和纽带，担负着行业自律性管理的重要责任。各行业协会要把推进企业履行社会责作为一项重要工作来抓，制定实施细则，发布行规行约，与政府监管和社会监督相结合，引导企业增强社会责任意识，指导和组织企业履行社会责任。

第三，要采取问卷调查和重点考核的方式，对企业履行社会责任情况作出全面评价，分为若干等级，每年由综合性行业协会对本行业履行社会责任好的企业给予表彰奖励，由省工经联对全省履行社会责任最好的工业企业表彰奖励，在全省营造一种积极主动履行社会责任的良好氛围。

第四，全社会都要关心和支持企业履行社会责任。企业积极主动履行社会责任，事关经济发展社会进步的大局，影响巨大，意义深远。目前，这项工作刚刚起步，尚未形成社会共识，可以说是"存在已久，缺少理性"。政府部门是行政执法的主体，对推进企业履行社会责任作用重大，希望有效监督企业履行社会责任，积极支持行业协会的工作。新闻媒体要搞好宣传，加强舆论监督。全社会都要关心和支持企业正常的生产经营活动，维护企业的合法权益，营造企业履行社会责任的良好环境。

同志们，让我们在省委、省政府的领导下，深入贯彻落实科学发展观，为建设一个充满活力、富裕文明、和谐稳定、山川秀美的新山西而共同努力奋斗！

节能减排十八法[*]

实施节能降耗、污染减排，是贯彻落实科学发展观、构建社会主义和谐社会的重大举措，也是建设资源节约型和环境友好型社会的必然选择，对于调整经济结构、转变经济增长方式、提高人民群众生活质量、维护人民群众的长远利益具有重要而深远的意义。

山西是能源大省，也是能耗和污染大省，高耗能、高污染企业多，且污染源高度分散，"十一五"期间要完成单位生产总值能耗降低 20% 左右的目标，既面临较大的压力，也具有很大的空间与潜力。节能减排是一项现实而紧迫的工作，又是一项长期艰巨的任务。

节能减排，涉及到社会生产、流通、消费活动的方方面面，是一项极其复杂的社会系统工程，单一的方法不能解决问题，只有采取综合配套的方法、系统工程的方法去改造、去治理，才能见到实效。节能减排，没有退路，难在出路。必须以科学发展观为指导，以转变增长方式、调整经济结构、加快技术进步为根本，加强制度建设，充分发挥政策激励、监察约束的

---
* 本文是作者 2009 年 6 月 2 日在山西省节能减排论坛上的演讲，载《山西能源与节能》2009 年第 5 期。

作用;突出重点,加大投入,集中推进一批节能减排的重大项目;要狠抓落实,强化宣传,不断提高全社会环境保护和资源节约意识,扎实做好节能降耗和污染减排工作,确保"十一五"节能减排目标的实现,促进山西经济社会又好又快发展。

根据国际国内以及各地、各部门、各企业的节能减排实践活动,我归纳整理出节能减排的十八种方法,供大家参考。

1. 普查法

当前存在的主要问题是:产业结构不合理,高耗能、高排放的产品所占比重过大;高耗能、高排放企业点多面广,耗能及排放总量大;低水平重复建设问题严重,造成严重的资源和能源浪费。占工业能耗和二氧化硫排放近70%的电力、钢铁、有色、建材、石油加工、化工六大行业产能增长都在20%以上,致使这些行业产能过剩,而节能减排的基础工作却严重滞后。目前,行业的能耗和生产排污统计办法又很不健全。有的是十多年前制订的,已不适应行业发展的需要;有的根本没有标准,需要立即研究制订。因此,开展能源消耗和污染源普查,摸清家底,掌握情况,做到有的放矢,十分重要。

第二次全国经济普查正在进行,通过这次普查,要真正摸清各类企业和单位能源消耗和污染排放的基本情况。只有把情况摸清了,找出差距和问题,才能有针对性地采取措施。这是一项基础性工作,各个行业、各个企业都要认真做好。

2. 标准规范法

新修订的《节约能源法》已于2007年10月28日正式颁布,《循环经济法》也正在制定中,迄今为止国家已制定实施的能源和节能国家标准达164项。做好节能减排工作,必须严格执行"能耗标准"、"污染物排放标准",建立目标责任制,逐项核查落实节能减排综合性工作方案,实施节能减排统计、监测及考核方案和办法,完善固定资产投资项目节能评估和审查制度,制定和修订一批高耗能产品能耗限额强制性国家标准。我建议制定能耗和污染物排放的地方标准(地方标准要严于国家标准),这样我省的节能减排工作就有可能走在全国的前面。

要加快制订和发布主要耗能行业单位产品生产能耗限额标准以及重点耗能设备能效标准,规范节能产品市场准入,加大对节能降耗标准执行的监督检查,保证节能降耗标准的实施。

3. 政策扶植法

要调动企业节能减排的积极性,必须制定节能减排的优惠政策。目前鼓励节能减排的价格、财税、金融、贸易等政策不完善、不配套、力度不够,高耗能、高污染和资源型产品仍有较大的盈利空间。建议国家制定和完善鼓励节能减排的税收政策,抓紧制定节能、节水、资源综合利用和环保产品(设备、技术)目录及相应税收优惠政策,实行节能环保项目减免企业所得税及节能环保专用设备投资抵免企业所得税政策,对节能减排设备投资给予增值税进项税抵扣,完善对废旧物资、资源综合利用产品增值税优惠政策;对企业综合利用资源,生产符合国家产业政策规定的产品取得的收入,在计征企业所得税时实行减计收入的政策。

实施鼓励节能环保型车船、节能省地环保型建筑和既有建筑节能改造的税收优惠政策;抓紧出台资源税改革方案,改进计征方式,提高税负水平;适时出台燃油税;研究开征环境税;研究促进新能源发展的税收政策;实行鼓励先进节能环保技术设备进口的税收优惠政策;建立节能专项资金,通过贴息、补助等形式推动重点耗能企业进行节能更新改造;实施有利于节能减排的经济政策形成有效的激励机制;建立政府引导、企业为主和社会参与的节能减排投入机制。

4. 淘汰落后生产力法

落后生产能力是资源能源浪费、环境污染的源头,淘汰落后产能是实现节能减排的重要手段。要重点淘汰钢铁、有色、电力、化工、建材、铁合金、电石、焦炭、造纸等行业的落后产能;对小造纸、小淀粉、小火电、小煤矿等"十五小"开展排查,明确淘汰的企业名单,对污染严重、能耗高、长期违法排污、改造治理无能的企业,要下决心关闭。继续对煤炭、电力、冶金、焦炭、水泥等领域的落后产能进行分类排队,采取包括差别水价、电价、运价等在内的制约性政策,促使落后产能尽快退出市场。

要严格按照"管住增量、调控存量、上大压小、扶优汰劣"的思路,把好固定资产投资项目节能评估审查关,严格高耗能、高排放行业固定资产投资项目管理,严把土地、信贷两个闸门,提高节能环保市场准入门槛。对违法违规的在建项目,发现一起,查处一起。继续清理和纠正一些地方在电价、地价、税费方面对高耗能、高排放行业的优惠政策。建立和完善淘汰落后产能的退出机制和资金补偿措施,改善我省的经济结构。

5. 工程项目法

安排节能减排的重点工程和项目是节能减排的重要措施,要加大节能减排重点工程实施力度。各级地方政府和企业要针对本地本企业的实际,新上一批节能减排工程和项目。当前要大力启动和推进农村沼气、集中供热、绿色照明、燃气节能、建筑节能、交通运输节能、机关节能、商贸流通节能、污水垃圾处理、再生能源和资源综合利用等十大节能工程。

新建电厂必须配置节水、脱硫、脱硝装置,不配置的不能投产。老电厂必须实施节能减排改造,改造的主要内容是增配节水、脱硫、脱硝装置。

6. 技术革新法

尽管几十年来我省节能成绩显著,但是工业生产的能耗仍然很高,节能潜力还非常大。技术创新既是经济增长的重要源泉,也是节约资源和保护环境的重要手段。要在全社会大力开展节能减排技术的研发和创新,并大力推广节能减排的新技术、新工艺、新方法、新设备和新材料,在钢铁、有色、电力、建材等重点行业推广一批潜力大、应用面广的重大节能减排技术,在发电领域应用洁净煤技术,推进设备更新和技术改造。

要大力培育科技创新型企业,提高区域自主创新能力。要优化节能减排技术创新与转化的政策环境,加快建立以企业为主体、产学研相结合的节能减排技术创新与成果转化体系,搭建节能减排技术服务平台。加强与科研院所合作,着力抓好技术标准示范企业建设。要围绕资源高效循环利用,积极开展替代技术、减量技术、再利用技术、资源化技术、系统化技术等关键技术研究,突破制约循环经济发展的技术瓶颈。

7. 绿色制造法

高耗能企业最终的发展方向和出路是循环经济。要以"资源化、减量化、无害化、再利用"为原则,促进水资源循环利用、再生资源循环利用和固体废弃物综合利用,建成一批循环经济(试点)企业、园区、城市,构建点面相结合的循环经济体系和各具特色的循环经济区域。大力发展清洁生产、绿色制造、低碳技术、低碳经济、工业生态经济,从源头上减少废物的产生,实现由末端治理向污染预防和生产全过程控制转变,促进企业能源消耗、工业固体废弃物、包装废弃物的减量化与资源化利用,控制和减少污染物排放,提高资源利用效率,"创建清洁生产和环境友好型企业"。抓紧制定产业规划和产业政策,理顺管理体制,大力推进与实施煤层气、焦炉煤气、煤矸石等工业固体废弃物的综合利用和再生利用项目。

研究制定贯彻落实绿色制造的配套政策。支持现有再生资源利用企业提升加工利用水平,不断改造升级;积极改善投资环境,吸引技术先进、具有投资实力的企业建设规模化的处理和再生利用项目;鼓励再生资源利用重点领域的技术研发和科技攻关,推进产业化示范项目建设;加强对再加工企业的监管,并加快制定再生资源产品标准;推行产品"再生标识",营造良好的再生产品市场消费环境;在部分产品领域探索推行生产者延伸责任制,建设完成电子废弃物处置、废旧轮胎和废塑料再利用示范项目。

8. 替代能源法

人类发展进步的历史证明,自然资源的开发利用是随着人类的认识和利用水平而不断丰富和深化的。要随着科学技术进步,大力调整能源消费结构,推广新能源、可再生能源和替代能源。

具体来讲:(1)以可再生能源替代化石能源,如以风能、水能、潮汐能、太阳能、生物质能替代煤炭、石油、天然气等化石能源。(2)以优势能源替代稀缺能源,如以煤基醇醚燃料替代汽油和柴油。(3)以清洁能源替代高污染能源。如以甲醇、二甲醚替代汽油和柴油。(4)以低价值能源替代高价值能源等。

在我国以粮食乙醇替代汽油显然是不合适的,因为 1000 万吨当量汽油,需消耗粮食 5000 万吨,是我国粮食总产量的十分之一强,这是绝对行不通的。用木薯和甜高粱等其他农作物生产乙醇也存在与粮争地的问题,不可能搞大。用秸秆及其他纤维素生产乙醇,目前技术尚不成熟,规模化生产问题很多。

多联产系统生产的甲醇和二甲醚是很好的车用替代燃料,同时,甲醇还可以用来生产烯烃(丙烯和乙烯),用煤化工替代石油化工,大量减少石油消耗。二甲醚属超清洁燃料,不仅可替代柴油,还可以大量替代液化石油气和天然气,用于民用燃气,而且有十分良好的环境效益。在山西利用劣质煤和焦炉煤气生产甲醇和二甲醚成本低廉,前景很好。

9. 标杆带动法

榜样的力量是无穷的,节能减排工作也是这样。必须在各个行业树立一批节能减排的标杆,起示范带头作用。同时要培育节能减排的示范工程、示范企业、示范工业园区、示范城市。在全社会形成节能减排为荣、学有榜样、赶有目标、你追我赶的良好氛围。国家已经把山西、辽宁、内蒙古、新疆、贵州、黑龙江等地建设成为安全发展、节约发展的典型并加以推广,我省要认真搞好试点工作。各地各行业也可以搞一些试点,树立样板典型,带动全省节能减排和循环经济的快速发展。

10. 全员培训法

节能减排涉及到工业企业的每一个生产环节,因此节能减排人人有责。要举办节能减排培训班,实施全员培训,进行节能减排政策法规、设计标准、新产品新技术以及能源计量、审计、统计、管理的业务培训和教育,普及资源节约相关知识,开展节能减排的经验交流活动。

11. 大兴服务产业法

调整产业结构,优先发展工业服务业。以专业化分工和提高劳动效率为重点,大力发展科技研发、工程设计、咨询诊断、商务流通、联合运输、金融服务、会计事务、律师事务等工业服务业,形成一批高端、高效、高辐射力的工业服务业产业群体。大力发展电子信息产业,以信息化带动工业化,促进传统产业升级。

鼓励发展节能中介服务机构,并支持节能中介服务机构创新服务模式、拓宽服务领域、提高服务水平。同时鼓励建立节能投资担保机构。大力推行合同能源管理,对于合同能源管理的项目,各级政府要给予扶持。培育发展节能产业和节能市场。

12. 更新改造法

实施高耗能高污染设备、设施的更新改造是节能减排的关键性措施。各行业各企业都要围绕本行业、本企业的能耗和排污重点设备,进行更新改造,采用新工艺、新技术、新设备。今后新上的项目,无论是技术、工艺、设备,还是环保设施,都要高起点规划,向世界同行业的先进水平看齐,应用同行业、同领域的先进技术,努力从源头上减少污染排放。

13. 激励法

实施单位生产总值能耗和主要污染物排放总量公报制度,定期向社会公布辖区的节能减排主要指标,接受社会监督。强化企业节能减排的主体地位和责任,落实目标责任。各级政府对节能减排先进企业和单位表彰奖励,对在节能降耗和污染减排工作中作出突出贡献的单位和个人予以重奖,调动企业和职工节能减排的积极性。

能源生产经营企业和用能企业要制定科学合理的节能奖励办法,结合本企业的实际情况,对节能工作中作出贡献的集体、个人给予表彰和奖励,节能奖励计入工资总额,调动广大职工参与节能减排的积极性。

14. 责任制度法

严格实行节能减排工作责任制。推进节能减排,各级政府是第一责任人。节能降耗目标能否落实,是对政府行政能力和调控能力的最大考验。要进一步把节能减排工作作为综合考核评价的重要内容,制定发布《节能目标责任评价考核实施方案》、《主要污染物排放总量考核办法》。建立矿山企业土地复垦、生态恢复和矿区环境治理责任制度,实行问责制和"一票否决"制,层层签订节能、减排目标责任书,建立起"目标明确、责任落实、奖惩分明、一级抓一级、一级考核一级"的节能减排管理体系,将考核结果作为各级政府领导干部政绩考核的重要依据。

节能减排是企业应承担的社会责任,也是企业提高核心竞争力的一个重要机遇。每一个企业都要把节能减排作为一项重点工作,作为硬指标来完成。企业内部要完善统计和考核制度,建立起能够及时准确反映企业能耗排放水平的统计体系。企业内部也要实行节能减排工作责任制。

要加快完善节能减排指标体系、监测体系和考核体系,公开节能减排信息,为实行节能减排问责制和开展社会监督奠定基础。

15. 水源保护和节约用水法

山西水资源紧张,水资源的节约利用十分重要。要科学划定"饮用水源保护区",依法取缔保护区内的排污口,加强对分散水源地监测与管理,防止发生水源污染。工业节水是重中之重,应加快实施重点行业、重点企业节水改造及矿井水利用项目,在工厂要大力推广节水技术,搞水的闭路循环,做到少排放、无排放,大搞工业废水处理回用。农业节水潜力很大,要大力推广喷灌、滴灌及免耕、深松耕作等农业节水技术,大力实施一水多用,发展再生水厂。在全社会要扩大再生水利用范围。在城市强制推广使用节水器具,对自来水管网进行更新改造,有效降低城区输水管网漏失率。实行用水定额管理,严格执行累进加价收费。对用水大户要签订用水合同,引导高耗水企业不断进行节水改造。严格管理大型公共建筑及洗浴、洗车等行业用水,普及家庭节水器具。建立节水管理信息系统,制定节约用水细则、水资源应急管理办法、重大建设项目水资源论证管理办法。同时,要与污染防控和生态工程建设结合起来,继续加强重点流域、重点水库水面的治理改造。

16. 建筑节能环保法

建筑材料的品质、生产方式和技术水平,直接决定建筑物的能源消耗状况,并在很大程度上决定建设活动排放废渣废气的总量。建筑行业是节能减排的重要方面。建立健全建筑节能设计、施工和节能管理标准,大力研制建筑节能新材料,拟定节能建筑评价体系和工业建筑节能标准。

加快新型保温隔热墙体材料的发展与应用,推进建筑节能新材料的产业化。落实禁止黏土砖生产和使用的政策法规,深入开展对黏土砖瓦行业的整治。加快新型墙体材料企业的技术改造和新产品开发,重点发展以工业尾矿、粉煤灰、脱硫石膏、建筑渣土、煤矸石、城市垃圾等固体废物为原料的新型墙体材料,降低万块标砖综合能耗。

17. 农村污染源治理法

我国是农业大国,大多数居民还生活在农村,绝大多数自然资源开发利用也发生在农村。污染没有边界,随着乡镇企业发展和污染企业向山区转移,环境污染已从城镇向广大农村蔓延。工矿企业环境污染和生态破坏,已经成为影响农村生态环境的突出问题。实现污染减排目标,一定要搞好农村的污染源治理。要对高度分散的乡镇工业布局进行调整,化工项目和其他高污染项目原则上都要进工业园区,以便对污染物进行集中治理。加强农村节能和可再生能源的开发利用。大力推广应用沼气、太阳能、风能和生物质能等可再生能源,支持规模畜禽养殖场建设大中型沼气工程,鼓励欠发达地区农村发展户用沼气池。加快淘汰和更新高耗能落后农业机械装备,加快实行拖拉机报废更新制度。要加强畜禽和水产养殖污染防治,积极推广测土配方施肥,鼓励使用高效低毒低残留农药,防治农业和农村污染,建设清洁田园。

近年来,国家组织各地开展了以农村废弃物资源化利用为重点的乡村清洁工程示范,示范区生活垃圾和生活污水处理利用率、农作物秸秆资源转化利用率达到90%以上,使示范区农民的生产生活环境有了明显改善。这项工作要继续搞好。

18. 市场机制推进法

推进节能减排工作,既要动用行政和司法力量,完善节能减排的有关法规,建立监测和考核体系,开展节能减排执法检查,坚决处理违规生产的非法企业和乱排、超排行径,实施法制监督、社会监督,还要运用市场手段和机制推进节能减排工作。比如实施有利于节能减排的经济政策,建立以政府引导、企业为主和社会参与的节能减排投入机制,实行排污权有偿取得和转让制度,推进探矿权、采矿权有偿取得,建立碳交易制度等。

做好节能减排工作,责任重大,使命光荣。我们要扎实努力、发奋工作,在省委、省政府的正确领导下,多策并举,群策群力,坚持以节能减排促进经济结构调整、经济增长方式转变,为推进社会经济实现转型发展、安全发展、和谐发展做出应有的贡献。

发展煤基
醇醚燃料

GONGYE JINGJI
KEXUE FAZHAN YANJIU

关于以煤基醇醚燃料替代石油的建议[*]

　　因石油短缺,以煤基醇醚燃料替代石油的问题,现在看来已是迫在眉睫。

　　国家的能源安全是涉及国家政治、经济生活的大事。2004 年我国原油进口 1. 23 亿吨,石油的对外依存度超过 40% 。由于我国对石油需求的快速增长及世界热点地区的不稳定因素,使国家能源安全面临严重挑战。对于我国的能源制约和能源战略问题,也应该以科学发展观来认识和解决。我们在广泛、深入地开展业内专家讨论的基础上,综合各方面的意见后认为,推广煤基醇醚燃料以替代汽油、柴油势在必行。

---

　　* 这是作者于 2005 年 11 月会同中国生产力学会会长王茂林、原机械工业部部长何光远、原化工部副部长谭竹洲、工程院院士倪维斗、中科院院士蔡睿贤、工程院院士谢克昌、国家化工行业生产力促进中心总工程师方德巍写给中共中央、国务院的建议报告。

一、推广煤基醇醚燃料是中国 可持续发展的需要

资源可持续发展的需要。我国能源资源的总体状况是：富煤炭，缺油气，可再生能源总量有限。在我国现有可采的化石能源中，只有煤炭能采用百年以上。而煤炭储量中高硫劣质煤占到了资源总量的40%左右，这种劣质煤不可作为一次能源使用，但可采用煤的洁净利用技术，将其制成替代石油的二次能源——甲醇和二甲醚，这就是我们说的"煤基醇醚燃料"。由于醇醚燃料可大幅度提高煤炭的附加值，扩大我国煤炭的经济可采储量的范围，这也是推广醇醚燃料对增加我国能源量的贡献。利用高硫劣质煤，采用煤的气化技术制备醇醚燃料作为石油燃料的替代品，是构建我国能源多元化的主导途径之一。

以石油为基础已很难支撑整个世界经济的可持续发展，因此我们应及早着手构建我国的"煤基甲醇能源化工体系"，以迎接"煤基清洁能源时代"的到来及适应环境可持续发展的需要。现在所有正在研究、开发中的清洁燃料，都是针对汽、柴油而言的替代燃料。汽车尾气已是世界大城市的首要污染源，给环境带来了很大的危害。随着汽车的大量增加，环境保护要求发动机燃料必须更加清洁。作为清洁替代燃料，甲醇燃料发动机的尾气常规排放比汽油机低30%以上。甲醇脱水制成二甲醚被国际能源界称为本世纪最清洁的能源。可见，劣质高硫煤可以制造出比汽油、柴油更优质、清洁、高效的汽车燃料。我们必须转变"煤是劣质燃料、石油是优质燃料"的观念，大力发展煤基清洁能源。

发展醇醚燃料及醇醚汽车符合国家的长远利益。目前，我国生产甲醇和二甲醚，主要是利用弃采的高硫劣质煤炭和焦炭生产中放空污染的焦炉煤气作为原料，这是对能源资源的最大节约，而且成本低廉。用高硫煤和放散的焦炉煤气、转炉煤气、高炉煤气资源，能够为汽车工业发展提供丰富的煤基醇醚燃料。廉价的石油创造了石油汽车时代。高硫劣质煤

将成就一个煤制汽车洁净燃料的新时代。而其他可预见的能源和再生能源，目前看都难以满足汽车长期大量的需要。

我国是煤炭的生产使用大国。从长远看，我国现在应该发展煤的多联产技术。这种"多联产"技术是将现有技术集成、耦合，将醇醚液体燃料的生产与发电、余热利用相结合，使总体的能源效率比现在提高1倍以上。对燃料煤产生的污染物进行收集、利用，最终实现污染零排放，构成了循环经济的产业链。"多联产"技术的第一级产出品就是甲醇。因此发展醇醚燃料及醇醚汽车符合今后煤炭利用的方向。构建我国高效的煤基清洁能源体系，可为我国本世纪的发展打下良好的能源基础，同时可能赢得足够的时间来探索开发、构建新的能源体系。

国际高油价对于汽车工业的影响，各国都作出了反应。南非总统姆贝基认为：世界已经进入高油价时代，对世界汽车工业的影响之一，可能是围绕燃料发展新型汽车技术。我国的汽车产业，包括一些自主品牌汽车制造厂（如奇瑞汽车公司），对甲醇醚燃料及醇醚汽车这个问题认识明确，已付诸行动。我们应充分发挥市场的作用，我国的醇醚燃料及醇醚清洁汽车产业会迅速走上有序发展的良性轨道。

二、煤基醇醚燃料产业的技术基础已经具备

我国在过去的几十年间始终坚持煤化工的研发与创新。目前我国利用高硫、劣质煤生产甲醇，其生产技术已位于世界前列，原料来源稳定可靠，生产规模化。利用我国自主技术，在坑口建设大型的甲醇生产装置，其生产成本为850元/吨。在我国新一代煤化工技术的支撑下，开发推广醇醚燃料和甲醇汽车的时机已经成熟。可以说，我国已具备利用高硫、劣质煤制甲醇作为车用燃料的主要替代品的能力。这是缓解石油紧张、解决汽车能源和环境问题的现实选择。

甲醇发动机技术基本解决。自20世纪70年代末以来，在原国家科委和国家经贸委组织下，中科院、化工、石油、交通、卫生等部门的共同参

与,山西、山东、云南、四川等地均进行过甲醇燃料替代汽油的试验研究,尤其是山西省从甲醇掺烧汽油到灵活燃料汽车进行了大量的技术研发,完成了从发动机到连接件、橡塑件、尾气净化器以及抗腐蚀抑制剂、助溶剂的系统开发制造。现在已开发了三代全甲醇发动机。1升的甲醇发动机动力相当于1.3升的汽油发动机。经过二十多年的示范实践,取得和积累了足够的运行应用数据和成功经验。

目前,我们不但可以生产甲醇发动机,而且还生产甲醇汽车,并有甲醇汽车示范运营车队。我们自主开发的第二代甲醇汽车,在运营4年多的时间里,已经做到36万公里无大修的记录。今年山西省决定再上两条甲醇汽车长途运营示范线路。事实表明用甲醇替代汽油是可行的,更是清洁、安全、合理的。甲醇燃料作为车用燃料,无论在经济、环保还是安全性等方面均有明显的优势。

从"六五"开始的甲醇燃料和发动机的研究与开发已取得阶段性成果。自主知识产权的甲醇汽车已经在山西省示范运营,效果良好。在此基础上,山西在制定甲醇燃料及甲醇汽车地方标准的情况下,决定在阳泉、临汾、晋城、长治四个城市封闭运行。

新能源的开发和替代需要一个较长的周期,各种要素关联极强,影响甚广,使得国家在能源决策上难度增大。根据山西省二十多年的示范实践,我们认为现在是扩大试点的很好时机。

三、美国发展甲醇替代燃料的经验值得借鉴

美国发展甲醇替代燃料的经验很值得我们借鉴。最近,中国工经联副会长彭致圭率山西醇类燃料考察团赴美考察,了解了美国发展甲醇替代燃料的历程和经验教训。20世纪70年代两次石油危机之后,美国大力寻找替代燃料,最后选择了甲醇作为主导替代燃料,在美国全国大力推广,其基本经验是:国家高度重视,时任副总统的老布什亲自抓甲醇替代燃料的推广应用,组织了一个专家委员会进行了3年的调查研究,写出了

《世界上最清洁的汽车发动机燃料是甲醇燃料》、《未来的汽车发动机燃料是甲醇燃料》两份对策咨文,澄清了对各类替代燃料的认识,并明确了发展甲醇替代燃料的主攻方向。为了推广甲醇替代燃料,美国国会先后制定了国家法律,1998 年的《替代政策法》的主要内容是:使用替代燃料可以减免税收;要求各城市实施"净化城市环境项目";政府部门带头使用甲醇汽车。这样,在美国推广甲醇替代燃料就形成了国家意志。1998 年全美国 18 个大型甲醇生产工厂共生产甲醇 20 亿加仑(约 600 万吨),各汽车制造厂大力发展 FFV 灵活燃料汽车 6 万辆。美国进一步在地域辽阔、经济发达、人口众多的加利福尼亚州全面推广 FFV 灵活燃料汽车,全加州建加注站 105 个,18 种车型使用了 M85 甲醇燃料,甲醇灵活燃料汽车拥有量达 15000 辆。加州的示范推广在美国造成了很大的影响,带动了其他许多州。

由于 20 世纪 90 年代中期世界石油供求关系得以全面缓解,后来美国发展甲醇替代燃料的工作并没有坚持下来,大面积推广的势头衰减,但此技术的开发和储备一直在进行。

四、我们的建议

我们经过反复研究、分析、论证,特向党中央、国务院提出以下建议:

(一)在全国选择 6 个省的 25 个左右城市,在政府指导和市场监管下开展甲醇替代燃料扩大试点示范工作。在试点的基础上,逐步在其他省市推广应用。

(二)根据山西省的经验,在上述试点城市选择城市公共交通、中短途城市交通及出租汽车作为试点行业,便于管理和总结经验。

(三)在国家发改委已经确定推广乙醇燃料的城市,进行甲醇、乙醇共同替代石油的示范。开展甲醇替代燃料试点城市和示范企业也将享受国家推广乙醇燃料的政府支持政策。

(四)在此基础上,通过数据优化,最终形成甲醇燃料及甲醇汽车的国家标准,在全国推广。同时,注意做好醇类燃料安全防护的宣传。

（五）将以下目标纳入国家"十一五"规划:争取用3~5年时间形成相当规模的甲醇燃料替代能力,并开发出具有自主知识产权的甲醇汽车。

时至今日,在全国推广应用煤基醇醚燃料的经济、技术条件完全具备。特别是此事关系我国经济社会发展全局,关系国家安全,当属国之大计。

发展煤基醇醚燃料是解国之油忧的现实选择和根本出路[*]

世界石油市场是近年来全球关注的焦点之一,也是我国经济社会的热点问题。过去 10 年,我国石油需求量几乎翻了一番,成为继美国之后第二大石油消费国。自 1993 年我国成为石油净进口国之后,进口石油的比重不断加大,2003 年进口原油 9100 万吨,加上成品油,总量约为 12000 万吨,去年进口量继续增加。新一轮石油价格的大幅上涨再次给持续增长的我国经济敲响了警钟。

我国是一个缺油、少气、相对富煤的国家。在已探明的储量中,96% 是煤炭,油气资源仅占总量的 4% 左右。我国在过去几十年中发展了一套利用本国煤炭资源的能源供应体系,煤炭在能源消费结构中占一次能源总消费的 61%,在终端能源消费中占总量的 52%。

实施多元化的能源战略是十分必要的,必须从我国能源资源的比较优势出发,在煤的转化上寻求战略性的突破。为了满足近期和未来终端能源消费需求,优化能源结构,保证国家能源安全,在煤炭清洁转化基础

* 原载《经济日报》2005 年 6 月 13 日。

上大力发展煤基醇醚燃料应该是替代能源战略的现实选择和根本出路。

一、全面认识煤基醇醚燃料

所谓煤基醇醚燃料,就是由煤(包括原煤、煤层气、焦炉煤气)等通过气化合成低碳含氧燃料——甲醇、二甲醚(简称醇醚燃料)等车用替代汽柴油的燃料。

传统意义上的甲醇,是仅次于烯烃和芳烃的基本化工原料,用途广泛,可以制造甲醛、醋酸、醋酐、甲酸、丙烯等一系列有机化工产品。

甲醇是一碳化学最主要的产品。要发展煤化工,实现煤转化,第一位就是发展甲醇。二甲醚是甲醇脱水后的化工产品,主要用作气雾剂、发泡剂和致冷剂来替代氟里昂。

甲醇作为燃料始于上世纪70年代的两次石油危机之后,是新生事物,其特点是:

1. 完全的可替代性。甲醇燃料是理化性能接近汽柴油的液体燃料,使用方便,辛烷值高,RON可达到112,相当于112号汽油,蒸气潜热大;二甲醚的十六烷值比柴油高27%,燃油性能和机械性能更好,爆发力大。二者均能满足并提高发动机的热效率和功率。

2. 清洁环保。醇醚分子中含有助燃的氧,甲醇($CH_3 \cdot OH$)的分子量小,只含一个碳,氧分子的含量高达50%,燃烧充分速度快,能稀薄燃烧、效率高。燃烧后主要形成H_2O和CO_2,燃烧时需要的空气量少,故而进入的惰性氧气也少,排放的氮气化合物远远低于汽柴油。尾气中常规排放的CO、HC均比汽柴油低30%以上,是典型的"清洁替代燃料"。二甲醚(C_2H_6O)燃料尾气排放中的CO、HC比汽油分别低55%和86%,是国际公认的"超清洁替代燃料"。

3. 易得。原料来源广泛,可用煤、煤层气、焦炉气等;制造工艺多样,成熟、简单,可通过化肥(合成氨)联醇,大型化制醇,利用高硫煤"多联供"生产甲醇,焦化(焦炉气)联醇多条工艺路线生产,且"醇、醚、氢"同属于甲醇路线,工艺连续流程短。

4. 低成本。一般情况下,1.5~1.6 吨煤可制 1 吨甲醇,比起直接液化制油吨用煤 3.5 吨和间接液化制油吨用煤 4.5 吨具有明显的成本优势。充分利用廉价的高硫煤或炼焦时排放的煤气制甲醇,能充分体现资源综合利用和改善大气质量的循环经济的特征,其生产成本不到粮基乙醇燃料的三分之一。

5. 应用广泛。除用于替代汽柴油外,由于甲醇极易和水蒸气重整转化为氢,因而可作为一种储氢介质用于正在发展的燃料电池汽车(MFC),MFC 还可用作小型便携式电源,甲醇产品链的延伸还可制氢(MTH)。

6. 生产企业供应范围广。厂点多,供应半径小,最适宜实现长期稳定的对口供应。

7. 输配系统建设容易。投资少,建设周期短,现有的石化加油系统稍加改造即可,可充分利用现有贮储、运输、加注站网。

8. 出现的新问题完全可以解决。通过示范实践和关键技术攻关,甲醇推广过程中的安全使用问题、冷启动问题、低比例掺烧的分层问题、腐蚀性问题、非常规排放问题等已经得到解决或已找到了有效的解决办法。

二甲醚作为一种无色、无毒、腐蚀性小的化工产品,虽然是一种更理想的清洁替代燃料,但目前国内外还缺少较全面的车用示范推广。业内人士主要关注两个问题:一是安全储运(加压气瓶);二是生产成本。试验实践表明,由于二甲醚同等温度下的饱和蒸气压不低于液化石油气,储存运输比液化石油气安全,且低成本生产工艺国内已有成功的实例。

二、国际及山西省的成功实践

1. 国际:上世纪五六十年代,世界石油工业发展迅速,廉价的石油大量供应,国际石油价格最低时每桶仅 3 美元,甲醇燃料的生产及消费因价格因素无法推动。后来,两大因素刺激了甲醇燃料的发展。第一个因素,70年代两次石油危机的冲击,许多国家为了减少对进口石油的依赖,开始积极寻找替代燃料。甲醇既可用矿物质资源生产,也可用生物质资源来生产。甲醇燃料可利用汽柴油已有的储存、运输及分配的设施,投资少,见效快,于是受到国际重视,确立了甲醇燃料可替代汽柴油的重要地位,进行了大量的试验研究及推广应用。美国各州普遍使用掺烧10%~15%的甲醇汽油。第二个因素,80年代后石油供需矛盾逐渐缓和,价格回落,但环保呼声却日益高涨,排放法规日趋严格。国际上通过试验研究确认,醇燃料能够较明显地降低有害气体排放,因此,德国、法国、意大利、瑞典、挪威、澳大利亚、新西兰、巴西等多个国家也大量掺烧,德国大众和美国福特分别推出200辆和60000辆灵活燃料汽车投放市场。在发展高比例甲醇车(M85~M100)和灵活燃料(FFV)甲醇汽车方面,已形成了成熟完整的技术储备,美国至今尚有1万多辆甲醇汽车正常运行。但由于石油财团不配合和甲醇价格较高的影响,推广过程一波三折,发展不快。

2. 山西省:山西省作为煤炭大省,一直高度重视煤基醇醚燃料的研究开发。改革开放以来,各届省政府连续抓了二十多年,特别是"九五"以来,从国家能源、环境和可持续发展战略的高度出发,加大了工作力度。按照"一个系统、两大目标、三个阶段、四项工程"的总体思路和求真务实的工作态度连续作战,加快了推进步伐。

(一)坚持科技先行,法制保障。先后制定了以发展煤制甲醇燃料和洁净燃料为核心的《山西省绿色汽车十年发展计划》、《山西省建设国家燃料甲醇生产基地和清洁(甲醇)汽车产业化示范地区的实施方案》,同时省政府和省醇汽领导组出台了配套扶持政策、管理办法、操作规程、试点推广计划和技术标准。

(二)明确了建设国家级醇醚燃料生产基地和国家级清洁(醇醚)汽车产业化示范地区——"两地"建设的大目标。

(三)三个阶段,分步实施。第一阶段:"九五"试点示范阶段;第二阶段:"十五"、"十一五"产业化示范阶段;第三阶段:2010年后的产业化推广阶段。

（四）重点推进四项工程。一是总结已有实践经验，夯实理论基础，与美国福特公司、麻省理工学院合作研究完成了"3E"软科学课题；二是完成了试验示范阶段的"煤制甲醇——洁净燃料汽车示范工程"；三是定比例 M85 多点电喷甲醇发动机和全甲醇 M100 燃烧装置研发工程；四是低比例掺烧 M15 甲醇汽油的四城市试点工程，取得了试验示范的阶段性成果。目前，已进入产业化示范阶段的 M15 低比例掺烧甲醇的工作已在全省铺开，已有 91 万辆（次）参与了试点推广。同时，承担的两项科技部清洁汽车行动计划"十五"关键技术攻关项目也在考核。

（五）初步成果

社会关注的三大热点问题通过多年示范实践，用事实纠正了认识上的偏差，找到了解决的途径，为醇醚燃料及醇醚汽车产业化奠定了基础。

（一）经济性（分为投资、生产、运营、输配系统建设四个方面）

——投资经济性。

下表是煤制甲醇与煤合成油投资比较：

类别	投资 （元／吨能力）		当量成品油（按替代比 1.5） 投资（元／吨）	数据来源
煤制甲醇	中型 1250～1350		1875～2025	山西省化工生产力促进中心
	大型 2000～3000		3000～4500	
煤合成油	直接液化		7000～8000	神华集团
	间接液化		8000～10000	

——生产经济性（生产成本）。

见下表：

类型		甲醇生产成本（元／吨）
技术改造模式	化肥副产甲醇（合成氨联醇）	900～1000
环保——资源综合利用模式	焦炉气制甲醇	650～750

类型		甲醇生产成本（元/吨）
后继潜力发展模式	煤层气制甲醇	1100
"多联供"资源综合利用模式	粉煤、高硫高灰煤、多联产制甲醇	750
规模经济大型化模式	60 万 t/a 煤制甲醇装置	600～850

——运营经济性。

分"低、中、高"三种情况，见下表：

类　型	低比例	高比例	全甲醇	备注
示范形式	M15 清洁汽油试点推广	M85 中巴车城际示范运营	M100 环保汽车燃烧装置改造出租车	
燃料甲醇平均销售价格（元/吨）	1700	1700	1700	甲醇价格波动幅度 1400～2050
汽油平均销售价格（元/吨）	3450	3450	3450	汽油价格波动幅度（以 90# 汽油为例）3200～3750
实际运营中甲醇与汽油消耗比	1.02:1	1.5:1	1.5:1	
甲醇 + 汽油混合燃料消耗成本（元）	3256（含添加剂）	2686	2550	
价差（元/吨）" + "为比汽油低的值	+194	+764	+900	
百公里油耗	甲醇公交车 66.62L，汽油车为 39.5L，百公里甲醇车比汽油车省 9 元			

自 1998 年示范运营以来，承运司机全部为个人承包，但至今无一人因为亏本而退出示范运营就是最现实的例证。

——输配系统建设成本比较。

见下表：

站别\建站成本	汽柴油站	甲醇站	液化石油气、二甲醚站	压缩天然气站
万元/站	标准加油站50多万元(汽油2个标号2个罐装加注系统,柴油2个标号2个罐装加注系统)	与汽柴油站同等规模需60万元(新建1个甲醇罐装加注系统30万元,改造1个甲醇罐装加注系统2万元)	80万~140万元	400万~600万元
以石油系统加注站网络为基础,改造加注站(2万元)即可用于低比例车				

　　无论从经济性哪个方面比较,燃料甲醇都有着明显的优势,这就为我们的大范围推广提供了最重要的经济驱动力,也是我们这项工作的重大经济意义。

(二)安全性(毒性)

　　如果以汽油对生态的影响为100来衡量,甲醇则为30(乙醇为50)。甲醇的致毒性低于石油基燃料,在水中容易降解;甲醇对于人来说,如果直接饮入一定量(以几毫升到几十毫升计)是要中毒的,但一般正常工作情况下(操作规程规范完整),很难形成此种状况的条件和环境,只有在有意识的危害行为、无知误饮或由于愚昧造假(如我省的假酒事件)才能出现中毒事件。我省对涉醇岗位工作人员进行了省市两级多年的跟踪体检,至今未发现一例因为涉醇而出现的中毒现象和身体病变异常。

(三)动力性

　　甲醇具有高辛烷值,在提高压缩比并可容许较大点火提前角,从而能获得高的热效率。高比例(M85~M100)甲醇发动机的动力性,国内外的研究和省内的示范实践都表明,其性能优于汽油机。

三、大量生产低成本煤基醇醚
燃料的条件已完全具备

1. 我国能源资源结构特点提供了基础条件

据资料表明(美国能源部和世界能源理事会预测),全球石化类能源的可开采年限分别为石油 39 年,天然气 60 年,煤 211 年。

我国有相对丰富的煤炭资源,1997 年进行了全国煤田预测,总储量超过 1 万亿吨,可开采储量为 7650 亿吨,占世界储量的 15%。仅山西省就有 2667 亿吨,按照煤炭资源当前经济技术条件和递增产量评估,预计煤炭资源可开采 200 年以上(现开采易采的浅煤层,但浪费较大。每年因采煤损失的煤层气和共生伴生资源 20 亿吨,因回采率低,损失几亿吨优质煤)。相比较而言,我国石油可采储量约为 50 亿吨,天然气(预测资源约为 38 万亿立方米)现可采量为 2.3 万亿立方米。我国虽十分重视利用生物质再生能源,但在相当长的时间内,尚难在能源结构中占到较大比重,起不到保证国家能源安全的作用。由于中国对于煤炭的依赖程度比世界上任何国家都严重,改变中国现在的能源结构不仅需要巨大的投入,需要时日,也必将受到一些国际因素的影响和制约。这就清楚地表明,我国的能源结构在本世纪仍然以煤为主,这是不争的现实,这也是我们发展醇醚燃料的资源平台。

2. 我国的三大发展战略提供了必备的政策和外部环境条件

能源战略、环境战略和可持续发展战略是我国的基本发展战略。实施能源战略离不开以煤为主的一次能源;实现环保战略回避不了治理煤直接燃烧这个主要污染源,而实施以煤清洁转化为主线的资源综合利用的循环经济是三大战略的最优结合。以煤气化为中心的多联产,是重要发展方向,车用煤基清洁燃料——甲醇、二甲醚将是这一循环产业链中的重要环节。2004 年出台的国家新汽车工业产业政策和国家新能源发展规划都对此有了明确的定位和重点考虑,这为大力发展煤基醇醚燃料提供了必备的政策和外部环境条件。

　　3. 多样化的工艺路线提供了成熟的技术条件

　　前面谈过,煤基醇醚生产工艺多样化,成本低,可以分别采用多种工艺路线生产燃料甲醇;可以分别采用两步法、一步法生产二甲醚。甲醇的生产工艺并不复杂,我国有数量众多的中小化肥厂,稍加改造,就可联产甲醇,生产成本一般为 800 ~ 1200 元/吨(主要敏感因素是煤价);大型化制甲醇,根据对国内现有的六套年产 60 万吨甲醇装置的考察评估,甲醇的生产成本仅在 600 ~ 850 元/吨;特别是利用焦炉煤气制甲醇,是资源综合利用和改善大气质量兼收并蓄的最佳方法。2005 年年初,位于太原市的中国化工第二设计院应用本院发明专利(焦炉煤气纯氧部分氧化制取甲醇技术)设计的年产 8 万吨第一套焦炉气制取甲醇生产装置,已在云南省曲靖市投产,已产出 500 吨合格的甲醇。这为正在重点实施的山西省炼焦企业剩余焦炉煤气综合利用的先进技术提供了参照。据测算,山西省每年大约有 150 亿标准立方米的焦炉煤气直接排空或点火,造成了巨大的资源浪费和环境污染。上述专利技术建一套焦炉煤气制取年产 10 万吨的甲醇装置,仅需要 2.1 亿标准立方米的焦炉煤气。目前,山西省按此工艺在建的焦炉气制甲醇生产能力超过了 100 万吨。按照《山西省发展醇醚燃料和醇醚汽车的六年行动计划(2005 ~ 2010 年)》,在 2006 年要形成年产 206 万吨的能力,2008 年要形成年产 800 万吨能力,2010 年形成年产 1000 万吨能力。据不完全统计,“十一五”末期,全国甲醇生产能力将达到 2500 万吨左右,其中煤基甲醇占到 80% 以上。

　　与此同时,在二甲醚生产方面,目前全世界二甲醚生产能力仅为 18 万吨,我国年产量约 5 万吨。国内最大的二甲醚生产线山东久泰化工科技股份有限公司年产 3 万吨二甲醚项目,已于 2003 年年底在山东省临沂市投产,可将成本控制在 3000 元/吨以内,这标志着二甲醚生产及应用已具备了大规模开发的条件(该公司计划五年内形成年产 100 万吨的能力)。

四、大量替代,解国之油忧
需要政府政策的支持

综上所述,显而易见的是:一方面是我国的煤炭资源和煤化产业为煤基醇醚燃料的大量生产提供了基础条件;另一方面山西、山东、云南、陕西、重庆、四川、黑龙江、新疆等省、市、自治区已在示范实践方面积累了一定的经验。但尚欠醇醚燃料"提速推广"的东风。我认为,国家环境战略的实施在相当长的时间内是由国家意志和政府行为来主导。能源战略也不完全是市场行为,在"提速"的过程中,国家的政策定位、导向、规范、激励、监督、投入、服务十分重要,是不可或缺的。

1. 首先要国家认可。允许在全国全面试验、示范、推广,以利于培育形成醇醚燃料生产和甲醇汽车市场应用的良性互动机制。

2. 协调有关行业和政府职能部门。醇醚燃料与醇醚汽车作为系统工程,一是产业链较长,包括了煤化工科技研发,醇醚燃料能力建设与规模生产;中石油、中石化的贮存、运输、分配、加注系统的共用;发动机适应性研究开发、投产检测鉴定、组织生产;整车匹配技术和汽车制造;运营维修等行业。二是相关的政府部门多,包括工商、税务、质监、安监、消防、公安车管、交通运管、征费等,需要政府出面组织协调,建立完善的协调配合体系来有效推动。

3. 鼓励支持发展醇醚燃料和醇醚汽车,解决好两个源头生产(醇醚燃料、醇醚汽车)的滞后问题。重点鼓励醇醚燃料的资源综合利用的循环经济项目;鼓励多渠道资金投入规模化、低成本、新工艺的醇醚生产能力建设;鼓励汽车大集团尽早参与。

4. 政策扶植。特别要把握时机,"雪中送炭",做到阶段性的政策支持。首先要对醇醚燃料规范,要行政许可,尽快建立适应全面实施的统一的标准体系;同时建立专项论证、专项攻关和专项跟踪、专项服务、专项资金、专项补贴等"六专"的系列政策上的支持和资金配套扶植。让煤基醇醚燃料像乙醇燃料、液化石油气、压缩天然气一样尽快推广开来。

开创醇醚燃料汽车新时代[*]

从 1886 年德国工程师卡尔·奔驰在曼海姆制造成功第一辆 0.85 马力汽油机三轮汽车至今,燃油汽车的发明发展经历了 120 个春秋。以 1913 年福特公司将"装配线"引入汽车生产,大规模制造汽车为标志,人类进入了"燃油汽车时代"。目前,汽车成了人们生活、工作的必需品,成了一种高档耐用消费品,成了一种人见人爱的艺术品。汽车产业已成为产业关联度宽广,与能源、原材料和环境关系密切,技术含量很高,深入千家万户和社会各个层面,市场覆盖面极大,而且竞争最为激烈的综合性大产业。在不少国家,汽车产业已成为国民经济的骨干产业。全世界汽车年产量已达 6500 多万辆,汽车总保有量达 8 亿辆。燃油汽车给人们带来了快捷、方便、舒适和效率,同时也带来了忧烦与困惑,且不说汽车流带来的交通拥堵和阻塞,其最大烦恼与困惑是石油资源的严重短缺和大气环境的严重污染。油价不断攀升和持续走高是石油资源严重短缺的明确信号,各个国家大中城市大气污染的 50% ~ 60% 来自汽车尾气的污染。最新研究表明,汽车尾气中的颗粒物(PM)与空气中的灰尘结合生成所谓

---

* 与牛建业合作,系 2005 年 9 月 27 日在美国圣地亚哥"国际醇燃料会议"上的论文。

"灰霾",长期悬浮低空,经久不散,严重危害人们的身心健康。目前各个国家都在谋求创建一个和平、稳定、繁荣、和谐的新时代,这个新时代应该有一个清洁美丽的人居环境。因此清洁能源、清洁汽车是时代的需要、人民的需要。

一、车用替代燃料"选美"

上世纪70年代两次石油危机之后,美、德、日等发达国家都在积极寻找石油的替代能源,现实实用的替代能源有甲醇、乙醇、石油气、天然气、生物柴油、合成油、燃料电池等。有关发达国家的科学家、工程师们先后开展了大量的试验研究、科技创新、示范和推广应用,成效显著。巴西选择了乙醇,在全国大面积推广,效果很好。我国由于石油资源更为短缺,寻找替代能源的热情很高,国家首先选择了"乙醇",90年代后期在黑龙江、吉林、河南三省示范推广。山西省政府选择了甲醇,在全省试验、示范、推广。其他许多国家也都进行了多方面的试验研究,但都未形成气候。

最新资料显示:目前世界已探明的原油和凝析油剩余可采储量为1655亿吨,全球石油年消耗量为33亿吨,可供使用50年,加上新增资源量和新增消耗量,大约可用50~60年。"燃油汽车时代"的终结并不很遥远了,我们当未雨绸缪。替代能源是一定要有的,不替代我们的日子就很难过,不替代将难以为继,应该说这是一种强制性的选择。那么以什么样的标准来选择呢?经济全球化是必然的趋势,我们应该撇开国别特征站在全人类的角度来考虑问题、来选择,这样标准就应该是:(1)燃料的燃烧特性(这是基本点);(2)燃料的环保性(这是关键点);(3)燃料的经济性;(4)燃料的持续性(持久供应的能力);(5)燃料的安全性;(6)燃料输配系统建设投资。

上述替代能源在世界上并未形成气候,但作为替代燃料我们已经与之打了二十多年的交道,对它们我们并不陌生。选择的条件完全具备,选择并不十分困难。

我们将借用艺术界"选美"的办法,对车用燃料进行比较、鉴别和评价,可以称之为"汽车代用燃料选美"。

表一:车用燃料燃烧特性评价

燃烧特性 / 燃料类别	含氧量	评分	空燃比	评分	分子量	评分	辛烷值 RON	评分	十六烷值	评分	空燃混合气热值 J/KG	评分	合计分值（均分）
1. 二甲醚 DME	35	7	9	7	46	3.5			57.5	10	3067	10	8
2. 甲醇 M100	50	10	6.4	10	32	5	112	8.62			2656	8.66	9
3. 乙醇	35	7	9	7	46	3.5	103	7.92			2670	8.71	7
4. 压缩天然气（CNG）	0	0	17.1	3.74	16	10	130	10			2501	8.15	8
5. 液化石油气（LPG）	0	0	15.7	4.1	45	3.6	112	8.62			2909	9.48	7
6. 柴油	0	0	14.5	4.3	208	0.77			50	8.7	2911	9.49	6
7. 汽油	0	0	14.8	4.3	99	1.6	100（有抗爆剂）				2786	9.08	6

说明:1. 含氧量高,空燃比低,燃烧时进入气缸空气量小,N_2气也少,产生NO_X少。

　　2. 分子量小,燃烧速度快,能充分燃烧,未燃残留物少。

　　3. 理论上甲醇与汽油热值为2.1:1,由于其热效率高,所以实际的替代比为1.3～1.6:1。

表二:车用燃料环保性评价（清洁性评价）

排放物 / 燃料类别	CO（克/公里）	评分	HC＋NO_X（克/公里）	评分	苯（克/公里）	评分	丁二烯（克/公里）	评分	合计分值（均分）
1. 二甲醚 DME	0.12	10	0.22	6.14	0	10	0	10	9
2. 甲醇 M100	0.565	2.12	0.135	10	0	10	<0.5	5	7
3. 乙醇	0.56左右	2	0.135左右	10	0	10	<0.5	5	7
4. 压缩天然气（CNG）	0.400	3	0.535	2.52	<0.6	8.33	<0.5	5	5

排放物 燃料类别	CO （克/公里）	评分	HC + NOx （克/公里）	评分	苯 （克/公里）	评分	丁二烯 （克/公里）	评分	合计分值 （均分）
5. 液化石油气 （LPG）	0.89	1.35	0.27	4.99	<0.5	10	<0.5	5	5
6. 柴油	0.24	5	0.765	1.76	1.5	3.33	1.0	1	3
7. 汽油	1.47	0.82	0.405	3.33	4.7	1.06	<0.6	2	2

说明：1. 排放物单位为克/公里。

2. 没有测试乙醇（E100），但大量试验示范结果表明，乙醇（E100）的环保性与甲醇（M100）基本一致。故排放物数值一样。

表三：车用燃料经济性评价

燃料市场价 燃料类别	燃料市场价格（美元/元）	评分
1. 二甲醚 DME	740/6000	3.7
2. 甲醇 M100	272/2200	10
3. 乙醇	667/5400	4.07
4. 压缩天然气（CNG）	420/3400	6.47
5. 液化石油气（LPG）	568/4600	4.78
6. 柴油	630/5100	4.31
7. 汽油	636/5150	4.27

表四：车用燃料供应持续性评价

持续性 燃料类别	持续供应年限（年）	评分
1. 二甲醚 DME	164	8
2. 甲醇 M100	164	8
3. 乙醇	永续供应	10
4. 压缩天然气（CNG）	75	3.66
5. 液化石油气（LPG）	55	2.72
6. 柴油	55	2.72
7. 汽油	55	2.72

说明：甲醇和二甲醚的持续供应年限是按煤制甲醇和煤制二甲醚确定的。

表五:车用燃料安全性评价

燃料类别　　着火界限	空气中着火界限取下限（体积百分数%）	评分
1. 二甲醚 DME	3.4	5
2. 甲醇 M100	6.7	10
3. 乙醇	4.3	6
4. 压缩天然气（CNG）	4.7	7
5. 液化石油气（LPG）	2.1	3
6. 柴油	0.6	1
7. 汽油	1.4	2

表六:车用燃料输配系统建设投资评价

燃料类别　　输配系统投资	供应站建设费（万元）	评分
1. 二甲醚 DME	110	1
2. 甲醇 M100	10	10
3. 乙醇	10	10
4. 压缩天然气（CNG）	500	0
5. 液化石油气（LPG）	110	1
6. 柴油	50	2
7. 汽油	50	2

表七:车用燃料总体评价

燃料类别　　评价标准	燃烧特性	环保性	经济性	持久性	安全性	输配系统建设	总分（60）
1. 二甲醚 DME	8	9	4	8	5	1	35
2. 甲醇 M100	9	7	10	8	10	10	54
3. 乙醇	7	7	4	10	6	10	44
4. 压缩天然气（CNG）	8	5	7	4	7	0	31

评价标准＼燃料类别	燃烧特性	环保性	经济性	持久性	安全性	输配系统建设	总分(60)
5. 液化石油气(LPG)	7	5	5	3	3	1	24
6. 柴油	6	3	4	3	1	2	19
7. 汽油	6	2	4	3	2	2	19

以上我们以六项标准对各类主要的车用燃料进行了分析、对比、鉴别和评价,可以看出醇醚燃料最优,主要在于其清洁环保、经济、安全、可持续供应,并且输配系统建设花钱不多,容易推广。醇醚燃料中又以甲醇最佳,主要是它的燃烧特性最好,最经济,环保性良好,输配系统建设最省(其加注站利用现有加油站,花10万元左右改造即可)。乙醇的各项指标也都不错,特别是它是可再生资源,可以永续利用(这是其他代用燃料不可比的)。但在不少国家乙醇是以玉米、甘蔗等贵重农作物作原料生产的,成本较高,推广难度很大。尤其是在我们国家,粮食供给严重不足,燃料乙醇与民争粮,因此难以大面积推广。当然在玉米产区利用低质玉米少量搞一点还是可以的。压缩天然气(CNG)和液化石油气(LPG)也都是优秀的替代燃料,但它们的原料来源有限,液化石油气与汽油和柴油一样紧缺,价格较高,全球天然气储量可供使用75年,我国储量仅可供使用10多年。因此它们难以成为主导的替代燃料。

氢能是十分理想的替代燃料,由于资料、数据不全,我们没有将其进行比较、鉴别和评价。这里最主要的是,到目前为止我们还没有找到一种廉价的制氢方法,氢燃料发动机也还因存在技术上的难关而没有产业化。因此,氢能在短期内难以成为实用的替代燃料。

目前西方发达国家的各大汽车公司,如通用、福特、丰田、戴克等都在致力于燃料电池汽车的研制开发,这是一种积极的探索,无可非议。问题是这种车要大量使用极度稀有的贵金属"铂",整车造价很高,每台车成本在百万元以上,并且在短期内很难降下来,这样它就很难大面积推广,取代燃油汽车则更加困难。这里特别需要指出的是,燃料电池汽车一般都采用甲醇作燃料(甲醇重整产生氢,氢氧化合产生电能,再用电能来驱动汽车),这就更能说明我们发展燃料甲醇的必要性和迫切性。

展望未来,由于石油资源的严重短缺,整个人类社会将会进入一个能源多元化的时代(各个国家差不多都制定了多元化的能源发展战略),不同国家和地区会根据自己的国情、区情、资源禀赋、资源优势和产业优势,选择不同的替代燃料,比如巴西选择燃料乙醇,南非选择煤制合成油,中东地区及其他富油、富气的国家和地区,选择液化石油气和压缩天然气,中国选择醇醚燃料等等。这样会出现一个"车用燃料的战国时代",这是由经济发展规律所决定的,是不以人的意志为转移的。再往后,醇醚燃料一定会成为国际主导的汽车替代燃料,这也是由优胜劣汰的发展规律所决定的。

二、积极开创醇醚燃料汽车新时代

醇醚燃料为什么会胜出,成为替代燃料的佼佼者呢?除了前面说到的它极其优良的品质——节能、清洁、环保、价廉、安全、经济实用以外,另一方面它的原料来源十分广泛,可以持续供应。上述分析对比中,我们依据煤制甲醇将其使用年限界定为 164 年[①],实际上它的原料来源不止是煤,还有许多自然资源和矿物资源可以用来制取甲醇和二甲醚,供应人类社会使用 400~500 年,甚至更长。

1. 醇醚燃料的"原料"来源广泛而且丰富

各方面的试验研究表明:至少有七大类能源资源可以制取醇醚燃料。

(1)天然气。上世纪 50 年代以后,以天然气为原料制取甲醇的生产流程被广泛采用。目前,全世界 70% 的甲醇,约 2900 万吨来自天然气,尚可继续供应 50~60 年。

(2)石油。进入 60 年代以来,以重油为原料的甲醇有所发展。目前,全世界 20% 的甲醇,约 800 万吨来自重油。

(3)煤炭和煤层气。自 1923 年德国巴斯夫公司煤炭气化高压合成甲醇以来,至今已有80多年历史。50年代之前多以煤和焦炭为原料制甲醇,50年代后被天然气和石油所代替。煤、煤层气制甲醇工艺流程简单易行,而且成本较低,很有竞争力,中国等少数富煤国家主要为煤制甲醇。目前全世界10%的甲醇,约400万吨以煤炭为原料。最新资料显示,全球探明煤炭储量7.14万亿吨[②],中国为7140亿吨[③],分别可采200年以上。全球煤层气储量82万亿立方米[②],中国为35万亿立方米,分别可采50年和20年,这样煤炭和煤层气制甲醇可维持250年以上。

(4)植物秸秆。资源分布广泛,易得,可持续利用。德国科林公司的GSP气化炉用植物秸秆制取甲醇的技术趋于成熟,不久可望实现产业化,这就为醇醚燃料制造开辟了一条新途径。

(5)有机垃圾。垃圾中大量的废纸、废布、废塑料、食品、蔬菜、果品等有机物,可以高温气化,生成合成气,进一步制成甲醇、二甲醚。这是一条发展循环经济的可永续利用的路子。

(6)可燃冰。海底天然气水合物称"可燃冰",其成分80%~99%是甲烷(CH_4),可以直接点燃,燃烧后几乎不产生任何残渣,污染比煤、石油小得多,是一种清洁能源。"可燃冰"储量极为丰富,科学家们估计,海底"可燃冰"分布范围约4000万平方公里,占海洋总面积的10%,资源总量约为1.8亿亿立方米,约合1.1万亿吨,是陆地矿物能源的100倍[④]。将其开发出1/3即可供全人类使用300年以上,可谓供应十分充足。迄今,世界上有30多个国家和地区进行"可燃冰"的调查勘探与应用研究。苏联1960年在西伯利亚发现了第一个"可燃冰"矿藏,并于1969年投入开发,采气14年,总采气量达50亿立方米。美国于1969年开始实施"可燃冰"调查,1998年将其开发利用列入国家长远计划,预计2015年进行商业性开采。日本关注"可燃冰"是在1992年,目前已基本完成周边海域的调查与评价,已钻探了7口深井,圈定了12个矿集区,并成功取得"可燃冰"样本,目标是2010年进行商业性开采。我国从1999年开始对"可燃冰"开展实质性调查和研究。探测表明,我国南海北部的"可燃冰"储量已达陆上石油总量的一半左右。此外,在西沙海槽已初步圈出"可燃冰"分布面积5242平方公里,资源量约达4.1万亿立方米。未来10年,我国将投入8.1亿元,对这种新能源进行勘探,有望到2008年前后基本摸清"可燃冰"家底,2015年进行试开采,2020年进行商业性开采。以上情况说明,"可燃冰"的开采利用已为期不远了,预计21世纪中叶会被大量开采。众所周知,"可燃冰"生产醇醚燃料是十分容易的,持续使用300年以上当不成问题。

(7)二氧化碳(CO_2)。长期以来CO_2是制造"温室效应"的罪魁祸首,各有关工业领域都力求少排、不排CO_2或将其转作他用。近年来的工业试验研究表明,CO_2加氢可以合成甲醇,引起人们的广泛关注,但是由于该反应是可逆反应,受热力学平衡的限制,CO_2转化率难以达到较高值。为使反应打破热力学平衡的限制,人们已开始研究CO_2加氢直接合成二甲醚,这使CO_2转化率得以提高,可望实现产业化。这种技术既减少了温室气体CO_2的排放,又创造出一种清洁能源,可谓一举两得。人类的生存活动、生产活动必将不断大量地产生CO_2,因此这一"原料"来源可谓取之不尽、用之不竭,可供人类永续利用。

现实而言,美、日、韩等国家及我国都在大力发展二甲醚,不少装置正在建设,可以预见在2010年前后二甲醚将会大批量投放市场。

综上所述,醇醚燃料的原料来源广泛而且丰富,完全可以帮助我们实现可持续发展。这是我们选择醇醚燃料作为主导的替代燃料的最主要理由。

2. 醇醚燃料汽车技术成熟

上世纪70年代两次石油危机之后,西方发达国家有远见的科学家、工程师们都在积极研究开发醇醚燃料汽车,德国大众、美国福特、通用先后开发出了FFV甲醇灵活燃料汽车,这种车克服了甲醇燃料腐蚀性、溶胀性、冷起动等问题,应用情况良好,得到了广大消费者的认可。福特在1993年建成了年产24万台的灵活燃料发动机生产线,当年推出6万辆FFV汽车销售到美国加州等10多个州。目前,我国已基本掌握了这种技术,奇瑞自主研发的甲醇灵活燃料汽车,可望在今年批量投放市场。特别需要指出的是,这种车是在原汽油汽车的基础上稍加改进而成,成本增加不多,便于推广应用。

近年来,国内外许多院校、研究机构都在致力于将柴油发动机改造为能燃烧甲醇和二甲醚的发动机,并已获得成功。美国环境保护协会(EPA)国家车辆和燃料排放试验室,将德国大众汽车公司的1.9L涡轮增压直喷柴油发动机(TDI)改为高效率、低排放清洁醇燃料(可燃乙醇和甲醇)发动机获得成功。奥地利李斯特发动机测试与设备制造公司的美国公司,利用高压共轨技术将VOLVO9升400马力柴油机改为二甲醚发动机获得成功(用其改装的1台卡车在欧洲试验情况良好,无烟排放,NOx大幅度下降,达欧V排放标准)。在日本,NKK公司和交通公害研究所分别研制了二甲醚卡车样车,计划在3～5年内小规模推广。我国上海交通大学、上汽集团、上海柴油机股份有限公司和上海焦化厂联合,将6114柴油发动机改为二甲醚发动机,用其改装了3辆公交车在上海示范运营,情况良好。他们打算2010年生产该发动机5万台,改装5万辆公交车在上海市及其他城市全面推广。可以看出,国际社会研发醇醚燃料汽车的步子并不慢,醇醚燃料汽车技术亦已趋于成熟。

"燃油汽车"时代科技界、工程界的爷爷奶奶正在向子孙们交班,"醇醚燃料汽车时代"为期不远了。

伟大的大自然赋予人类社会极其丰富的矿物能源及其他能源资源,我们要开拓创新积极进取,主动迎接"醇醚燃料汽车时代"的到来。

注释:

①《BP世界能源统计2005》的数据表明,以目前的开采速度,全球煤炭储量可供生产164年。

②据日本能源权威机构专家测算。

③中国国家发改委能源研究所资料。

④中国石油报李钟模提供信息。

醇醚燃料在中国[*]

引　言

中国有句古话:十年磨一剑。醇醚燃料在中国的研发历程,完全可以用这句话来概括。

中国"九五"、"十五"两个五年计划期间,加大了醇醚燃料与醇醚汽车的研发力度,不论燃料甲醇的示范,还是燃料乙醇的推广,都取得了长足的进展。

甲醇、乙醇都是清洁燃料,二者所不同的是发展途径上的差异:

——燃料乙醇的推广是自上而下,缘于对陈化粮的处置利用;

——燃料甲醇的示范是自下而上,缘于煤炭资源的深加工和清洁煤技术的应用。

二者殊途同归,经过工程实践,验证了各自的比较优势和存在的缺陷,并开始在中国多元化的能源战略、环境战略和可持续发展战略中找到各自的定位。

＊ 本文是 2005 年在美国圣地亚哥"国际醇燃料会议"上的演讲论文。

本文主要论述煤基醇醚燃料与汽车在中国的情况。

一、山西省先行一步,率先示范,
取得初步成功

1. 山西省是中国乃至全世界最具代表性的富煤地区,是中国国内最早进行煤制甲醇燃料与汽车研发和区域示范的省份。

起始于上世纪80年代初期,几届省级政府连续抓了二十多年。

近十年来,山西省从实施国家能源战略、环境战略和可持续发展战略出发,加快了推进步伐。

2. 十年前的中美合作软科学研究开启了一个新的起点。

1995年秋季,在我任山西省工业副省长期间,在北京与时任化工部副部长的成思危先生(现任全国人大副委员长)和时任国家科委副主任的徐冠华先生(现任国家科技部部长)等共同参加了中美双方甲醇汽车项目的首次交流。我在10月20日以山西省人民政府的名义就甲醇燃料汽车合作事宜致函福特汽车公司,开启了中美项目合作的序幕,随后美方组团数次赴山西考察,并共同承担了国家科技部"3E"研究项目,在此期间福特公司还向山西省赠送了一台FFV甲醇灵活燃料发动机,双方合作装配了"中国一号"甲醇轻型客车。

3. 十年来,山西省按照系统工程的工作思路和运作方法,坚持一个目标,经历了两个阶段,迈出了三大步,实施了四项工程,实现了在山西的全面推广。

一个目标:把山西省建成国家的燃料甲醇生产基地和清洁汽车产业化示范地区。

两个阶段:第一阶段是夯实理论基础,第二阶段是示范工程实践。

在对"八五"示范工作总结的基础上连续迈出三大步。第一大步是"九五"中美合作3E软课题研究;第二大步是"九五"试验示范;第三大步是"十五"产业化示范。

实施了四项工程：

（1）理论研究工程：在国家科委主持下，化工部、中科院、山西省、清华大学等与美国福特公司、麻省理工学院合作完成了"3E"软科学项目研究——"中国山西省和其他富煤地区把煤转化成汽车燃料及其应用的经济、环境和能源利用的生命周期评估"。

（2）车辆示范工程：

——"九五"国家经贸委"煤制甲醇——清洁燃料示范工程"。

——"十五"国家科技部清洁汽车关键技术攻关项目"甲醇燃料汽车示范工程"。

（3）装备制造工程：

①M85～M100 定比例多点电喷甲醇发动机研发生产。

②M100 全甲醇燃烧装置研发生产。

③甲醇燃料轻型汽车研发生产。

④输配系统专用装置——醇油一体化加注机。

（4）试点推广工程：

①M85～M100"百辆"甲醇轻型客车全省示范运营。

②低比例 M15 甲醇汽油四城市试点。

③低比例 M15 甲醇汽油全省各城市试点推广。

④M100 全甲醇燃烧装置改造在用车。

认知和结论的步步提升如下图：

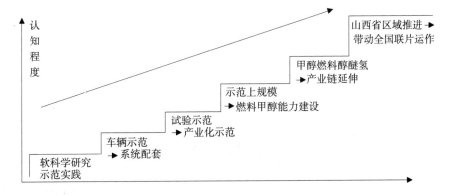

工程实践的系统结论：煤基醇醚燃料是符合中国国情的替代能源的现实选择和根本出路

阶段性成果专项结论：经济性良好；常规排放优于汽油；技术基本成熟，使用安全

3E 软课题研究主要结论：在中国富煤省区把煤转化成车用燃料是重要选择

引深工程实践

二、十年工程实践在国内产生联动效应

1. 示范带动作用

1995～2005 年，历时十年，山西省持之以恒运作燃料甲醇与甲醇汽车项目，在内无经验、外无参照的情况下，依靠工程实践不断进行探索，总结提炼出一套较为系统完整的运行模式和管理方法，成为中国深入研究醇醚燃料和大范围推广的一笔无形资产。并构架出一套具有普遍指导作用的系统运作模式：

已制定实施并经实践不断完善的管理条例、操作规程、安全防护制度可以作为全国同行业参照使用的平台。

排放控制、冷启动、防腐蚀和机械磨损控制、安全使用防护措施、甲醇燃料的预处理技术、稳定技术、调配技术等成果均可供后来者使用借鉴，避免了重复试验和重复投资，有利于缩短周期，加快应用推广。

2. 经济驱动作用

近年来，供需矛盾日益突出，中国由于甲醇短缺市场价格畸高，影响了甲醇汽油推广，但甲醇汽油在经济性方面仍比较好，仍能逐步扩大，从而带动了周边省市。最近，我省承担的"甲醇燃料汽车示范工程"通过了国家验收，项目研究的最新数据表明：

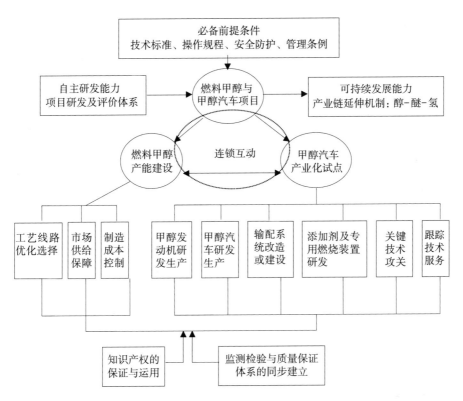

——在改装 M100 全甲醇燃烧装置的 6600 轻型客车上,当甲醇价格为 2300 元/吨时,甲醇燃料与汽油替代比 1.54:1 时,每百公里燃用甲醇仍能比汽油节省 6 元(人民币)。

——在 6102 公交大客车上使用 M85～M100 定比例多点电喷发动机时,甲醇燃料与汽油的替代比为 1.66:1,甲醇价格为 2300 元/吨时,每百公里燃用甲醇比汽油节省 24 元人民币。

现有石油系统加注站改建甲醇加注站仅需投入 2 万～2.5 万元人民币,即可满足 M15 甲醇汽油的使用。

建设一套新的甲醇加注系统的投资仅相当于压缩天然气加气站的二十分之一。煤制甲醇的制造成本仅相当于粮制乙醇的三分之一。

3. 产业间、区域间的互动作用

产业间互动:

化工行业燃料甲醇生产和汽车行业甲醇发动机、甲醇汽车的制造形成了能力匹配和市场供应方面的互动,在山西省形成了具有地方特色的"煤、化、车"优势整合,产业联动。

煤基替代燃料链上,一方面是"醇—醚—氢"延伸性互动,另一方面是醇醚燃料与煤合成油燃料的互动。

区域间互动:

在山西省成功实践的影响和带动下,国内许多省市纷纷进入这一领域。

目前,国内已有河南、山东、陕西、内蒙古、黑龙江、云南、重庆、四川、新疆等九个省区市开始运作。

三、有利于醇醚燃料与汽车研发的社会环境和配套条件开始在中国形成

1. 政策环境

国家政策导向已经明确:

醇醚燃料正式列入 2004 年 5 月新出台的国家《汽车产业发展政策》和同年 11 月发布的国家《节能中长期专项规划》。

——《汽车产业政策》第三章第九条指出:"国家支持研究开发醇醚燃料、天然气、混合燃料、氢燃料等新型车用燃料,鼓励汽车生产企业开发生产新型燃料汽车。"其中醇醚燃料首当其冲。

——《节能中长期专项规划》的节能重点工程中"节约和替代石油工程"明确指出:以"洁净化——替代燃料油","加快醇醚燃料推广和煤炭液化工程实施进度,发展替代燃料……"

全国清洁汽车行动计划协调领导小组办公室已把醇醚燃料的关键技术攻关和加快产业化推广列入重要工作内容,成为近期两气(压缩天然气、液化石油气)两醇(甲醇、乙醇)、电动车等五大主要替代燃料之一。

2. 全国性的行业社团组织已经建立

经过两年的努力,跨行业的全国醇醚燃料及醇醚清洁汽车专业委员会已在 2004 年 12 月正式成立。

3. 煤基醇醚燃料的自身优势及作为典型的循环经济发展模式和资源综合利用项目,在中国多元化能源结构中的比较优势引起各级政府重视,列为发展重点

"煤基醇、醚、氢"燃料在多元化的能源结构中有四大优势:

(1)原料来源广泛、丰富。

(2)工艺路线多样化,醇、醚、氢是同一工艺路线的延伸。充分体现了节能、环保兼备和资源综合利用三位一体。其工艺路线主要有:合成氨联醇、焦炉气联醇、高硫煤"多联供"制醇、煤层气制甲醇、大型化生产甲醇等,特别是焦炉气联醇和"多联供"制醇具有综合利用优势。

(3)制造成本低,吨成本在 800 元 ~1200 元之间。

(4)输配系统建设成本低,投资少,周期短。

4. 市场支撑能力迅速增强

我国的甲醇燃料与汽车产业的供需现状及发展前景乐观,从而构筑了可靠的燃料和整车支撑体系。

2003 年我国的甲醇生产能力约 400 万吨,产量 299 万吨,同期进口 135 万吨,国内表现消费量 434 万吨,自给率 69%;2004 年全年产量 450 万吨,主要用于化工下游产品市场(甲醛、醋酸、醋酐、乙烯等),预计 2010 年甲醇市场需求 800 万 ~900 万吨,而中国氮肥工业协会甲醇专业委员会汇总的数据表明,2010 年全国规划的甲醇年生产能力将达到 2500 万 ~3000 万吨,即使按 2000 万吨估计,也能为推广甲醇燃料提供至少 1000 万 ~1500 万吨的产量支撑。

国内汽车和发动机厂家,例如上汽、奇瑞、牡丹等厂家,已开始在醇醚燃料发动机和醇醚汽车方面寻求自主研发能力和创新能力的突破。在不久的将来,具有我国自主知识产权的 FFV 甲醇发动机和醇醚燃料汽车,以甲醇为氢源的燃料电池汽车,将会有力地支撑醇醚燃料与汽车的产

业化。

输配系统改造的低成本优势,将盘活一大批闲置或原有布局不合理的加油站网。

从品质上讲,甲醇用于车用燃料主要控制含水量,提高辛烷值,对杂醇含量(乙醇、丙醇、丁醇等)不必严加控制(杂醇有利于充分燃烧),可简化工艺,进一步控制制造成本。

按一辆中巴客车年消耗 7 吨汽油为基数,M85～M100 高比例替代比按 1.7∶1 粗算,预计 2010 年全国汽车保有量中 5% 使用 M85～M100 甲醇,15% 使用 M15 甲醇汽油,可节约和替代汽油 1300 万吨以上,能占到国家"节能中长期专项计划"中要求节油 3800 万吨的三分之一。

四、中国近期在醇醚燃料与汽车项目的举措

1. 三个"加快速度":

(1)加快燃料甲醇与甲醇汽车项目由产业化示范到市场化推广的转化速度;

(2)加快项目由点到面,从示范地区山西省向全国富煤省区、周边省区和北京、上海等城市区域联片的扩展速度;

(3)加快示范工程由甲醇向二甲醚及后继产品的延伸速度。

2. 调动各方面的积极性,尽快制订醇醚燃料与汽车的技术标准体系。形成醇醚项目一方面靠市场利益驱动,另一方面靠相关法规规范的双向运作机制。

山西省将在年内率先完成并颁布实施首批由 26 个标准组成的燃料甲醇与甲醇汽车地方技术标准体系。

依据地方标准,由全国醇醚专业委员会牵头,尽快编制出台国家行业技术标准体系。

3. 按照"决不把缺陷和隐患带到市场化推广中"的要求,坚持求真务实,继续加大关键技术的攻关力度。

从提高燃料油品质量和甲醇发动机产品水平两方面入手,迅速完成尾气排放达欧Ⅲ标准。

研发推广适应防腐蚀和提高机械磨损使用寿命的廉价易得的耐醇材料。

加大范围和频率进行使用安全性方面的跟踪监测、评估。

分别在山东、山西两省选点实施二甲醚替代柴油的客车、载重车两个示范工程。

对已取得专利和经工程实践检验的相关科研成果进行规范性推广,做到应用技术集成化、应用模式系统化、应用效果稳定化,形成自主知识产权及其转化体系。

4. 不断加大项目的市场化运作程度,协调醇醚燃料能力建设和醇醚汽车发展。

5. 醇醚燃料与汽车现阶段还是节能和环保领域处于起步阶段的新型产业,为加快市场化进程,要继续加大政府支持、政策导向的力度,抓紧做好做细政府的有效监控和跟踪服务,努力实现多种替代燃料市场并存、公平竞争、优胜劣汰。

6. 继续引深醇醚燃料和醇醚汽车的国际合作交流。

醇类替代燃料在美国[*]

——山西醇类燃料考察团赴美考察报告

2005 年 9 月 22 日,以中国工业经济联合会主席团主席、山西省工业经济联合会会长彭致圭为团长的山西醇类燃料考察团一行 9 人,赴美国参加了"国际醇燃料会议",并访问了美国甲醇协会。

9 月 23 日,在华盛顿的乔治敦大学与美国甲醇协会、美国联邦政府能源部、交通部、商务部、资源保护委员会、国际生态燃料部、国际能源安全分析研究院、美国燃料电池理事会、美国能源部阿岗国家实验室、乔治敦大学燃料电池项目组、通用汽车公司、丰田汽车公司等的联邦政府高级官员和研究机构的专家、教授及两大汽车公司技术负责人共 14 人,花费了 8 个多小时进行了座谈。在会上,美方介绍了美国推广替代燃料的情况,我方考察团团长彭致圭介绍了中国生产和推广燃料甲醇的情况,座谈中还针对我方提出的问题开展了讨论。这次座谈交流是高级别和专业性的,通过座谈和讨论弄清了许多问题。

---

* 原载《山西日报》2006 年 2 月 22 日。

一、甲醇替代燃料在美国是一片晴空

我国政府有关部门的有些人及有些不太了解煤化工的工程院院士并不了解美国的情况,却执意认为美国没有把甲醇替代燃料搞上去,中国就不应该搞。事实是甲醇替代燃料在美国的发展环境很好,可以说是一片晴空,具体表现在:

(一)国家重视。

一是副总统亲自抓,上世纪80年代末时任副总统的老布什亲自抓甲醇替代燃料的推广应用。他组织了一个专家委员会进行了三年(1985～1987年)的调查研究,写出了《世界上最清洁的汽车发动机燃料是甲醇燃料》、《未来的汽车发动机燃料是甲醇燃料》两份对策咨文。这两份对策咨文澄清了对替代燃料的认识并明确了发展甲醇燃料的主攻方向,随后甲醇替代燃料在美国如火如荼地大力推广。

二是国会立法。为了能在美国大力推广甲醇替代燃料,美国国会先后立了三部国家法律:(1)1988年的《替代汽车燃料法》;(2)1990年的《清洁空气修正法》;(3)1992年的《能源政策法》。三部法律的主要内容是:(1)使用替代燃料可以减免税收;(2)要求各城市实施"净化城市环境项目";(3)政府部门要带头使用甲醇汽车等。事实上就形成了国家意志。这样,在美国甲醇替代燃料就合理合法地得到大力推广和发展。

(二)大力发展甲醇燃料。1998年全美国18个大型甲醇生产工厂共生产甲醇20亿加仑(约600万吨),比我国当时的甲醇年产量高出50%。

(三)各汽车制造厂大力发展FFV甲醇灵活燃料汽车。当时美国的通用、福特、克莱斯勒三大汽车公司都相继开发出了FFV甲醇灵活燃料汽车,并在美国的许多州推广。福特公司建成了年产20万台FFV灵活燃料发动机的生产线,1989年在加州等10多个州销售甲醇灵活燃料汽车6万多辆,形成了推广应用的很好势头。

(四)加州示范。上世纪70年代末80年代初,美国西部的加利福尼亚州全面推广 FFV 甲醇灵活燃料汽车,18 种车型使用了 M85 甲醇燃料,全州建设了 105 个加注站,90 年代中,甲醇灵活燃料汽车拥有量达 15000 辆;1988 年,和石油公司签订了为期 10 年的协议。加州是美国国土面积辽阔、经济发达、人口众多的大州,加州的示范推广在美国造成了很大的影响,带动了许多州。

(五)全面推广。美国 20 多个州全面推广 M85 甲醇灵活燃料汽车和 M15 甲醇汽油,1993 年当年,全美国汽车消耗甲醇 1200 万吨(节约代用汽油约 750 万吨),达到相当规模。

二、甲醇替代燃料在美国
为什么没有全面推开

尽管上世纪 80 年代末 90 年代初,甲醇替代燃料的推广应用在美国形成了相当规模,势头很好,但后来许多地区并没有坚持下来(许多灵活燃料汽车变成了汽油车),并且没有得到大面积推广,到目前为止节约代用汽油的效果不明显。主要原因是:(1)上世纪 80 年代至 90 年代中期世界石油价格回落。70 年代两次石油危机之后,世界各地大力开发石油,石油生产蒸蒸日上,供求关系得以全面调整,石油价格不断回落,1993～1995 年降至 15～20 美元/桶,这样全球寻找替代能源的热情就大大下降,美国也不例外。这叫动力不足。(2)美国的甲醇生产基本上都是以天然气作原料(18 个甲醇生产工厂只有一个厂以煤为原料,其余厂全以天然气作原料)。这样,就出现了后来的石油价格上涨的同时,拉动了天然气价格的上涨,造成甲醇生产成本很高(差不多是我国甲醇生产成本的 2.5～3 倍)。当前美国市场甲醇的出厂价为 2100 元/吨,由于甲醇替代汽油经济性不好,因此企业的积极性不高,这是最主要的原因。(3)石油财团不配合。美国的石油财团,控制着全美的石油储备和石油及油品的输配系统,油价暴涨,石油财团可获暴利。因此他们不愿投资搞甲醇燃料的储备库和加注站,严重制约了甲醇灵活燃料汽车的推广。从这里我

们可以看出,在美国现行体制下,当国家利益与财团利益发生矛盾时,政府不好协调,这是目前美国的最大弊端。(4)汽车制造厂没有坚持。90年代末各汽车制造厂的主攻方向转为混合动力车和燃料电池汽车,对甲醇灵活燃料汽车没有继续发展。(5)基础设施没有跟上来。在美国2/3以上的石油及油品是通过管道输送的,且负荷已满,输送大量替代燃料需花费巨额投资增建管线,石油财团不愿干,联邦政府也没有此项投资,因此输送燃料甲醇的管网始终没有建起来。依靠其他运输方式费用较高,这也严重制约了甲醇灵活燃料汽车的推广。

三、甲醇重整发展燃料电池汽车

目前,美国各大汽车公司都在倾全力发展燃料电池汽车,但燃料电池汽车的成本一直降不下来,难以大量推广,美国能源部预测,到2020年,全美国燃料电池汽车保有量有可能达到50%,中国会推后10~20年,就算如此,今后这20~30年我们怎么办?

四、美国为什么继续推广乙醇燃料

目前美国仍在继续推广乙醇替代燃料。在美国乙醇是以玉米作原料,规模生产,成本较低(每加仑0.53美元,1500元/吨,是我国乙醇成本价的30%)。2004年全美国共生产乙醇1020万吨。美国继续推广乙醇燃料的原因是:(1)美国并没有放弃能源多元化战略,目前仍在大力推广各类替代能源。(2)和甲醇一样,乙醇也是清洁能源。(3)在美国,乙醇以玉米为原料,而玉米在美国是农场主几千亩上万亩连片规模种植,效率高、成本低,而且联邦政府和州政府又给予大量补贴(每吨平均补贴约170美元,约合1400元/吨),农户种玉米的积极性很高。特别是在美国不存在粮食问题。(4)乙醇属生物质可再生能源,环保组织大力推荐。

五、几点启示

1. 我们从中国国情出发选择燃料甲醇作为主导的替代燃料是完全正确的,方向对头或者叫大方向正确。这次座谈交流结束时,美国甲醇协会前主席、乔治敦大学知名教授路易斯对中国山西多年来发展甲醇替代燃料给予高度评价,并深情地说:"发展甲醇替代燃料的希望在中国,相信中国能够做好并取得成功。"这对我们是一个极大的鼓舞。我们更加坚定了信心,将倾全力把甲醇事业搞快搞好,以尽快解决国家石油严重短缺的问题。

2. 推广替代燃料需要国家和地方立法,需要政策支持。

3. 推广替代燃料是一项庞大的社会系统工程,需要相关行业、政府相关部门联动。这样就需要政府的协调与支持。

4. 推广替代燃料需要加强国际合作与交流。在美国虽然甲醇替代燃料没有全面推开,但他们花费了二十多年时间,积累了丰富的科学技术、工业工程、示范推广和管理方面的经验,值得我们学习和借鉴。这次我省醇类燃料考察团赴美 10 多天的时间学到了不少东西。德国大众汽车公司在上世纪 80 年代也掌握了 FFV 灵活燃料发动机技术,因此发展甲醇替代燃料需要加强国际合作与交流。

5. 美国人的遗憾(世纪性的遗憾)。

甲醇燃料替代汽柴油这是能源领域的一场革命。如果获得成功,其政治意义和经济意义不可估量。美国人选择甲醇作为主导的替代燃料并大力推广是完全正确的,他们倾全力在美国国内推广,成绩卓著(1993 年全美消耗甲醇 1200 万吨,差不多相当于我国的 10 倍,达相当规模)。但是美国人喜新厌旧见异思迁知难而退了,不坚持了,收兵了,给世界留下了遗憾。我想如果美国当时在海外大量投资——比如在中国、澳大利亚、南非或加拿大大量投资发展煤制甲醇,把甲醇的生产成本大幅度地降下来,降到 1000 元~1200 元/吨,然后运送到美国继续推广。并且资助石油财团建输送燃料甲醇的管网、燃料甲醇储备库、加注站等,把基础设施搞上去,那也就上去了。可以设想,在美国的影响和带动下,许多国家也都会把燃料甲醇搞上去,那国际市场的原油价格就绝对不会上升到每桶70美元,那世界能源的发展史就要改写。

如果燃料甲醇在中国推广到1000多万吨,那是绝对不会坚持不住的,绝对不会再下来的,真是国情不同事业各异啊!

缅怀敬爱的吕东同志*

敬爱的吕东同志离开我们整整三年时间了,但他的音容笑貌时时浮现在我们眼前,引起我们的深深思念,他的崇高品质无时不在感染着我们,他的丰功伟绩激励我们不断前进!

一、尊敬的良师益友

1985 年我从"榆次国营经纬纺织机械厂"厂长岗位上调省经委,担任分管工业生产、安全和质量的副主任,开始了从政生涯。从企业家到政府官员,可以说是迈步从头。回想起来,当时只知道如何抓企业的生产经营、抓质量、抓管理,对宏观经济很生疏,更不懂得怎样做官。当时吕老任国家经委主任,由于工作关系参加国家经委组织的"经济工作会议"、"企业改革工作会议"、"质量工作会议"等,经常聆听吕老的报告、讲话,感觉到他对经济工作非常熟悉,对重大经济问题、经济体制改革、国企改革有深透的研究,有很好的改革和发展思路,驾驭宏观经济的能力很强,由此

---

* 2004 年 9 月 5 日在吕东同志逝世三周年纪念会上的讲话。

对他感到由衷的钦佩与尊敬,就很自然地把他作为自己的老师,对他的报告、讲话认真反复学习研究,领会其精神实质。说实在的,我的经济管理方面的许多知识都是从吕老那儿学来的。

1986年,吕老来山西到地市和企业考察调研,我有幸全程陪同,这样接触的机会就更多了,能够当面聆听他的许多教诲。记得当时他调研的重点是企业经营机制转换和承包经营的情况,调研中他反复强调,"经营机制不转企业难活","经营责任不明效益难好",同时他传播了许多好的典型经验。他对企业的期望与要求,使我对经营机制转换和承包经营有了更深的理解。使我印象最深的是吕老始终保持着老八路的优良传统,考察调研中他坚持轻车简从,不允许地市、企业迎来送往,不让企业请吃、送礼,也不收受任何土特产品。他反复强调:"企业现在还很困难,我们不能为企业增加任何负担。"他对陪同人员要求也十分严格,在企业调研考察期间,许多陪同的司(局)长、处长都是拿着自己的烟卷"过瘾"。在宾馆、招待所就餐时,他不允许上高级饭菜,坚持"四菜一汤",更多的是吃"抗战饭",如"大烩菜"、"尖椒土豆丝"、"炖豆腐"、"拉面"、"刀削面"、"小米饭"等。吕老往往是边吃边回忆当年的艰苦岁月,这是多么好的身教啊!这是优良传统的示范。

1987年8月,吕老又一次来太原参加"全国质量工作会议",会前我向他汇报了山西的质量工作情况。当时山西及全国各地的产品质量都不够好,其根本原因是当时工业企业普遍实行"超额奖"(工厂根据工人产量完成情况计发奖金),因此工人只重视产量,往往不顾质量。我提出质量要与工人的工资、奖金挂钩,实行所谓质量否决权(产品质量不好扣发工人的工资及奖金),并呈上我撰写的《质量与分配》的论文。吕老对我的主张十分肯定和支持,后来胡耀邦同志看到我的论文,批示"请国家经委落实"。吕老随即安排国家经委在全国全面推行"质量否决权",收到了很好的效果,几年后全国各地工业产品的质量普遍得到改善和提升。从这件事可以看出吕老的睿智、英明和果断。

1988年5月,吕老从国家经委主任岗位上退下来,担任"中国工业经济协会"会长。此后我每逢进京开会、办事,总要带上他喜欢吃的小米、莜麦面、嫩玉米、老陈醋、水果之类的土特产品去看望他,看望中向他详细汇报山西的国企改革和经济发展情况,这是他最为关心的问题,汇报后他总提出一些好思路、好办法指导我的工作。从1988年到他逝世的2002年,15年间我先后到他家、到医院看望过吕老五十多次,受到的教诲数不胜数。特别是吕老为人忠厚诚实、勤奋好学、严于律己、嫉恶如仇、一身正气、廉洁奉公的人格力量,给了我极大的教育和感染,对于我做人做事给予了极大的帮助,这是我终生难以忘怀的。我从政二十多年,后来担任分管工业的副省长,掌管全省几亿吨煤炭、焦炭的产运销计划、运力分配权,经我收取的煤焦专项基金近50亿元,我能够"不湿鞋"、"软着陆"都得益于吕老的教诲与感染。

二、吕老对山西老区人民的无限深情

吕老的山西情结是很深的。在烽火连天的抗日战争年代,吕老一直战斗在晋察冀革命根据地。"七七事变"后,吕老与几位同学一起奔赴抗日前线,经天津、烟台、济南到达太原,参加了八路军十八集团军第一游击队,投入了对日寇的游击作战。1938年1月,晋察冀边区政府成立,需要尽快建立自己的银行并发行纸币。同年3月,边区银行在五台县成立,6月,相继成立边区行政委员会财政处印刷局,吕老任局长兼银行监督。在惨烈的扫荡、反扫荡、蚕食、反蚕食、清乡、反清乡斗争中,在转战南北经济十分困难的条件下,吕老克服了无数艰难险阻,出色地完成了印钞任务,有力地支持了根据地建设和抗日战争。1940年5月,吕老担任了晋察冀边区第一行政督察专员公署专员,辖五台、盂县、定襄、寿阳、阳曲、忻县、榆次、崞县、代县、山阴等10县,他在狠抓政权建设的同时,十分认真地抓了根据地的经济建设,先后召开"经济工作会议",对金融、贸易、合作社、工业、农业做出全面部署,特别是在征收"救国粮"时给广大农民群众留足了"救民私粮"。吕老领导的一专署是生产兴旺、兵强马壮的稳固的革命根据地。在抗日战争年代吕老和老区人民结下了不解之缘。

在我和吕老密切接触的近二十年间，每逢我向他汇报工作和看望他时，他都要详细询问山西的改革开放和经济建设情况，每当听到山西的改革开放、经济建设有很大进展时，他都十分高兴，并勉励我们"不要满足，要努力再努力"，并经常讲："山西资源十分丰富，发展潜力巨大，要把山西建成一个经济大省。"吕老尤其关注山西的煤炭生产和煤矿安全，有几次得悉山西乡镇煤矿发生瓦斯爆炸，死了许多人时，他十分沉痛地讲："在战争年代，山西牺牲了那么多人，现在不能再死人了，煤矿安全一定要抓紧抓好。"听了这些语重心长的告诫，我是倾注全力抓安全。在我任省经委分管生产、安全的副主任及担任工业副省长的9年间，山西煤矿的安全一直都比较好，没有发生过特别大的煤矿事故，矿工每年死亡人数由当初的1500多人，下降到900多人。1986年山西拟发展8吨以上载重汽车，向国家经委申报重型汽车技改项目时，吕老亲自听取汇报，亲自协调机械工业部等国务院有关部门，最后批准了3000辆建设规模的载重汽车项目，并责成"第二汽车厂"与山西省合作。在吕老担任国家经委主任期间，山西的大型煤矿、大型发电厂、200万吨氧化铝、太钢技术改造等许许多多项目都得到吕老的关心和支持。对山西经济建设的关心支持，充分体现了吕老对老区人民的无限深情。

吕老无论是在新中国成立之前还是之后，都为山西人民做出了无私的奉献，山西人民永远怀念他！

附　　录

自励格言

（1）要学习、要思考

不学习,不思考,因而空虚贫乏的脑子,就像那寸草不生的荒地一样,是断然长不出任何果实来的。

1973 年 11 月 7 日

（2）要有作为*

不要像野草一样自生自灭,有志者应该在时代前进、社会变革中有所作为。

*在这空前混乱的岁月中,什么都不能干,"革命"不能抓也不敢抓了,纺机生产也很难进行。许多同志悲观了、逍遥了……眼看宝贵的时光白白浪费了,如之奈何? 意志不可消退,学习不能放弃。

1973 年 11 月 8 日

（3）要勇往直前*

要牢牢记住：前进中的困难，时刻都在向意志薄弱者呼喊"投降！"但是，困难从来都是勇敢的人们经受磨炼、攀登思想新境界、获取事业新成就的最好的阶梯。

*1981 年在经纬纺织机械厂任技术科副科长期间，带领我在工人大学的学员吴广明自主研发"棉纺罗拉轧丝机"获得成功有感。

1981 年 10 月 26 日

（4）要牢记"五必"

世界上好人最难做，必须做；
世界上好事最难办，必须办；
世界上上坡路最难走，必须走；
世界上好话不动听，必须听；
世界上学问最难求，必须求。

1981 年 10 月 26 日

（5）要奋斗到底

在科学技术上要解决一两个问题，完成一两项课题，就好比进行一次长跑，没有耐力是不行的，没有奋斗到底的精神也是不行的。

1981 年 10 月 26 日

（6）不要唯上

在我们的现实生活中，有这样一种现象，谁的职位高权势大就听命于谁，似乎意见正确与否与一个人的权位成正比，似乎正确的主张总是来自上层，而对来自群众、来自下级的意见和建议往往置若罔闻，此所谓"人微言轻"。不可否认，一般来说身居高位的人，掌握全局的情况、全面的情况，并且一般来说具有较高的水准，因而他们的意见是比较全面、比较客观、比较正确的，但是正确的意见、好的主张不是来自上层，正确的意见、好的主张来自调查研究掌握情况的人，来自勤于学习善于思考的人，来自对问题高度负责的人，来自按自然规律、科学规律、经济规律办事的人。

1981 年 10 月 27 日

（7）要牢牢把握方向 *

人的一生好比水上行船，一帆风顺是不会有的，最要紧的是牢牢把握方向掌好舵。

* "文化大革命"感言：不管是什么样的革命总不能胡来。

（8）企业家格言：思考、决断、实行

——任厂长三年心得体会

1985 年 3 月 18 日

（9）一个穷汉每天只为一顿晚餐而发愁,他将永远是穷汉

一个穷汉每天只为一顿晚餐而发愁,他将永远是穷汉。愈是贫穷,愈是艰难困苦,愈要卧薪尝胆,思变图强。

（10）艰难困苦的环境给了我们什么 *

艰难困苦的环境给了我们什么？不言而喻,它给了我们一个十分不好过的紧日子。同时它又为我们提供了一个不可多得的"实践课堂",它使我们磨砺意志,增长知识,增强本领,难道不是这样吗？许多的知识和才干在正常情况下是难以获得的。艰难之下,懦弱者沉沦,勇敢者弥坚,这是亘古不变的真谛。古今中外多少个知名将帅、英雄豪杰都是在惨烈的战争环境中锻炼出来的。让我们勇敢地接受锻炼和考验吧！

*多少年来每月只拿五六十元钱的工资,养活一家五口人,有时候为五分钱理一个头而发愁,真是贫穷到了极点。

1975 年 7 月 21 日

诗　作

（1）美言误国有感（打油诗）

美酒能醉人，美言也醉人。

甜梦驱酒醉，言醉智昏昏。

古往今来，许多伟大的哲理往往寓于悲剧之中。"文化大革命"——中国人民苦难的一页已经成为过去，然当痛定思痛，认真从中记取教训。

1981 年 5 月 28 日

（2）海上行

碧海映蓝天，银轮劈浪行。

波澜何所惧，人生路不平。

1975 年 7 月 12 日由大连乘海轮至天津，东风浩浩，海浪涛涛，面对人生身处逆境感慨良多("文革"后期丢弃所学专业,赴"七二一"大学教书心绪不宁)。

（3）悼念敬爱的周总理（二首）

（一）

电波悠悠恶讯来,疑是晴天劈惊雷。

千古英杰长辞去,国失栋梁举世哀。

忠肝赤胆照千秋,高洁风骨传万代。

总理虽去精神在,国跨现代忠灵慰。

（二）

高山清泉磊落怀,劲骨空心六十载。

激流险滩数不尽,惟见总理浪中来。

周总理病逝,万分悲痛,为诗两首,以誌哀念。

1976 年 1 月 10 日

（4）登崂山（二首）

赞 礁

狂涛没处玉树生,洗耳最爱听海鸣。

愿将身心作屏障,铮铮黄海一哨兵。

登崂顶

脚登青云梯,石径通仙境。

浩渺烟霞里,回首听涛声*。

* 崂山顶有瑶池,登顶途中观巨石之上刻"听涛"二字有感。

1981 年 7 月 13 日

（5）我们和经纬①

——为迎接经纬纺织机械厂建厂三十周年而作

（一）

我们是经纬的儿女,

经纬是我们亲爱的母厂。

我们爱经纬,经纬爱我们。

我们爱经纬乐园般的天地,

参参绿树,点点花红,阵阵馨香。

这树为什么那样绿?

这花为什么那样美那么香?

那是孩子、爱人和我亲手栽。

啊! 这宽阔中含着幽静,

幽静中带着宽阔。

厂房、住宅、学校……都在羞怯躲藏,

经纬人最爱这含蓄美。

秋风吹来了,

这里是一个金色的世界。

这金色是那样瑰丽,

她,给我们带来了一串串的喜讯,

带来了金色的希望。

在近处的农牧场里，

水塘鱼肥，稻田飘香，

养鸡姑娘盈盈笑，

牧牛的小伙把笛子吹，

年青一代把这田园诗描绘。

寒冬到来了，

那路边的罗汉松披上白色铠甲，

一个个显得威猛雄健，

和主人一样，

他们有一颗真挚的心，迎送着远方的亲朋和宾客。

元宵节来临了，

焰火织夜景，

春风夜放花千树，更吹落，星如雨……

那珍珠的喷泉从我们的眉宇间升腾。

（二）

经纬不是公园，

也不是宁静的学院，

这里机声轰鸣，劳作紧张。

我们仿佛看到，

万千纺织女工望眼欲穿的神情，

期待着"千里马"的奔鸣！②

夜幕降临了，

我们和经纬在醒着前进！

我们的机旋系着亿万人的寒暖，

我们的机旋捧出满天的朝霞，

那便是我们色彩斑斓的感情。

三十年来,这里的劳动交响乐,

是那样谐美,

多少个管理者呕心沥血,

默默地,把这美的旋律谱写。

在这里,我们把理想的种子埋下,

我们用汗水浇灌她,

我们夜不成眠陪伴着她,

孩子问:"爸爸您为什么把笑意挂?"

我说:"我们的革新实现啦!"

在这里,我们也有过苦闷、忧伤和彷徨,

亲爱的母厂,

是您的宽阔把我们留下,

是您的豪爽品性为我们解疙瘩。

(三)

经纬爱我们,

我们是这生命机体中的血液,

是这花园里的忠实园丁。

亲爱的母厂,

是您,把我们锻炼得

像织梭、像钟摆、像蜜蜂、像春蚕……

是您,教我们懂得友爱、同情,

是您,教我们学会思考,学会做人,

是您,为我们织造了这和谐美。

我们爱经纬,

这洒满阳光的沃土,

这能够奏出时代音的琴弦,

这幽静中的宽阔,

这里足足再能把十个经纬装下，

这里最适宜把芬芳播撒，

……

让我们再种上千万朵花，

好让那纺织姑娘们织彩霞。

注：①经纬是榆次经纬纺织机械厂的简称。

②千里马是指纺织工人们日夜期盼的优质高效的纺织机械。

1984 年 5 月 23 日

（6）观美国圣地亚哥海洋公园人工
养殖火烈鸟有感（打油诗）

洋人牧鹅真潇洒，只见红鹅不见他。

原本竟是火烈鸟，自食其力不要他。

2005 年 9 月 19 日

（7）观美国圣地亚哥海洋公园
鲸鱼表演有感（打油诗）

洋人调训有方寸，鱼儿表演真惊奇。

巨鲸忽然冲天起，勇士稳站嘴尖尖。

2005 年 9 月 19 日

(8)浙江莫干山咏竹

不弃贫瘠深扎根,自秉虚心纳养勤。
挺直*有节成长快,不慕红尘学做人。

　*做人应遵循孔子教诲:孔子首先要求"直",孔子曰:"无隐、无伪、耿直、率性而为","直道而行"。其次提倡"正",指一个人要品德高尚、行为端正。再次是赞赏"刚","刚"指一个人理想、追求、目标和原则的坚定性。孔子提出"刚、毅、木、纳,近仁"。孔子倡导:"志士仁人,无求生以害人,有杀身以成仁。"一个人为了保持内在的信念,生命也可以放弃。

2006 年 5 月 16 日

(9)参观晋城皇城相府有感

百尺河山楼*,暗附藏兵洞。
昔时御贼寇,今日览山河。

　*皇城相府为康熙帝师陈廷敬家族的宅院。"河山楼"为陈氏家族宅地之主楼,高百余尺,蔚为壮观。河山楼近处建有藏兵洞。

2006 年 9 月 9 日

(10)巴西里约热内卢耶苏山观景

圣山之巅有奇景,绿树层层把莲拥。
莫去探知花真名,快按机关捕光影*。

＊2006 年 11 月 27 日偕"山西醇醚燃料赴巴西考察团"成员参观巴西里约热内卢耶苏山，山顶植被茂盛，景色秀美。我发现一株类似"巨型红莲"的观叶植物，不知其名，不识其种，匆匆留影。

2006 年 11 月 27 日

（11）赞巴西首都巴西利亚之自然美、环境美与和谐美

芳草碧树奇花，洁净祥和人家。

借问何方净土，原来首都是她。

2006 年 11 月 30 日

（12）赞肯尼亚马赛马拉国家公园之生态美

树雄藤茂花艳群落美，

安逸心悦情爽游兴浓。

2006 年 12 月 12 日

后　记

　　本书编入我从事工业管理工作期间写的 45 篇文章,是从我 20 世纪 80 年代从政以来对企业改革与发展、工业现代化建设等问题发表的文章中选出来的。45 篇中,成文于 80 年代的 8 篇,90 年代的 20 篇,21 世纪的 17 篇。我把它们归类成"宏观经济"、"技术经济管理"、"企业改革与发展"、"科学发展及新型工业化道路"、"发展煤基醇醚燃料"五个专题,每个专题的文章大致以发表时间先后为序。当然这样分类不一定妥当,有些文章归入某一类也不太贴切,只能是一个大体上的分类。

　　世界的发展变化很快,知识的积累日新月异。我们党要求每一名领导干部都要不断提高马克思主义的理论水平和知识水平,用以指导和改进自己的工作实践。我作为一名领导干部,又长期分管工业经济,关注和思考走新型工业化道路是我的职责所在;作为一名工科大学毕业生,曾经长期工作在工业企业,与工人和技术人员生活在一起,关注和思考企业的改革与发展也是我的职责和感情所系。我深深感到,过去在这一方面还做得很不够,还要继续关注和思考。面对这部书稿,觉得自己曾经为之努力过,奋斗过,没有蹉跎岁月,也就欣慰了。过去发表的这些文章散布在各种报刊上,把它们汇集起来,编辑出版,既是对我过去工作的一个回顾,也是对我的研究成果的一次检阅。书的最后还收入了我悼念吕东同志的一篇文章以及在企业工作时写的励志格言和闲暇时写的十几首诗篇,以飨读者。

我们正处在建设中国特色社会主义的伟大时代。党和人民的事业没有止境,经济研究和理论研究也会随着实践的不断发展而与时俱进。作为一定历史时期的理论思考和研究成果,都有着当时形势的要求和认识条件的局限,书中的某些观点和认识,就难免存在欠缺以至失之偏颇,需要随着实践的发展接受历史的检验,我想这一点读者是能够理解的。如果此书的出版能够对读者有所帮助的话,我将感到十分高兴。

感谢王茂林和滕文生同志为本书写序,给予我很大的鼓励。本书在编辑出版过程中,得到了俞林根、李成喜、毛力丁、郝小妮等同志的帮助,在此致谢。

彭致圭

二〇〇九年六月五日

责任编辑:李春林　　杜厚勤(特邀)
封面设计:肖　辉
版式设计:陈　岩
责任校对:吕　飞

图书在版编目(CIP)数据

工业经济科学发展研究/彭致圭著. —北京:人民出版社,2010.1
ISBN 978 - 7 - 01 - 008586 - 9

Ⅰ.工… Ⅱ.彭… Ⅲ.①工业经济-经济改革-中国-文集
②工业经济-经济发展-中国-文集 Ⅳ.F42—53

中国版本图书馆 CIP 数据核字(2009)第 234265 号

工业经济科学发展研究
GONGYE JINGJI KEXUE FAZHAN YANJIU

彭致圭　著

人民出版社 出版发行
(100706　北京朝阳门内大街 166 号)

北京新魏印刷厂印刷　　新华书店经销

2010 年 1 月第 1 版　2010 年 1 月北京第 1 次印刷
开本:710 毫米×1000 毫米 1/16　印张:25.25
字数:373 千字　印数:0,001 - 3,000 册

ISBN 978 - 7 - 01 - 008586 - 9　定价:45.00 元

邮购地址 100706　北京朝阳门内大街 166 号
人民东方图书销售中心　电话 (010)65250042　65289539